中国名镇志文化工程
Culture Project of Local Records of China's Famous Towns
中　国　名　镇　志　丛　书

咸水沽镇志

LOCAL RECORDS OF XIANSHUIGU

天津市津南区咸水沽镇志编纂委员会　编

方志出版社
Publishing House of Local Records

图书在版编目（CIP）数据

咸水沽镇志 / 天津市津南区咸水沽镇志编纂委员
编 . — 北京 : 方志出版社, 2022.9
（中国名镇志丛书）
ISBN 978-7-5144-5198-6

Ⅰ . ①咸… Ⅱ . ①天… Ⅲ . ①乡镇—地方志—津南区
Ⅳ . ① K292.15

中国版本图书馆 CIP 数据核字（2022）第 058698 号

责任编辑：张健
责任校对：刘玉霞
责任印制：赵楚
出 版 者：方志出版社
地　　址：北京市朝阳区潘家园东里 9 号（国家方志馆 4 层）
邮　　编：100021
网　　址：http://www.zgfzcb.cn
发　　行：方志出版社图书营销中心（010-67110500）
印　　刷：北京中科印刷有限公司
开　　本：787 毫米 ×1092 毫米　1/16
印　　张：23.25
字　　数：350 千字
版　　次：2022 年 9 月第 1 版
印　　次：2022 年 9 月第 1 次印刷
定　　价：186.00 元

序一

习近平总书记指出："不忘历史才能开辟未来，善于继承才能善于创新……只有坚持从历史走向未来，从延续民族文化血脉中开拓前进，我们才能做好今天的事业。"中国优秀传统文化是在漫长的历史长河中历经无数次涤荡和沉淀而形成的思想精髓，蕴藏着无穷的宝藏和无尽的力量。发掘和继承优秀传统文化，是延续中华文明"根"与"魂"的必由之路。与时俱进，推动传统文化不断开拓创新，是中华文明常葆勃勃生机的重要保证。

"国有史，邑有志。"编修地方志是中国特有的文化现象，是中华民族的优秀文化传统。数千年来，连绵不断的志书编修为保护中华民族根脉，传承中华文明发挥了不可替代的作用。中国现存古志有 8000 余种，占现存古籍的十分之一。中华人民共和国成立以来，编修完成数万种省、市、县三级综合性行政区域志、部门志、行业志、专志等，编纂数万种地方综合年鉴、行业年鉴和专门年鉴等，整理出版数千种历代方志及相关研究成果，发表相当数量的方志理论与年鉴理论研究成果。这既是对我国国情、地情持续开展的大规模普遍调查，也是对各地自然与社会发展状况进行的综合研究，其成果构成了一座丰富的文化资源宝藏，为各级领导科学决策提供了重要参考，为推动经济社会发展和文化建设发挥了重要作用。

当前，中国特色社会主义进入新时代，全国地方志事业也进入新时代。如今的地方志事业围绕党和国家利益、经济社会发展，以人民为中心开拓创新，志、鉴、馆、史"四驾马车"并驾齐驱，志、鉴、馆、网、库、用、会、刊、研、史"十业并举"，加快实现在全国范围内全面推进地方志从一项工作向一项事业转型升级。在党中央、国务院的亲切关怀和各级地方志工作者的共同努力下，一批紧密结合社会发展需求、具有独特创造性的工作逐步开展，涵盖中国名镇志、中国名村志、中国名山志、中国名水志、中国名街志等"名志"系列文化工程是其中代表。作为首个"名志"系列文化工程的中国名镇志文化工程，启动于 2015 年，至今已是第三个年头。中国名镇志丛书在记述主体上，选择中国历史文化名镇、经济强镇、特色镇等在全国具有影响力和代表性的乡镇，旨在全面展示中国名镇的文化精髓；在内容题材选择上，重在突出不同名镇的“名”和“特”，力求集中体现不同名镇最精彩的部分，增强可读性；在志书编纂程序设置方面，志书申报、篇目设计、专家审读、专家组验收等流程环环相扣，紧密结合，力争把每一部志书都打造成精品佳志。

习近平总书记指出：“历史和现实都表明，一个抛弃了或者背叛了自己历史文化的民族，不仅不可能发展起来，而且很可能上演一场历史悲剧。”2018 年是改革开放 40 周年，40 年来中华大地发生了翻天覆地的变化，乡镇发生了极为深刻的改变，从粗茶淡饭到有机食品，从粗布衣裙到精美时装，从土屋平房到高楼大厦，人民生活水平大大提高，城乡差距不断缩小。然而，在感受辉煌成就的同时，我们也应该看到，许多精巧的古建、精湛的工艺、亲切的乡音、独特的乡俗也在快节奏的发展中与我们渐行渐远，曾经的家乡正逐渐变为记忆中的故园。

党的十九大报告提出乡村振兴战略，此后党中央、国务院又推出一系列重大举措。实施乡村振兴战略，必须全面加强乡村文化建设，培养乡村文化自信，培植文化之“根”，铸牢文化之“魂”。没有乡村文化的高度自信，没有乡村文化的繁荣发展，就难以实现乡村振兴的伟大使命。振兴乡村文化，既要塑形，更要铸魂，必须遵循乡村发展的客观规律，在发展中把文化的精髓保留下来，把乡土味道、乡村风貌的“魂”传承下去。在保留优秀乡村文化内核的基础上，用现代表现方式，把反映时代精神、先进理念的内容通过群众喜闻乐见的文化产品表达出来，才能够让乡土文化具有更强大的生命力。用创新性的模式书写乡镇志，传承和抢救乡土历史文化，激发爱国爱乡情怀，为探索中国特色新型城镇化发展经验、发展模式、发展道路提供历史智慧和现实借鉴，正是实施中国名镇志文化工程的目的和意义所在。

“月是故乡明”。中国人素有“家国情怀”，家乡的山水是最为美丽的，家乡的风俗是充满温暖的，一声亲切的乡音，一口熟悉的家乡菜，都能拨动游子的心弦，让其魂牵梦萦。中国名镇志丛书是一套全面梳理中国名镇历史人文，挖掘文化特色，突出“名”和“特”的镇志。它能让人民群众深刻感受到本土本乡自然的优美、历史的醇厚、人物的杰出、艺文的风雅等，有助于培养人民群众对家乡文化的自信，激发起人民群众浓烈的爱乡爱国情怀，助力国家新型城镇化建设和乡村振兴战略的实施。

是为序。

中国社会科学院原院长
中国地方志指导小组原组长　谢伏瞻

序二

连绵不断地编修地方志是我国特有的文化传统，为传承中华文明作出了巨大的贡献。在党中央、国务院的高度重视和支持下，这一古老的文化传统焕发勃勃生机，展现新的活力，成为保存、继承、发扬光大中华优秀传统文化的重要依托，培育和践行社会主义核心价值观的重要媒介，社会主义先进文化建设的重要组成部分，发展中国特色社会主义，增强道路自信、制度自信、理论自信的重要载体，在实现“两个一百年”奋斗目标和中华民族伟大复兴中国梦进程中具有不可替代的地位和作用。

事物总是在不断发展中前进。经过改革开放以来 30 余年的发展，中国特色地方志事业与传统的编修地方志已不可同日而语，形成了志（志书）、鉴（年鉴）、库（地情数据库）、馆（方志馆）、网（地情网站）、刊（期刊）、会（学会）、研（理论研究）、用（开发利用）等多业并举的新格局。截至 2015 年 10 月底，全国编纂完成首轮、二轮省、市、县志书 8000 多种，编修部门志、行业志、专业志、乡镇村志 27000 多种，编纂地方综合年鉴 2300 多种，累计整理旧志 2500 多种，还编纂出版了大量的地情书，字数以百亿计，形成以反映国情、地情为主要内容，全面系统、持续不断、卷帙浩繁的社会科学成果群。另外，还开通了 27 个省级网站、230 个市级网站、816 个县级网站；建成国家方志馆 1 个、省级方志馆 16 个、市级方志馆 86 个、县级方志馆近 300 个。这些成果，成为国家极为重要的文化资源，是国家文化软实力和公共文化服务体系的重要组成部分。

最近几年，地方志工作的触角在不断延伸，部门志、行业志、专业志、特色志、乡镇村志编纂方兴未艾，成为当前地方志事业发展新的增长点和亮点。特别是乡镇志，兴起了编纂热潮，从自发的民间行为逐渐过渡为政府组织的文化行为，有的省份以政府令形式将其纳入地方志编修范畴，像河南省还以省政府办公厅名义要求全省普修乡镇志。乡镇志并不是一个新生事物，据现有资料可考，宋代常棠所撰《澉水志》是现存最早的一部乡镇志。与省、市、县三级志书相比，乡镇志虽属小志，但意义却不小，特别是在当前国家全力推进新型城镇化建设的背景下，乡镇志的作用更显重要。

启动中国名镇志文化工程，是适应当前新型城镇化建设形势发展需要、地方志事业发展形势需要的重要举措，也是充分发挥地方志存史、资政、育人功能的重要手段。作为最基层行政组织的志书，镇志是最接近中国社会发展变迁的国情、地情记录文本，具有重要的历史文献价值。而作为充分反映本区域自然、政治、经济、文化和社会的历史与现状的资料性文献，镇志又能全面展示发展脉络，摸索发展经验，为探索中国乡镇未来发展方向提供借鉴和参考。当然，对于祖祖辈辈生于斯长于斯的中国人来说，故乡就是一个魂牵梦萦的地方，故乡的情怀终生难忘。留得住乡愁，记得住乡思，充分展示名镇文化魅力，激发爱乡、爱国情怀，正是中国名镇志文化工程题中应有之义。

是为序。

中国社会科学院原院长
中国地方志指导小组原组长　王伟光

序三

“国有史，邑有志”，中国自古就有注重编史修志的传统。按照我国目前地方志行政法规，国家各级地方志机构的法定职责是编纂省、市、县三级志书，并不包括县以下的乡镇志和村志。这种规定，一方面可能因为全国有数百万自然村落和数万乡镇，全部实行官修很难实现；另一方面可能因为我国历史上就有“皇权止于县”的说法，县以下的民间社会历来是一个以自治为主的领域。然而，改革开放几十年来，我国社会正在发生巨变，这种巨变在基层社会的乡镇、村落、家庭领域更为深刻。作为“乡之首，城之尾”的镇，逐渐被日益崛起的大都市淹没了光彩，村落在快速的城镇化过程中每天都在大量消失，农村家庭的小型化、空巢化趋势非常突出。在这种情况下，我一直在思考，如何留得住历史文化记忆和乡愁，如何把修志的工作向基层社会延伸?

中国人的“家国情怀”，是从“诚意、正心、修身”开始，到实现“齐家、治国、平天下”。所以从国家一统志，省、市、县三级志，到乡镇志、村志、家谱，也是一个完整的系统。

正是在这种背景下，我们决定启动中国名镇志文化工程。乡镇是无数中国人生命的底色和成长的摇篮。如何在城镇化进程中，留得住乡愁，记得住乡音，忘不了乡思，事关城镇化进程的人文关怀和文化保护，事关文化血脉的传承。同时，科学记录城镇化进程，反映城镇化成就，也为今后探索城镇化发展规律、积累经验提供了基本素材。作为全面系统记述一定行政区域的自然、政治、经济、文化和社会的资料性文献，志书是以上功能最好的载体。

我国目前有4万多个乡镇，全部修乡镇志还不具备条件。中国名镇志丛书选择的是传统文化名镇、历史军事重镇、革命历史名镇、民族特色名镇、特色经济名镇、旅游景观名镇等类型的乡镇，应该是最具代表性的，在中国乡镇文化传承和社会发展中具有标杆意义。

编纂中国名镇志丛书是对乡土历史文化的保护。随着城镇化进程加快，有不少乡镇被撤并，有些还是在历史上有重要意义的历史文化名镇、特色镇等。如不及时对其历史进行整理、记录，这些重要的历史资料将散佚殆尽。因此，中国名镇志丛书的编纂是对宝贵历史资料的抢救。

编纂中国名镇志丛书是对乡土意识的传承。什么东西有魅力？故乡的山水，乡音乡情的记忆，乡土的气息和家乡菜的味道，不管走到哪里，总是触动心弦。中国名镇志丛书记录的是家乡的山山水水，家乡的历史文化，家乡的风土人情，留住的是乡愁。这些最能激发远方游子和本地民众的爱乡情怀、爱国情怀。

编纂中国名镇志丛书是一种学术探索。镇志的编纂，实质也是一次深入的社会调查研究。“麻雀虽小五脏俱全”，相比省、市、县，乡镇第一手资料的获得需要付出更大的努力。我们也希望在志书编纂上有所创新，使中国名镇志丛书成为一套图文并茂、雅俗共赏的新型志书。

中国社会科学院原副院长
中国地方志指导小组原常务副组长

中国名镇志丛书凡例

一、以马克思列宁主义、毛泽东思想、邓小平理论、“三个代表”重要思想、科学发展观、习近平新时代中国特色社会主义思想为指导，坚持辩证唯物主义和历史唯物主义的立场、观点和方法，存真求实，全面、客观、系统记述中国名镇城镇化进程和改革开放成果，反映小康社会建设过程，传承和抢救乡土历史文化，激发爱国爱乡情怀，留住乡愁，为探索中国特色新型城镇化建设、服务乡村振兴战略提供历史智慧和现实借鉴。

二、为全面反映入志事物发展脉络，各志上限尽量追溯至事物发端，下限一般断至各志启动编修年份，个别重大事项可延至搁笔。详今明古，着重反映时代特色和地方特点，重点体现各镇的“名”与“特”。

三、记述地域范围以下限年份的行政辖区为主。为体现名镇在更大区域内的意义，可以从更开阔的区域视野记述与该镇相关的内容。

四、统一采用纲目体，设类目、分目、条目三个层次。横排门类，纵述史实，述而不论。

五、综合运用述、记、志、传、图、表、录等体裁，以志体为主。体裁运用适当创新，篇目设置不求面面俱到。

六、除引用文字和附录文献资料外，统一使用规范的现代语体文记述，行文力求朴实、严谨、简洁、流畅、优美，可读性强。

七、人物部类遵循“生不立传”原则，人物传主按生年排序，只选录对本镇发展有重大影响的人物，不面面俱到。

八、各项数据一般采用国家统计部门数据。数据缺乏的，采用主管部门或主办单位正式提供的数据。

九、数字用法、标点符号用法分别采用国家标准《出版物上数字用法》（GB/T 15835—2011）、《标点符号用法》（GB/T 15834—2011），计量单位采用国家技术监督局 1993 年 12 月发布的《量和单位》系列国家标准。历史上使用的计量单位，如斗、石、里、尺、磅、华氏度等，在引文时可照录。考虑到社会使用习惯，全书中亩不统一换算。

十、中华民国成立前的纪年，使用朝代年号纪年，括注公元年份；中华民国成立后的纪年，均使用公元纪年。志中所称“解放前（后）”，以该镇解放日为界；“新中国成立前（后）”，以中华人民共和国成立日 1949 年 10 月 1 日为界；“改革开放前（后）”，以1978年12月中共十一届三中全会召开为界。本志“××年代”，凡未加世纪者，均指 20 世纪。

十一、为节省篇幅，避免重复，本志采用条目互见法。参见条目的表示形式为：参见本志“××类目·××分目·××条目”。

十二、对旧志、古籍中的繁体字、冷僻字一般用简化字或通用字替换，易引起误解的则保留。

十三、记述各个历史时期的党派、机构、职务、地名等，均以当时的名称为准。对频繁使用的名称，首次用全称并括注简称，其后用简称。

十四、各镇志需要单独说明的事项，均在各自编后记中记述。

咸水沽镇在中国的位置

新疆维吾尔自治区
乌鲁木齐
西藏自治区
拉萨
青海省
西宁
甘肃省
兰州
宁夏回族自治区
银川
内蒙古自治区
呼和浩特
黑龙江省
哈尔滨
吉林省
长春
辽宁省
沈阳
北京市
北京
天津市
天津
津南区
咸水沽镇
河北省
石家庄
山西省
太原
陕西省
西安
山东省
济南
河南省
郑州
江苏省
南京
安徽省
合肥
上海市
上海
湖北省
武汉
浙江省
杭州
四川省
成都
重庆市
重庆
江西省
南昌
湖南省
长沙
福建省
福州
贵州省
贵阳
云南省
昆明
广西壮族自治区
南宁
广东省
广州
香港
澳门
海南省
海口
海南岛
台湾省
台北
台湾岛
钓鱼岛
赤尾屿
东沙群岛
西沙群岛
永兴岛
中沙群岛
黄岩岛
南沙群岛
曾母暗沙
黄河
长江
渤海
黄海
东海
南海
图例
北京 首都
天津 省级行政中心
未定 国界
省、自治区、直辖市界
特别行政区界
名镇(乡)所在区域
名镇(乡)
1∶32 000 000
审图号：GS（2021）8722号

咸水沽镇在天津市的位置

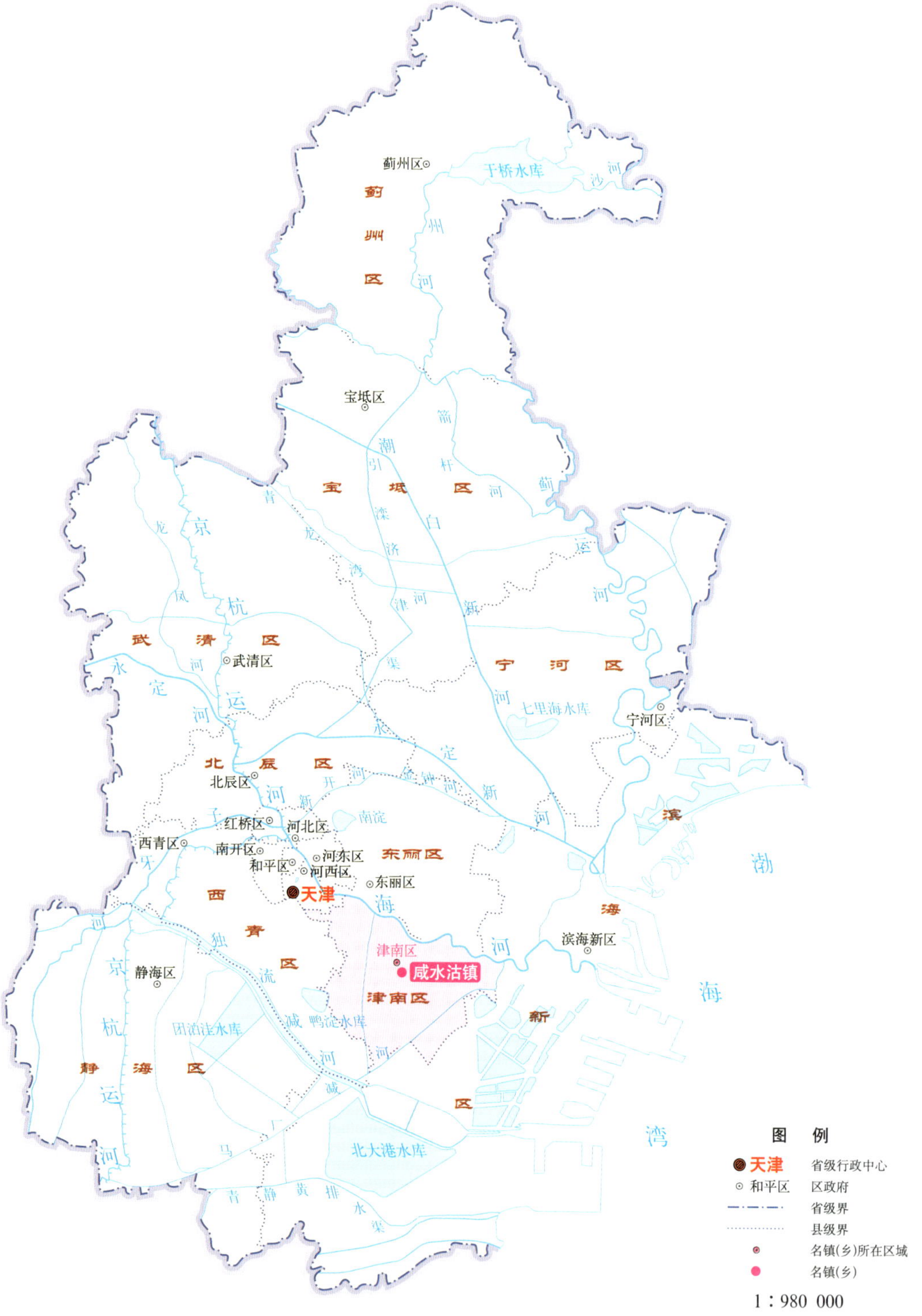

审图号：GS（2021）8722 号

津南区咸水沽镇行政区划图

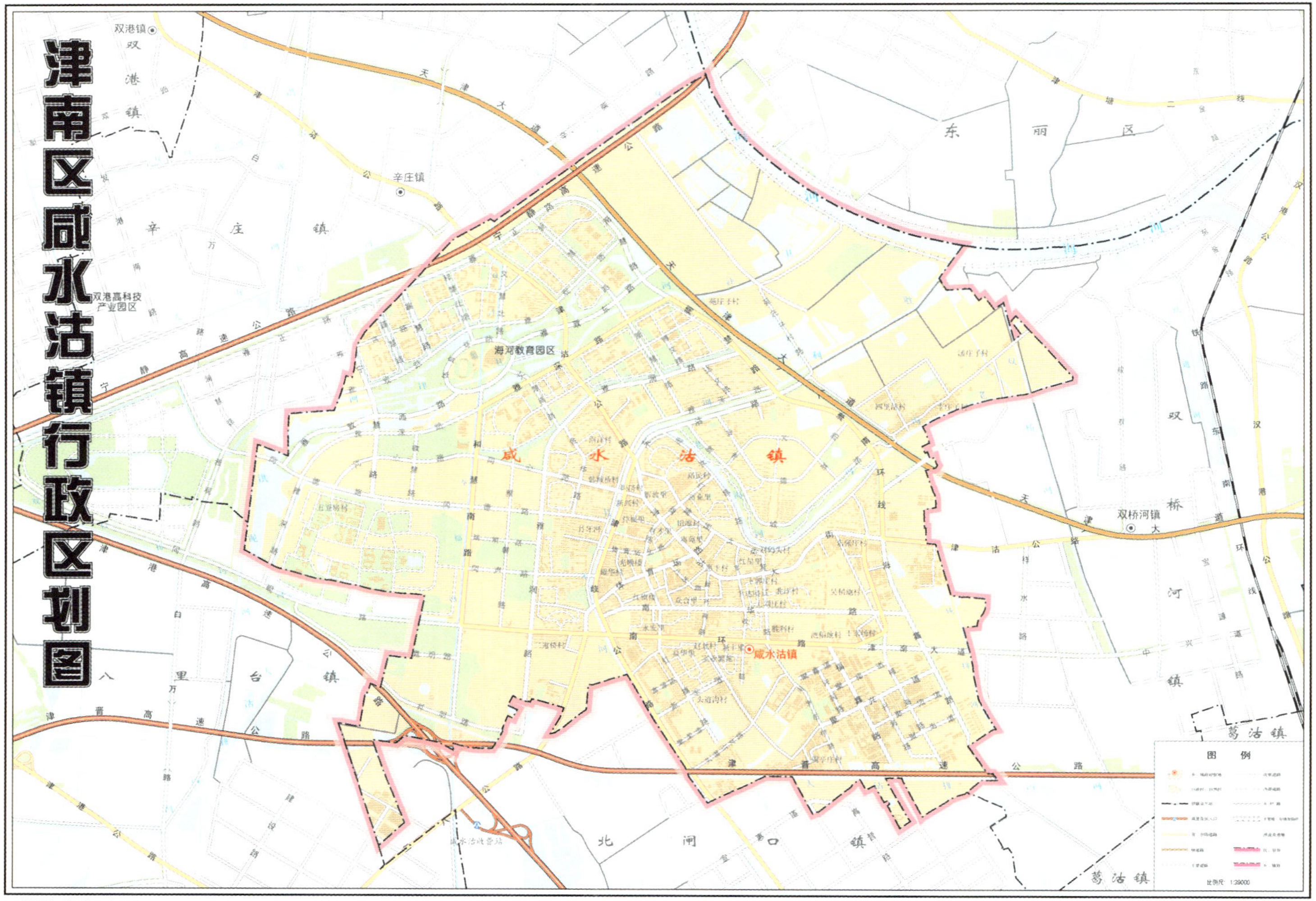

审图号：津S（2019）023

行政界线仅供参考，不作法律依据。

老海河穿镇而过（2015年）

咸水沽雄姿（2017年6月）

李晓 摄

沽上江南小区（2017年）　　董山虎　摄

咸水沽镇景色[以月牙河西大桥为中心，上为津岐公路、下为东沽公路，左为津沽大街，右是津沽公路(古称海大道)(2018年)]
董山虎　摄

景明大厦（2018年）

景明大厦是咸水沽镇首座地标性建筑，坐落在津沽大街与东沽路交叉处，西大桥东面。大厦高106米，所占地块长100余米，宽40米，建筑面积59000平方米，地下1层，地上31层，有418套住房。大厦于2006年12月动工，2009年1月竣工。

咸水沽镇夜景（2015年）　　　　龙震　摄

2019年2月19日（农历正月十五），中央电视台在天津天后宫直播同善文武高跷表演现场

咸水沽镇举办“十行廉佳—最美沽上人”颁奖会暨迎新春联欢会（2018年2月23日）

目录

津南名镇咸水沽

海河故道旁的星宇花园（2017年6月） 李龙震 摄

咸水沽镇隶属天津市津南区，位于津南区中北部，海河下游南岸，因明朝年间海潮水至此，先民以煮盐为生故名咸水沽。1949 年 8 月，咸水沽市改为天津县一区，是天津县委、县政府所在地。2018 年，咸水沽镇镇域面积 46.24 平方千米，其中镇区面积 10 平方千米，辖 27 个行政村、22 个居委会、113 个小区，总户籍 46925 户，户籍人口 127251 人，常住户籍 68202 户，常住人口 179190 人，总人口约 30 万人（含海河教育园区外来人口）。所辖村都已迁入环境优美、配套设施齐全的现代化住宅小区。

历史上咸水沽镇人民曾兴种水稻，有过盐（业）漕（运）兴盛，也有过日本侵略的悲惨和国民党统治的黑暗。解放前夕的咸水沽已是经济萧条、民不聊生。中华人民共和国成立后，咸水沽镇走上了社会主义的康庄大道。经过近 70 年的艰苦奋斗，尤其是改革开放后的快速发展，全镇经济持续增长、文化繁荣、环境优美、住宅城市化、人民生活和谐美满，成为津南区各镇中的领跑者。

咸水沽俯瞰图（2015年10月）

天津名镇

悠久历史　据考古勘测挖掘，在咸水沽镇的二道桥村、五登房村、韩城桥村出土了战国时期的文物。西汉初元二年（前 47），韩城桥村一带已形成居住点，至今已逾 2000 年。隋代称为豆子䴚，有农民起义在此。宋代开始在此试种水稻。元时已成为北方重要的盐业基地。明代正式称咸水沽，绝大部分村庄已形成，水稻种植成功，成为鱼米之乡。由于南宋海运的兴起，咸水沽成为海运的重要码头。清代咸水沽为天津府八大重镇之一。

区位优越　咸水沽镇地处海河平原，位于天津市东南部，海河下游南岸。东与双桥河镇接壤，南与北闸口镇毗邻，西与辛庄镇相连，北与东丽区隔海河相望。

咸水沽镇政府距北京 149 千米，距天津滨海国际机场 20 千米，距天津港 30 千米；距京津塘高速公路 12 千米，距铁路天津站 24 千米。

天津的母亲河海河沿镇域北部而过，月牙河贯穿全境。咸水沽镇交通四通八达，津沽公路、天津大道、津歧公路、津晋高速、津港高速纵贯镇域全境，是天津港通往华北平原的必经之路。津南铁路咸水沽编组站在镇域东部。天津地铁 1 号线延至咸水沽镇，地铁 6 号线咸水沽站正在建设中，咸水沽镇已成为一镇双地铁的交通名镇。镇域内的天津大道南侧是 2009 年落户咸水沽镇的国家职业教育改革创新示范园区、天津首个国家职业教育改革试验区——天津市海河教育园区；天津大道北侧（海河南岸）是 2018 年开始建设，继广州、上海国展馆后的又一个国家级展览馆——天津国展馆。

战略要地　宋朝建立后，其北部以海河（时称界河）、大清河为界，与契丹人建立的辽国隔河对峙。界河以北属辽幽都府（后改为析津府）武清县，界河以南属北宋沧州清池县。辽经常派兵越界扰掠破坏，使界河以南广大地区蒙受巨大损失。为抵御辽兵南侵，宋太宗时，在界河南岸（右岸）选择险要之处，设立军寨 16 个。津南区境时属高阳关路（原为河北路）沧州清池县，地处宋辽对峙的边防前线，设有 9 个军寨：独流寨、双港寨、泥沽寨、三女镇寨、苇场港寨、小南河寨、百万涡寨、沙涡寨、钓台寨。这些军寨坐落于津南区的有 3 个，即咸水沽西边的三女镇寨、双港寨和咸水沽东边的泥沽寨。

当时宋朝还沿海河右岸形成一条叠道（今津沽公路），是传递路线和军需物资的重要通道，也是后来通往大沽海口炮台必经之路，咸水沽镇处于核心位置。（道光）《津门保甲图说》555 页云："下郭庄之对过曰咸水沽。"明末清初顾祖禹的名著《读史方舆纪要》引古书《地理通释》云："河间之豆子䴚，今咸水沽也。去海四十里，地斥卤，广袤数十里。"此时的咸水沽已有规模，地面广阔，水陆交通便捷，经贸兴旺。明代时期，随着盐业的发展，从天津至大沽的国防和经济发展的重要干线公路从镇中穿过，咸水沽镇为海河中下游重要水旱码头。清道光二十年（1840）年，鸦片战争爆发后，清政府为防止外国军队侵犯北京，在大沽口屯兵布防，各种军用生活物资都在此集中，由此运往大沽口前线。咸水沽遂成为抗击外国军队侵略的物资集散和供应之地。1928 年 6 月，国民政府决定天津分置特别市和天津县两个行政区。河北省民政厅曾议定，天津县政府设在咸水沽。

1948 年 12 月 20 日，平津战役即将打响。根据上级的指示，天津县立即成立支援天津战役前线指挥部，总部设在咸水沽，人民解放军四野九纵的总部也进驻此地，咸水沽镇成为天津县政治、军事、经济、文化的中心和支援天津战役前线指挥部。

英才辈出 咸水沽镇有英杰名贤、工商大亨、红学大家、体育健将，人才辈出。隋代的农民起义首领刘霸道、格谦，清代甲午战争时有功之臣吴呈印，近代企业家王郅隆、宁钰亭誉满津城。在抗日战争和解放战争中，在中国共产党的领导下，咸水沽人民与日本侵略者和国民党反动派进行了英勇顽强的斗争，做出重大牺牲。仅在 1940—1951 年就有邢荣、刘玉起等 15 名英贤为国捐躯。

咸水沽镇也是中国著名红学家、古典文学研究家、诗人、书法家周汝昌的故乡，其学术成果受到毛泽东主席的肯定。原王家场大队民兵营长赵秀岭、战斗英模李超群也曾受到毛泽东主席的接见。咸水沽镇体育运动有着光荣的传统，实力雄厚，被称为"体育之乡"。高静是体育健儿中的代表，她代表中国参加 2000 年悉尼奥运会，获女子气步枪 40 发比赛铜牌。几十年来，咸水沽镇向市、国家运动队输送 50 余名优秀运动员，为国家体育发展做出贡献。

此外，受人尊敬的津沽名贤周景颐（周汝昌之父），名医王伯新、田宝善、魏庆珍，著名书法家张金亮、陈雪山、朱振周，在平津战役中为和平解放北京做出贡献的原国民政府保密局少将、北平站站长徐宗尧等数十名志士名贤的事迹广为传颂。

佳绩频传 咸水沽镇人民善于学习、勤劳勇敢、乐施好助、包容大方、敢为人先，有着强烈的爱国主义精神。中华人民共和国成立后，在中国共产党的领导下，咸水沽镇人民艰苦奋斗发展生产，特别是在改革开放后，咸水沽镇人民脚踏实地、锐意改革、真抓实干、奋勇争先，各项工作都走在全区前列。1990 年，咸水沽镇获“全国百强乡镇”称号，成为天津的工商业重镇。2001 年，获评为全国群众体育先进单位；2008 年，获“全国文化信息资源共享工程先进镇”称号；2009 年，获“全国文明村镇”称号；2009 年，赵北村获“全国民主法治示范村”称号。至 2017 年，咸水沽镇及所属村组，获国家部委级先进单位奖项 33 次，获市级先进单位奖项 57 次。

经济发展

产业转型 宋代屯田种稻，咸水沽农业得以开发。元、明、清三朝咸水沽皆为富国、兴国两大盐场官署驻地，成为北方制盐业的重要产地。明清时期，咸水沽漕运业兴旺，商贸发达。民国时期，倪锡纯、李霭臣、宁钰亭等一些企业家，利用津南地区丰富的稻草资源，开办天津振华造纸厂发展现代造纸业，成为天津现代工业发祥地之一，有津东第一镇之称。解放前夕，由于日本帝国主义掠夺和国民党的残酷剥削，天津振华造纸厂被迫停产，商业萎缩，咸水沽镇经济依然是封建时代的小农经济占主体。中华人民共和国成立后，在发展农业生产的同时，依托天津近郊的优势，于 1956 年开始发展工副业，70 年代工业小有规模。80 年代农业广泛利用现代科学技术，根据天津市规划部署，咸水沽重点发展蔬菜、畜牧水产养殖业，涌现大批专业户和种植能手，城郊型农业经济初步形成，但经济以农业产业为主的局面未能改变。90 年代，工商业突飞猛进，咸水沽镇经济开始由以农业为主向以工商业为主转变。

现代经济崛起 咸水沽镇有发展工业的传统。20 世纪 50—80 年代，国营企业争先进入域内办企业，企业近 30 家，形成在天津市举足轻重的知名行业和企业集团规模。80 年代后期，拥有镇、村企业达 166 家，从业职工 11744 人，初步形成以轻纺、仪表、电子工业为主的工商业名镇。1997 年开始陆续对 142 家镇、村企业进行了产权制度改革，逐步建立起现代企业制度，咸水沽镇经济进入现代经济发展时期。2000 年天津海河科技园区建立，依托园区优势，咸水沽把发展高新技术、发展外向型经济作为自己的发展方向，大力发展高端装备制造和电子信息产业，已由传统的粗放型加工制造业，走上快速发展的现代高科技工业轨道。现代服务业，如商业街、综合市场、大型卖场、星级特色酒店及楼宇经济等更是井喷式发展。2018 年，咸水沽镇地区生产总值 125.21 亿元。

古镇新貌

居住现代化 中华人民共和国成立以前，境内几乎都是低矮的草房和土坯房，直到 1923 年天津振华造纸厂建立，咸水沽才有高大的砖瓦房。中华人民共和国成立至 20 世纪 70 年代，农民住房还是以土坯为主，境内人均住房面积约 5 平方米。90 年代，农民建砖房或二三层小楼。1988 年 12 月 6 日，天津市人民政府批准同意《咸水沽镇总体规划方案》。2007 年 5 月，开始对津南新城起步区和镇内各村实施土地整合，2016 年，全镇居民住上了楼房，辅助配套设施完备的现代化居民小区里有花园、娱乐场所，路边有树木花草，周边有幼儿园、学校、医院、文体活动场所、超市、银行、饭店、停车场等，环境优美。

生态环境优美 咸水沽镇按照市、区要求，结合自己的实际情况，十几年来实施了七大生态环境工程，即水环境工程、城镇绿化工程、公路绿化工程、蓝天工程、夜景灯光工程、生活废弃物无害化处理工程以及 2016 年的“四清一绿”工程。每项工程都做到规划明确，责任到人，不留死角。海河故道公园、月牙河公园、津沽休闲园、普明园、全红桥音乐喷泉绿地广场、西大桥广场等，点缀在城区的各部位，其总面积达 82.8 万平方米。2009 年，咸水沽镇获得“全国文明村镇”称号。现在的咸水沽镇，已成为花园式的现代化城镇。

事业兴镇

精神文明新面貌　从 20 世纪 80 年代起，咸水沽镇开展了精神文明创建活动，如公民思想道德建设活动、全民素质提升工程活动、爱国歌曲大家唱的群众性歌咏活动等，在告别陋习、建设美好的城乡环境，提高公民道德素质、营造健康和谐的社会氛围等方面成果显著，涌现出一批“好儿媳家庭”“文明社区”等。咸水沽镇于 1995 年被国家体

群众在一中广场晨练（2009年5月）

2009年1月咸水沽镇被中央精神文明建设指导委员会评为“全国文明村镇”

育运动委员会评为全国亿万农民健身活动先进乡镇。1997 年 8 月获评为全国全民健身宣传月先进单位。1997 年 10 月在全国亿万农民健身活动先进乡镇五项活动通讯赛中获一等奖。2000 年 9 月全国名胜风景区乡镇街道文化联谊会在咸水沽镇召开。赵北村获 2006—2007 年度“全国民主法治示范村”称号。2008 年 9 月咸水沽镇被文化部评为“全国文化信息资源共享工程”先进镇。2009 年获得“全国文明村镇”称号。2015 年金石里社区和益华里社区获“全国和谐社区建设示范社区”称号。

文化长盛不衰 咸水沽镇历史悠久，文化底蕴丰厚。镇寺庙文化起源于明代。清代形成的 20 多道花会至今盛行不衰。中华人民共和国成立后，尤其是改革开放以来，镇社会文化载体建设成效显著，社会文化组织网络健全，新型文化设施已成为城镇建设的新亮点。全民读书活动蓬勃发展，新建和扩建的镇级文化设施及农家书屋、村文化室等文化设施已遍及全镇各村、居委会。几十支业余群众文化队伍，尽展才华，常年活跃在基层。海下文武高跷、海下同善文武高跷、海下同乐高跷、麦秸画、工艺面塑列入天津市非物质文化遗产。在全国、天津市举办的历届绘画、书法、摄影、篆刻、诗词、楹联、戏剧、小品、小说、散文等大赛中，咸水沽镇的参赛者均取得优异成绩。如今，咸水沽镇传统文化和现代文化交汇、融合，已形成具有地方特色的文化。1996 年、1997 年、2001 年获国家“亿万农民健身活动先进乡镇”等称号，2006 年获“全国人口文化工作先进集体”称号，2008 年获“全国文化信息资源共享工程先进镇”称号。

基本镇情

咸水沽镇位于天津东南部，海河下游南岸。位置优越，交通发达，距天津港 30 千米，距天津滨海国际机场 20 千米，是天津首个国家职业教育改革试验区和天津国家展览馆所在地。

北宋淳化四年（993）至明永乐二年（1404），境内村落大多已形成（仅明永乐年间形成的就有 21 个）。2018 年，咸水沽镇辖 27 个行政村、22 个社区居委会，总人口约 30 万人（含海河教育园区外来人口）。咸水沽镇从北宋农民在此地治水种稻，到成为天津市人口最多的乡镇及工商业名镇，已逾千年。

建置沿革

镇名　二道桥村、韩城桥村、五登房村出土的文物表明，咸水沽一带在战国时期便有先民繁衍生息。西汉初元二年（前 47），韩城桥一带形成居民区。隋代称之为豆子䴚，而咸水沽之名是何时出现的呢?《明史》卷四十《地理志》“河间府静海”条记载:“元曰靖海，属清州。洪武初，更名。八年四月改属北平府。十年五月来属。县北有小直沽，卫河自西来，与白河合，入于海。又有丁字沽、咸水沽。又北有天津卫，永乐二年（1404）十一月置。”从这个记载中可以看出，咸水沽之名最迟出现在明洪武十年（1377）左右，比天津建卫的时间还要早。但为什么叫咸水沽？由于咸水沽地处海河中下游，明洪武时期，每当渤海潮水上涨时，海水可至此地，故水质很咸，当地居民在海河右岸以海水煮盐为生，故得名咸水沽。

区位　咸水沽镇位于北纬 38° 59′、东经 117° 23′。2018 年，镇域面积 46.24 平方千米。咸水沽镇位于津南区中北部，东与双桥河镇相连，西与辛庄镇相邻，南与北闸口镇相接，北靠海河与东丽区隔河相望，是天津市总体规划中四个近郊卫星城之一。

隶属　春秋战国时期，先属齐国。齐桓公二十三年（前 663），属燕国。秦时，属广阳郡。西汉高祖五年（前 202）至东晋，属勃（渤）海郡、章武郡东平舒县。南北朝

清道光二十六年（1846）《津门保甲图说》中的咸水沽图

北魏时，属沧州浮阳郡章武县。隋唐时，属瀛州、沧州鲁城县。北宋时，属河北路（后称高阳关路）沧州清池县。金明昌四年（1193），属河北东路清州靖海县。元至元二年（1265），属中书省河间路清州靖海县。明时，属河间府静海县。清雍正三年（1725），属静海县。清雍正九年（1731），天津行政建制从州一级升为府一级，咸水沽从静海划归天津县。

1912 年废天津府，天津县属直隶省（今河北省）。1928 年改直隶省为河北省，以天津城及附近地段设置天津特别市，市、县分治，咸水沽是天津县政府所在地，隶属河北省。1930 年隶属天津市。

1944 年夏，为适应抗日斗争形势发展的需要，冀中军区九地委在津南区成立静大县，咸水沽镇属之。是年冬，冀中军区党委决定以津浦铁路为界，把静大县分为两部分，路西为静大县，路东为津南区（北至天津市区，南到捷地减河、娘娘河，东到渤海边），咸水沽隶属津南地区。

1945 年 5 月，冀中军区九地委建立津南县，9 月成立津沽县。是年 10 月，晋察冀边区冀中行署决定将津南县所属区域划分为津沽与天津两县，咸水沽一带属津沽六区。1946年又将津沽县与天津县合并为津南县，咸水沽隶属津南县。

1948年12月19日撤销津南县，成立天津县，隶属河北省。20日津南区解放，县委、县政府进驻咸水沽。天津县下设3个市、5个区。咸水沽、葛沽、小站三市和二、三、四区隶属关系未变。

1949年8月，天津县由原来10个区、3个市划分为7个区，撤销市的建制，咸水沽为一区。1953年5月，撤销天津县建制，咸水沽镇隶属津南郊区，区政府设在咸水沽镇。1955年5月，天津市津南郊区改名为天津市南郊区，隶属关系未变。

1958年9月13日，天津市委撤销南郊区建制，并入河西区。河西区撤销乡的建制，实行人民公社化，小社并大社，将全区71个农业合作社和国营双农场合并为小站、美满、先锋三个人民公社。咸水沽镇隶属美满人民公社。

1959年3月31日，河西区人民政府决定将小站、美满、先锋三个人民公社合并为

咸水沽社区新貌（2019年） 董山虎 摄

一个大公社——天津市河西区小站人民公社，咸水沽为小站人民公社下设的管理区。

1961 年 4 月，河西区人民政府决定大社变小社，撤销小站人民公社，划分为 9 个人民公社，咸水沽一带为咸水沽人民公社，隶属河西区。是年 12 月 28 日，天津市委决定，南郊与河西区分开，恢复南郊区建制，咸水沽镇隶属南郊区。1962 年 10 月，咸水沽镇改为街的建制。1983 年 3 月起，撤销人民公社，恢复乡镇设置。南郊区建立十乡三镇、一个农工商联合公司。咸水沽公社改为咸水沽镇。1985 年，咸水沽乡划归咸水沽镇。1992 年 3 月 6 日，经国务院批准，南郊区改为津南区，属津南区。2001 年 10 月 15 日，南洋镇并入咸水沽镇。

区划 1950 年，域内划分为一镇五乡（咸水沽镇，新兴乡、下郭庄乡、四里沽乡、头道沟乡、王家场乡）。1958 年，并大乡后，域内分为咸水沽镇、四里沽乡、王家场乡。1959 年，设咸水沽管理区，下辖 8 个生产大队（村）：四里沽大队（四里沽村、潘庄子村、李庄子村），下郭庄大队（下郭庄村、上刘庄村、秦庄子村），东张庄大队，王家场大队（王家场村、吴家稻地村、刘家码头村），新兴大队，耀华大队，西周庄大队（西周庄村、南房子村、王庄村、六车地村），阎家圈大队（阎家圈村、李家圈村、刘家圈村、小营盘村）。

1961 年，成立咸水沽人民公社，辖 17 个生产大队，8 个街居委员会：潘庄子大队、李庄子大队、四里沽大队、下郭庄大队、上刘庄大队、秦庄子大队、东张庄大队、吴家稻地大队、池家稻地大队、刘家码头大队、王家场大队、新兴大队、胜利大队、耀华大队、七街大队、三街大队、四街大队，一街居委会、二街居委会、三街居委会、四街居委会、五街居委会、六街居委会、七街居委会、八街居委会。

1962 年，将 8 个街分为 4 个片，由咸水沽公社分设专管。

1969 年 12 月 14 日，津南区革命委员会决定单设咸水沽街道办事处。

1971 年，咸水沽公社与咸水沽街道单设建制，非农业户口属街委会管理，农业户口由公社负责，公社所辖区域不变。

1982 年，咸水沽街道增加育才里居委会。

1984 年，咸水沽镇增加光明楼居委会、众合里居委会、兴业里居委会、丰收里居委会、红旗楼居委会，共 14 个居委会。

1985 年，南洋乡的南洋居委会和桥西居委会划归咸水沽镇，共 16 个居委会。是年，咸水沽镇增加新村居委会。

1985年，咸水沽乡、镇合并，所辖范围19个行政村，17个街道委员会：上刘庄村、下郭庄村、四里沽村、潘庄子村、李庄子村、王家场村、头道沟村、周辛庄村、耀华村、新兴村、胜利村、裕民村（三街）、同济村（四街）、惠丰村（七街）、秦庄子村、吴家稻地村、刘家码头村、池家稻地村、东张庄村；新建里居委会、两益里居委会、红星里居委会、新兴路居委会、大胡同居委会、解放里居委会、团结路居委会、众祥里居委会、光明楼居委会、育才里居委会、红旗楼居委会、众合里居委会、丰收里居委会、兴业里居委会、新村居委会、桥西居委会、南洋居委会。

1995年12月26日，南洋乡改南洋镇。

2001年10月15日，撤销南洋镇，整建制并入咸水沽镇。并镇后，咸水沽镇辖27个行政村。是年，按照津南区提出的1500～2000户为一个居委会的原则，原咸水沽镇19个居委会调整为12个居委会，加上原南洋镇合并过来的1个居委会，共13个居委会：新丰里居委会、金石里居委会、益华里居委会、永安里居委会、新业里居委会、红星里居委会、解放里居委会、红旗楼居委会、众合里居委会、惠苑里居委会、光明楼居委会、祥福里居委会、育才里居委会。2018年，咸水沽镇辖27个行政村，22个社区居委会，有68202户，常住人口179190人。

村庄[①]

在咸水沽镇所辖的27个村中，胜利、惠丰、耀华、新兴、裕民、同济等村为咸水沽镇城中村。中华人民共和国成立后，它们的名称变化频繁，曾被称为合作社、街、大队、村等。

南洋村　位于镇西北部，海河以南，西邻辛庄镇，东与北洋村接壤。明朝永乐二年（1404）逐渐形成村落。老海河曾流经此地，岸边建有两个码头，主要用于装卸盐，俗称“盐码头”。后来，洋火轮在此装卸洋货，演变为“洋码头”。因该码头居南，故名南洋码头。1846年全村共318户，1641人。1950年称南洋码头村。该村农业种植著名的小站稻。工业发达，有企业11家，最有代表性的是建筑装饰业，历年工程曾获“鲁班奖”2项、全国建筑工程装饰奖15项、全国建筑装饰科技创新奖5项、全国公共建筑装饰设计奖5项、全国建筑幕墙装饰奖4项。

水产养殖面积2000平方米，是津南区南美白对虾养殖示范区。

---

① 本小节下清道光二十六年（1846）的村庄图均源自《津门保甲图说》。

该村文化活动丰富，有评剧团、话剧团、歌剧团。2013 年，人均纯收入 19431 元。2009 年，因天津海河教育园建设该村拆迁。2018 年，常住人口 1870 户 4621 人，现住金益园、金朗园等小区。

北洋村 位于咸水沽镇西北部，东与苑庄子、赵北庄隔卫津河相望，西邻南洋村，北靠海河。明永乐二年（1404），逐渐形成村落。老海河曾流经此地，岸边修建了两个“盐码头”，主要用于装卸盐。鸦片战争后，北洋村人周星元（号海坨）合伙印度人在此建了“洋行”，由于来了洋火轮停靠码头，洋货在码头装卸，“盐码头”的概念逐渐被淡化，演变成“洋码头”。因该码头居南洋码头之北，故名北洋码头，简称“北洋”。1846 年全村共 364 户 1763 人（时含于家庄）。清光绪十八年（1892），海河取直改道，此段老海河更名为卫津河。

1948 年 12 月北洋村解放，1950 年定名为北洋码头村。农业以种植小站稻为主。1959 年，兴办村企业北洋钉子厂和北洋电焊条厂，后又相继建立有色五金厂、电器厂、

咸水沽镇鑫洋园小区——主要居住着北洋村、东张庄村、周辛庄村、惠丰村村民（2019年）

仪表厂、球磨铸造厂、五金厂、黏合材料厂、铸锻厂、手表厂和水电安装队。村办企业成为经济发展的主体。北洋村的特色产品是北洋烧鸡，"北洋黑子"烧鸡已成为一个品牌。

北洋村在明朝嘉靖年间有庙会（三圣庙）。形成于清乾隆年间的"北洋海下文武高跷"，属于津派高跷的一个分支，被红学大师周汝昌考证为"乾隆古曲"。2007 年"北洋海下文武高跷"被列入天津市非物质文化遗产名录。现已申报全国非物质文化遗产保护项目。

2013 年，人均纯收入 16989 元。2018 年，村常住人口 1414 户 3560 人，因海河教育园区建设该村整合拆迁，于 2017 年 5 月后迁入鑫洋园、宝业馨苑、紫江馨苑、金浩园等社区。

田嘴村 位于镇西北部，海河以南，北与南洋村隔卫津河相望，南邻秦庄子村。明永乐二年（1404）逐渐成村落，因村北与村西被海河故道环抱，构成湾嘴码头，故得名田家嘴村。明末清初，人口在千户以上。鸦片战争以后，社会动荡，养船业衰退，再加上军阀混战、土匪四起，到解放前夕，全村仅剩三百余户。田嘴村经济以种植蔬菜为主，以小站稻种植为辅。种植的菜花享誉北京和天津城区。村有企业轧铁厂、砖厂、骨粉加工厂、兽药厂。咸水沽同乐高跷起源于田嘴村。解放后村组建了业余京剧团，农闲时期为老百姓演出。2009 年，因天津海河教育园建设该村拆迁。2013 年，人均纯收入 18905 元。2018 年村常住人口 782 户 1923 人，现分别住在金芳园、博雅时尚、金益园和博雅小区。

韩城桥村 位于镇西部，南邻二道桥村，东依月牙河，北邻津沽公路。西汉元帝初元二年（前 47）时，韩城桥村一带已有居住点。清道光十年（1830），户部郎中韩立生在此招雇佃户开荒种地，时垦荒 720 亩，有 40 余户在此分散居住，形成村落，时名"四里洼"。韩家住宅四周修有围墙，院外挖河一条，河上建木桥一座，进韩家须经这木桥，故将"四里洼"改名为"韩城桥"。清朝末年，大批来自河北省盐山、沧县、黄骅、静海等地及山东省的农民，外逃到韩城桥一带落户，使韩城桥村达二百余户。1949 年 2 月，村成立党支部。韩城桥村经济以种植小站稻和蔬菜为主。80 年代后发展乡镇企业，有食品冷冻厂、食品厂、线圈厂等 9 个企业。1994 年，韩城桥村往日本派出水产项目研修生 15 人，这是津南区外派劳务工作的初始。1998 年，韩城桥村与国际公司正式确立合作关系，成立天津伊南种禽有限公司，是津南区第一家专门为派出研修生成立的合资公司，同年派出一批赴日研修生。2009 年，因天津海河教育园建设，该村

金益园小区（2019年6月）

拆迁。2013 年，人均纯收入 19425 元。2018 年，常住人口 1194 户 3516 人，现住金益园、金朗园小区。

二道桥村 二道桥村位于咸水沽镇西部、月牙河西岸。范围为东至月牙河，西邻五登房村和八里台镇的巨葛庄村，南至北闸口镇的三道沟村和翟家甸村，北邻韩城桥村。二道桥村因进村时要过月牙河桥和赤龙河桥两桥而得名。二道桥村的土地原为咸水沽周、王、田三家的地产，该村实际上是个佃户村，到清末年间村中只有 40 余户人家。1917 年华北地区发洪水以后，许多山东、河北一带的灾民流落到二道桥居住，人口逐渐增多。1948 年 12 月二道桥村解放。1949 年 10 月，二道桥建立了中共党组织。1950 年定名二道桥村。

二道桥村农业以种植小站稻为主，兼种一些杂粮。70 年代村工业发展很快，村办企业有水泵厂、不锈钢器皿厂、五金机械厂等 6 家集体企业，后来又引进私人企业 15 家。村建有餐饮区。全村工商业年总产值达 1500 万元以上。80 年代后，二道桥村的家庭副业最有特色，就是绑扎笤帚，几乎家家户户的院里院外都堆放着一垛垛的高粱穰子，用来绑扎笤帚，笤帚做成后村民用自行车驮着到处叫卖。当时社会上曾流传着一句顺口溜："北洋的鸡、南洋的蛋、二道桥的笤帚满城转。"扎笤帚这项副业，给二道桥村民增加了收益。

60年代村里组织了一个评剧团，成员有20多人，活跃了村内文化生活。村里还成立了一个专业电影放映队，每周都在本村放映一场电影。

2002年至2007年，村自建"诚信里小区"，提供给部分村民居住。2009年因天津市海河教育园区建设，二道桥村整体拆迁，2014年村民搬迁至金才园小区安居。2013年，人均纯收入20512元。2018年，常住人口1235户3560人。

五登房村 位于镇西部，东临韩城桥村。明永乐年间，为南洋村孙大川的土地，为耕种方便，在此盖五登房，借佃户住宿，逐渐成村，故得名。1963年，五登房与林场两队合并为一个大队。农业种植小站稻。工业有阀门厂、音响器材厂、五金合页厂、千斤顶厂等7家。最著名的是威力工程千斤顶，驰名全国。1999年8月，中国天津国际经济技术合作公司确定五登房村为劳务资源基地，五登房村正式与该公司签订劳务资源基地合作协议书，成为咸水沽镇第一个与国际公司正式签订合作协议书的基地。2009年，因天津海河教育园建设，该村拆迁。2013年，人均纯收入18568元。2018年，常住人口830户3096人，现住金才园小区。

金才园、金浩园小区——主要居住二道桥村、五登房村、南洋村村民（2021年12月）

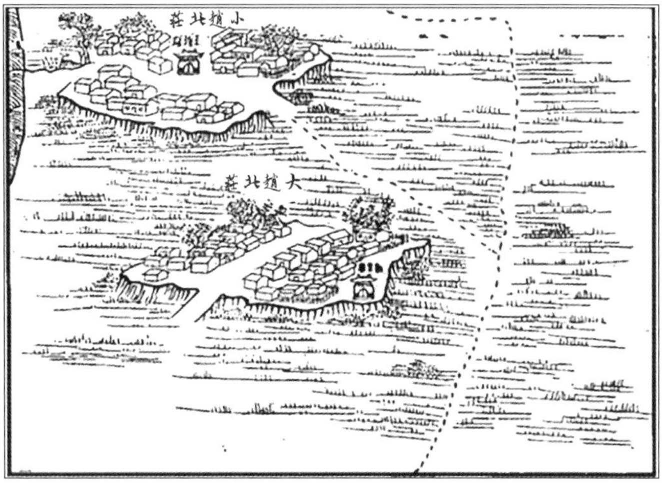

清道光二十六年（1846）赵北村图（时称大赵北庄和小赵北庄）

赵北村　位于镇北部，海河南岸，北与东丽区小东庄镇郭家稻地村隔海河相望，西邻北洋村，以老海河（卫津河）为界，东邻潘庄子村、李庄子村，以胜利河为界，南邻苑庄子村，三面环水。明永乐二年（1404）形成村落，又因村在老海河北岸，故名赵北庄。赵北庄是个大村庄，1913 年由于海河裁弯取直，新河道穿过赵北庄，将原赵北庄分成两个村，一个在新海河南岸，即津南区赵北庄；一个在新海河北岸，即东丽区赵北庄。1950 年称赵北村，被当时东郊区政府评为征粮模范村。农业主要种植小站稻。该村种植的西瓜闻名津门，通过水路销往天津市内。2003 年后，推广发展水产品养殖，以南美白对虾为主要养殖品种，改造高位池塘 600 公顷，亩产达到 400 千克以上。工业有铆焊厂、纸箱厂、暖气片厂、振北黏合材料厂、赵北管道公司等村办企业。50—60 年代，村组建篮球队、文艺演出队，重新组建秧歌队和太极拳表演队、广场舞表演队等。

该村以平安创建为主线，促进全村良好生活秩序和社会和谐，20 年来，全村无刑事案件发生。2005—2006 年，该村被评为津南区社会治安综合治理先进集体和社会治安综合治理平安村；2007 年，被评为市级民主法治村和市级文明村；2008 年，被评为市级治安巡控工作先进集体、“五个一”创建活动先进村和卫生村等；2009 年，被评为全国民主法治示范村。2010 年 10 月，因天津海河教育园建设，该村搬迁。2013 年，人均纯收入 18918 元。2018 年，常住人口 372 户 1161 人，现住宝业馨苑小区。

苑庄子村　苑庄子村位于咸水沽镇北部，海河中游南岸，以老海河（现卫津河）为界，东至赵北村，西至天津大道，南至月牙河与四里沽村隔河相望，北与北洋村接壤。明朝永乐二年（1404）村落形成。1948 年 12 月苑庄子村解放。在解放天津的战役中，苑庄子村民兵组成担架队，支援解放军解放天津，战功卓著，受到上级表彰。

苑庄子村农业主要种植小站稻。1960 年后村办企业逐渐兴起，创建了玻璃管厂，该厂为中央制药二厂、天津健民制药厂等全国各地的制药厂生产玻璃药瓶，后根据市场产品需求的变化，改为塑料厂，生产医用产品。村办企业还有车床模具厂、五金冷拔厂、陶瓷厂等，其中五金冷拔厂成为华北地区生产型钢型号最全的企业。

中华人民共和国成立后，村成立话剧团，利用农闲时间，在祠堂里排练了《捉妖记》《小二黑结婚》《刘巧儿》《白毛女》等剧目。2009 年因修建天津大道，涉及苑庄子村，部分村民进行拆迁。2011 年 11 月，咸水沽镇进行示范小城镇建设，实行土地整合，将该村村民分别安置在博雅时尚、宝业馨苑、紫江馨苑、新祥园、金芳园等 8 个住宅小区。2013 年，人均纯收入 16516 元。2018 年，常住人口 375 户 1044 人，现住新祥园、新旭园等小区。

头道沟村 位于镇南侧，西临津岐公路，东和刘家码头接壤，南和周辛庄相望。清咸丰九年（1859）僧格林沁亲王在咸水沽地区，通过倡劝捐资屯田 3885 亩，在耕地界内挖沟渠三道，此地为第一道，后来开荒垦田的佃户来此居住，故名头道沟。1948 年 12 月该村解放。解放初期成立了农业合作社，和周辛庄村为一个初级社，取名为头道沟大社。1957 年后，周辛庄村从头道沟村分割出去，1958 年改为头道沟大队。1975 年和周辛庄村从北闸口公社划归咸水沽公社，后改为头道沟村。

农业种植小站稻和玉米，部分地块种植蔬菜和西瓜。村有玻璃仪器厂、电机厂、加油站等 8 家企业。各生产队有基建队、电力工程队、通信工程队、制本厂等企业，2002 年，头道沟村与南洋村等建立 6 个劳务资源基地，至 2010 年，共派出境外就业劳务人员 1000 余人，解决就业，挣得外汇，学到技术。60 年代村建有俱乐部，有灯光篮球场、乒乓球台等体育设施，组建村文艺宣传队。2017 年镇整合，村民相继入住益华里、宝业馨苑、新祥园、新旭园、金朗园、金才园等小区。2013 年，人均 18026 元。2018 年，常住人口 952 户 2788 人，现住新祥园、新旭园等小区。

周辛庄村 位于咸水沽镇南部，东邻池家稻地村。清光绪二年（1876），为咸水沽周姓庄园。1941 年，改名周辛庄。1948 年 12 月周辛庄村解放。农业种植小站稻和玉米。1965 年起村创办工业企业，有津南五金灯具厂、津南自行车车圈厂、周辛庄电镀厂、化工厂等 7 家村集体企业。60 年代，村里建立文艺宣传队。2009 年，村内近三分之一土地纳入天津海河科技园区。2013 年，人均纯收入 19002 元。2018 年，常住人口 560 户 1578 人。2017 年 10 月进行土地整合房屋拆迁。2018 年村民住进丰达园、鑫洋园、金浩园小区。

刘家码头村 刘家码头村位于咸水沽镇东部，西邻咸水沽镇政府，东临王家场村，北邻池家稻地，南与周辛庄接壤。明永乐年间，刘姓人士来此居住，开荒种地。后住户逐渐增多，形成村庄。时有几户以打柴草为生，形成柴草码头，故名刘家码头。1948 年 12 月刘家码头村解放。

村农业以种植小站稻和玉米为主，兼种少量蔬菜。村大力发展工业生产，1970—1990 年，先后成立了刘家码头村纸箱厂、外贸畜产绒毛加工厂、海河阀门厂、三友化工厂等企业。2002 年咸水沽镇建立工业园区，村内的 347 亩土地全部被工业园区所用。2013 年，人均纯收入 16527 元。2018 年，常住人口 360 户 915 人。村民现住丰达园、新祥园、新旭园小区。

池家稻地村 位于镇中南部，东邻吴家稻地村。明永乐年间形成村庄，池万享迁此居住，开荒种稻，名池家稻地。1948 年 12 月该地解放，1950 年称池家稻地村。

村农业主要是小站稻和玉米种植。村内企业有印刷厂、纸制品厂、绒毛加工厂、铝材厂。村 57% 的土地已被镇工业园征用，除住宅用地外，其他耕地已被纳入镇区平改计划。2013 年，人均纯收入 17690 元。2018 年，常住人口 361 户 1087 人，现住新祥园、新旭园等小区。

吴家稻地村 位于镇东南部，东邻胜利村，西邻池家稻地村，南邻王家场村。明永乐年间一吴姓人士来此种稻，形成村落，名吴家稻地。1948 年 12 月该地解放，1950 年

咸水沽镇丰达园小区、紫江馨苑小区——主要居住王家场村、吴家稻地村、池家稻地村、胜利村、新兴村、四里沽村、李庄子村、潘庄子村、周辛庄村、上刘庄村、下郭庄村村民（2021年12月）

称吴家稻地村。农业以种植小站稻为主兼种蔬菜。村有铁厂、毛织厂、毛厂、仪表盘厂、麻刀厂、安装队等企业。2006年因咸水沽镇规划土地整合工作需要村民搬迁，因村36%的土地被咸水沽镇工业园区占用，村又在镇区规划范围内，2014年4月启动搬迁工作。2017年12月村民相继搬进了现代化的新祥园小区、新旭园小区和丰达园小区。2013年人均纯收入17608元。2018年，常住人口262户799人。

王家场村 位于镇东南部，东邻咸排河，南邻双桥河镇的小营盘村和北闸口镇的裕盛村，西邻池家稻地村，北邻吴家稻地村。清道光六年（1826）形成村落。中华人民共和国成立初期为6个自然村，1950年统称王家场村。农业以种植小站稻为主兼种蔬菜。村办企业比较发达，从1958年开始建立村办企业，有铸造厂、餐具加工厂、硼砂厂等10家企业。村内还有建筑工程桩基施工专业队，文体活动很活跃，有同乐会（落子）、篮球队，修建有篮球场。1966年村里建了一个大礼堂，俗称俱乐部。2008年3月，镇工业园区扩容建设，该村进行土地整合拆迁。2013年，人均纯收入15834元。2018年，常住人口1070户3456人，现住丰达园、新旭园等小区。

东张庄村 东张庄村位于咸水沽镇东部，东邻双桥河镇，西邻胜利村，南至津沽公路，北靠海河故道。明永乐年间形成村庄，名张家庄，又名东庄子。1946年更名东张庄。1948年12月该村解放，1950年定名东张庄村。

东张庄村农业以种植小站稻为主兼种蔬菜。根据自身特点大力开展工副业生产，70年代后开办了毛巾厂、纸箱厂、化工厂和金属结构厂。东张庄村回族民众比较多，在镇政府领导下，各民族群众关系融洽，全村村民生活和谐美满。1991年3月8日，东张庄村被市民政部门批准为民族村。

2008年，因建津南新城和天津海河教育园，该村拆迁。2013年，人均纯收入17141元。2018年，常住人口702户1801人，现住宝业馨苑、东旺家园、鑫洋园、丰达园小区。

下郭庄村 下郭庄村位于镇中东部，东临四里沽村，西邻上刘庄村，南至海河故道，北至海河。明代永乐年间形成村落，名为“郭家庄”。后因海河上游有一上郭庄，便改称为下郭庄。历史上，因紧靠海河，漕运兴旺，当时该村有内河对槽船18只，往返于天津市区、杨柳青、任丘和沧州等地，有远航海船2艘，东航程至营口、沙河子，南到江浙一带。村内开办永成号、吉义生号、万元号和德泰号木场（即木材货栈）4处，有粮行4家。1846年全村共318户1414人（含上郭庄村人口），1948年12月解放。1950年定名为下郭庄村。

下郭庄村以种植水稻为主，水产养殖面积100亩。村内企业有拔丝九厂、水泥钢钉厂等。

1951年村建起了一座砖木结构的大戏台，供村办剧团演出之用。现有民间花会七道，诸如高跷、龙灯、法鼓、少林会、小车会、老少背、吹奏音乐会等。

2007年因津南新城区建设，进行土地整合整体拆迁，2010年10月村民迁入紫江馨苑小区安居。2013年人均纯收入16094元。2018年常住人口707户1698人。

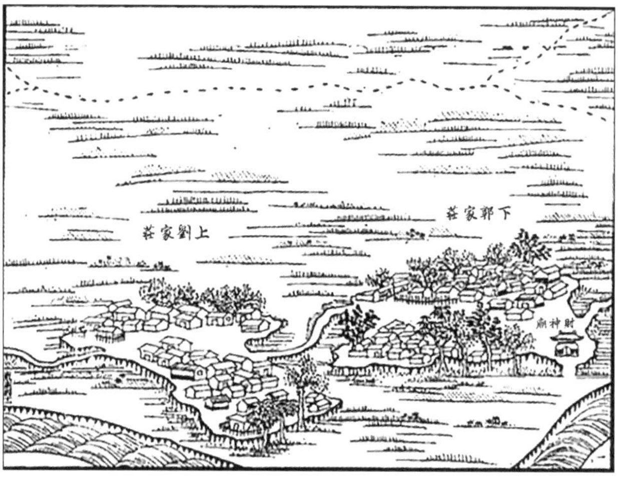

清道光二十六年（1846）下郭庄村图（时称下郭家庄）

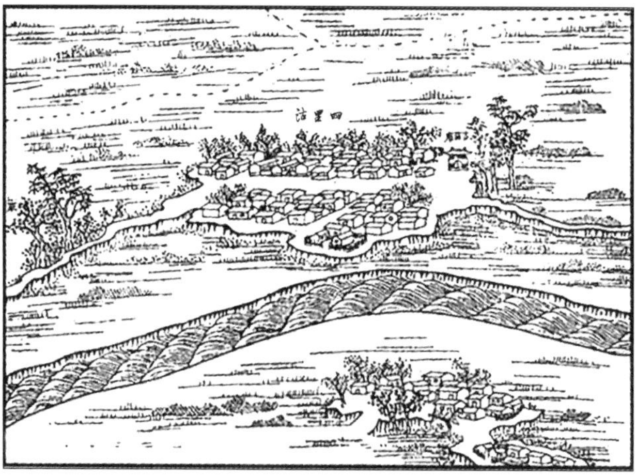

清道光二十六年（1846）四里沽村图

四里沽村 位于镇域东北部，东邻李庄子村。明永乐年间，刘、陈、李、井四姓在此开荒种地，因靠海河称四立沽。后因距咸水沽、柴庄子、赵北庄各四里，故名四里沽。1846年全村共321户1302人。

四里沽村农业以种植小站稻和玉米为主。20世纪60年代末，大力发展大棚蔬菜种植，由于管理精细、使用有机肥料，其蔬菜在市场上颇有名气。70年代后，村成立综合铸造加工、振兴铸锅冶炼厂和津南铸钢件厂。90年代初被评为明星小康村，村党支部连续三次被评为天津市红旗党支部。村成立文艺宣传队、小剧团。

2013年，人均纯收入18894元。2017年因天津海河教育园建设，该村拆迁。2018年该村成为天津市规划的绿色生态屏障起步区。2018年，常住人口565户1651人。村民现住丰达园、鑫洋园等小区。

李庄子村　位于咸水沽镇东北部，海河以西，东临潘庄子村，南邻老海河，西邻四里沽村，北邻月牙河。李庄子村系退海盐滩之地，明代永乐年间，江苏人李周来此开荒种地建村，并就此定居，形成村庄，故名李庄子。1948 年 12 月解放，1951 年称李庄子村。

李庄子村农业以种植水稻为主，兼种玉米、棉花。1972 年村建铸造厂，后改为塑料制品加工厂。80 年代后，村民开展养鸡、养猪业。李庄子村注重文化学习和教育，1951 年村内建立了一所小学校。村早先成立了一个佛乐组织，乐器主要是笙、管、笛和打击乐器。1952 年，村组建了一个话剧、歌剧演出团体，在村西搭建了一个 1 米多高的露天剧台，晚上村民都来这里看演出。

2009 年因海河教育园建设，该村拆迁。2013 年人均纯收入 13738 元。2018 年常住人口 160 户 494 人，村民现居丰达园、金浩园、星宇花园、紫江馨苑小区。

潘庄子村　位于咸水沽镇的东北部，海河故道北，南邻李庄子村，东邻双桥河镇孙庄子村，北倚海河。明朝永乐年间，一潘姓宦官来此，建了很多房子，雇人开荒种地，形成村落，故名潘家庄。1846 年共 194 户 726 人。1948 年 12 月解放后改名为潘庄子。该村盛产蔬菜，其中包括茄子、辣椒、西红柿、韭菜、黄瓜等。冬季盛产韭黄，为津南区的特产。60 年代后，以种植小站稻为主。工业有铁厂。2013 年人均纯收入 13893 元。2013 年 11 月，因天津市海河教育园区建设，该村拆迁，村民于 2017 年 7 月迁至咸水沽镇丰达园小区。2018 年，常住人口 248 户 648 人。

上刘庄村　位于镇域中部，海河故道以北，东邻下郭庄村，西邻秦庄子村，村北以胜利河为界。明永乐年间，刘茹兄弟三人来此开荒种地，因地处海河沿岸，年长日久，淤成嘴状河滩地，称刘家嘴，后渐成村庄。因与葛沽地区的刘庄相对，故名。该村辖勾庄子 1 个自然村。

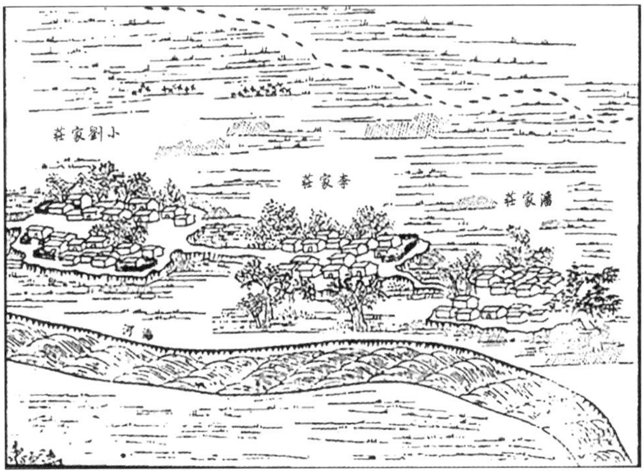

清道光二十六年（1846）左上刘庄村图（时称小刘家庄）图（左）、中李庄子村图（时称李家庄）图（中）、右潘庄子村图（时称潘家庄）图（右）

上刘庄村 1948 年 12 月解

咸水沽镇丰达园小区——主要居住王家场村、吴家稻地村、池家稻地村、胜利村、新兴村、四里沽村、李庄子村、潘庄子村、周辛庄村村民（2021年12月）

放。50—60 年代，农业以种植小站稻为主，部分土地为园田。70 年代名称改为园田队，开发水产养殖和畜牧养殖。从 70 年代开始，村发展企业，有灯具厂、拉手厂、暖气片厂、毛纺厂、机器加工厂、津华不锈钢厂等 6 家。

1962 年，村民自发组织文艺宣传队参加各种文艺演出活动。1997 年，在迎接香港回归活动中，村组织秧歌队积极参加迎接香港回归祖国的各种表演活动。82 岁村民王志华组织文艺小队，自编自导十几个文艺节目。村民杨世清一生酷爱书法，2017 年 85 岁的杨世清所画《咸水沽东大桥》被《新报》刊载。

2009 年因天津海河教育园建设，该村拆迁。2013 年，人均纯收入 18056 元。2018 年，常住人口 599 户 1625 人，现住紫江馨苑小区。

秦庄子村 位于咸水沽镇的中部，该村在老海河故道北岸，北邻田嘴村，南面与上刘庄村接壤。月牙河、胜利河这两条人工河在东端相汇，西端分别与老海河故道交错贯通，中间形成长约 3000 米、宽约 2000 米的环岛，秦庄子村四面环水，居于其中。

明永乐七年（1409），形成村落，称秦家庄。沿海河建立许多码头，大部分人从事养船、跑海运输。秦家庄形成了“三多”，即撑船的多、挑八股绳的多（装卸工）、做小买卖的多。1846 年全村共 542 户 1699 人（含田嘴村）。

秦家庄 1948 年 12 月解放，1951 年改为秦庄子村。秦庄子村注重发展特色产业，农业以种植小站稻为主。村种植的菜花以个大、色白、味美而闻名天津和北京。60 年代中期，秦庄子村开始办企业，主要是铁木橡胶厂，其中津南胶轴厂、振华胶轴厂，产品最大的胶轴规格为 0.6 米 ×6 米，成为华北地区唯一一家能加工大规格胶轴的厂家。后又创办了电器厂、缝纫杂品厂、铁木胶轴厂等。明永乐年间，村建观音庙一座，至今已有 600 余年历史，该庙是津南区不可移动文物保护单位。

2009 年 8 月，因天津市海河教育园区建设，该村拆迁。2013 年，人均纯收入 18590 元。2014 年 9 月，村民迁住进高层楼房，地址在金芳园和博雅时尚小区。2018 年，常住人口 341 户 820 人。

胜利村 胜利村坐落于咸水沽镇城区内东部，在老海河与津沽路夹带之中，西至东大桥，东邻东粮库，历史悠久，是咸水沽镇最早的居民聚集地之一。1846 年全村共 482 户 2279 人。胜利村原是咸水沽镇内一个街道，在 1956 年村成立高级社时，一街（胜利村）、七街（汇丰村）合并属于一个生产队，当时名叫一街大队，于 1958 年正式定名为胜利村，1964 年一、七街分离成为两个独立的生产队。

胜利村主要种植蔬菜。1966 年起先后成立了电镀厂、电杆厂、汽车运输队、鑫利达印染公司、天北科技公司等企业，集体经济壮大。

胜利村是海下同善文武高跷的发祥地。该高跷起源于清代，参加过天津市和全国的演出，曾代表天津市去台湾参加文化交流演出。

2009年胜利村参加农村土地整合，村民住房拆迁，村民分别安置在丰达园小区、宝业馨苑小区、新祥园小区等。2013年，人均纯收入15687元。2018年，常住人口601户1332人。

惠丰村 惠丰村位于镇内中区东部，是咸水沽最先有人居住的地域之一。行政区域共由四个部分组成：一是惠丰村居民区，位于津南区咸水沽镇中心地块，东至新建里，西至教堂里，南至津沽路，北至海河故道；二是紫江路市场，位于紫江路东侧，东至刘家码头，西至紫江路，南至胜利村鑫利达印染厂，北至新兴村地界；三是新地，位于咸水沽南环路（镇政府）南侧 500 米，东至刘家码头（海河工业园区），西至周辛庄地界（养鱼池边），南至周辛庄地界（以沟为界，河沟归惠丰村所有），北至头道沟地界；四是长巴，位于北闸口镇附近。

80 年代，村制定了农、副结合的方针，建起几个社队企业，为一些大厂家、大公司做产品配套和零件加工。经过加大投资，进行设备更新和技术改造，大胆引进有能力的技术和人才，企业效益大增，进一步壮大了集体经济。

2007年惠丰村村民自行投资入股，建设一个大规模、高标准、多功能、现代化的全封闭综合性市场“紫江路市场”。市场主体二层局部三层，总投资4000万元，占地30亩，建筑面积18000平方米。实行租赁经营。2018—2020年村民们凭股民证人均领到了9156元。

2013年，惠丰村人均纯收入19185元。2018年，常住人口232户545人。

耀华村 耀华村由二街、六街组成，位于镇内区中部，东临七街大队，是咸水沽最繁华地段。耀华村经济发展较快，最早建立了汽车队，有冷冻厂、织花厂、工业品厂、灯具厂等多家企业。2010年，耀华新天地步行街商业区成为咸水沽镇内的一大亮点。该村是全区最早建设起宅基地楼区的村队，部分村民90年代初就住上二层小楼。2013年，人均纯收入20042元。2018年，常住人口697户1458人。

新兴村 新兴村位于咸水沽镇内区南部。东起池家稻地村，西至西大桥旁，北隔津沽路。村连绵1.5千米，1958年名为八街大队，曾分有十几个生产小队。村内有多家企业，较大的企业如新兴造纸厂曾多次获市、区表彰。新兴村建筑队亦远近闻名，后成为南郊区建筑公司的主力队伍。养殖大户李克俭曾于1985年被天津市委、市政府评为天津市劳动模范。2006年该村被市委、市政府授予市级“文明生态示范村”称号。

2013年，人均纯收入17208元。2018年，常住人口1420户3183人。村民住进新兴东里、普红馨苑、红霞里等现代化小区。

裕民村 位于镇内区建国大街中北部，海河故道西南部。1948年12月解放，1949年1—2月间成立咸水沽街公所。1956年正式建村成立初级社。1958年成立高级社，名为天津市河西区美满人民公社咸水沽分社幸福社。1960年幸福社分家，所辖发生变化并改名为三街大队。1984年5月变更为裕民农工商联合公司。1992年8月更名为津南区咸水沽镇裕民村至今。2013年，人均纯收入18793元。2018年，常住人口280户601人。土地整合后，村民住进现代化楼房小区。

同济村 同济村原名四街大队，位于咸水沽西部，西大桥左右，南与新兴村接壤，北至老海河边。全村土地较少，主要以种植水稻和蔬菜为主。70年代后期，工业有所发展，曾开办过钢圈厂。该村是咸水沽镇内最早自行整合的村。90年代末，开发房地产，建设了同泽园、同发里、祥福里等现代化的楼房小区，村民住进楼房。2013年，人均纯收入22748元。2018年，常住人口280户516人。

五街大队 五街大队位于咸水沽中部，北临建国大街，南至老围子河，西与四街大队相邻，东至大胡同，紧靠南门。1978 年，天津市纺织局选址占地，建设新厂，发展纺织工业，且看中了位于津歧路东侧、与三道沟村隔月牙河相望的属于五街大队仅有的地块。经政府批准，于 1979 年 1 月 1 日，因占地招工，五街村民成建制转非（非农业户），240 余名男女劳动力进厂务工。五街大队撤销。

社区 咸水沽镇街委会，始建于中华人民共和国成立初期，时称街公所，负责居民事务。下设街道主任（相当于现在的居委会主任），配一文员，负责办理辖区居民的日常事务。当时无办公场所，根据分工负责的工作，均分散在各自家里接待办公，这种情况延续约 10 年。

1961 年，咸水沽镇建有 8 个街居委会，除解放里、大胡同两个居委会有简陋的办公地点外，其余仍在家办公，但不是分散办公，而是集中在一个居委会成员的家庭办公。1984 年，咸水沽镇增加光明楼居委会、众合里居委会、兴业里居委会、丰收里居委会、红旗楼居委会，共 13 个居委会。随着镇区建设的加快，周边村庄村民的内迁及外来务工人员数量的增多。1990—2001 年 10 月，镇居委会达 19 个：众祥里居委会、解放里居委会、两益里居委会、新兴路居委会、兴业里居委会、红星里居委会、新建里居委会、大胡同居委会、团结路居委会、新村居委会、丰收里居委会、欣欣里居委会、红旗楼居委会、众合里居委会、永安里居委会、光明楼居委会、照明楼居委会、育才里居委会、祥福里居委会。

2001 年 10 月 15 日，撤销南洋镇整建制，并入咸水沽镇。按照区提出的 1500 ~ 2000 户为一个居委会的原则，把原咸水沽镇 19 个居委会调整为 12 个居委会，加上原南洋镇合并过来的 1 个居委会，共 13 个居委会，于 2001 年 11 月正式挂牌办公。分别是：新丰里居委会、金石里居委会、益华里居委会、惠苑里居委会、永安里居委会、新业里居委会、红星里居委会、解放里居委会、红旗楼居委会、众合里居委会、光明楼居委会、祥福里居委会、育才里居委会，至 2010 年未有增减。经过土地整合，村庄拆迁，2017 年经调整，新成立米兰、沽上、鑫洋园居委会，撤销解放里居委会，合计 22 个居委会，分别是：新业里居委会、永安里居委会、祥福里居委会、益华里居委会、光明楼居委会、金石里居委会、月牙河居委会、新丰里居委会、惠苑里居委会、红星里居委会、众合里居委会、红旗楼居委会、育才里居委会、宝业馨苑居委会、金华南居委会、金华北居委会、丰达园居委会、丰收路居委会、新城居委会、沽上居委会、米兰居委会、鑫洋园居委会，总计 78329 户约 20 余万人。各居委会受咸水沽镇政府领导。

2018年咸水沽镇社区（居委会）情况一览表

表1

社区名称	简要介绍	户数（户）	人口（人）	占地面积（平方千米）	办公地址
新业里	东至红星里社区，西至团结路延长线，南至津沽路，北至老海河故道。社区包括18栋居民楼	2541	5784	0.4	惠安花园36-17
永安里	东至新丰里，西至红旗楼，南至益华里，北至育才里。社区包括51栋居民楼	2483	7215	0.38	咸水沽镇南华里18号楼旁小二楼
祥福里	东至荣祥里、卫国里、荣兴里，西至祥福里，南至同泽园，北至同发里。社区包括43栋居民楼	1759	3769	0.75	咸水沽镇体育场北路原津南区供热办公室
益华里	东至宝业馨苑，西至普明南里，南至益华里，北至津九轩。社区包括294栋居民楼	4311	13558	0.56	益华里小区院内华润超市楼上
光明楼	东至惠苑里，西至金石里，南至红旗路，北至育才里。社区包括51栋居民楼	2190	4063	0.3	照明南里4号楼
金石里	东至西大桥，西至海河教育园高职院校，南至金华园小区，北至雅润路。社区包括71栋居民楼	4654	13915	1.0	博雅时尚院外小二楼
月牙河	东至月牙河，西至金华园，北至金石南里，南至咸水沽一中。社区包括74栋居民楼	3056	9474	0.51	水岸华庭院内
新丰里	东至校园里，西至新兴南路，南至津沽路广建里，北至南华路新兴东里崔家台。社区包括40栋居民楼	2386	6937	0.65	新祥园院内一区会所
惠苑里	东至津沽新街，西至景明花园，南至津沽路，北至建国大街。社区包括46栋居民楼	4021	13154	0.47	惠苑里小区24号楼旁小二楼
红星里	东至盛华公馆，西至拥爱楼，南至津沽大街，北至老海河故道。社区包括46栋居民楼	3871	8561	0.5	谷星新里配建
众合里	东至新兴南路，西至红旗路，南至南华路，北至津沽公路。社区包括43栋居民楼	2855	7494	0.24	众惠里1-1-101
红旗楼	东至红旗路小区和凤明里小区，西至津歧路，南至普明里，北至红霞里。社区包括60栋居民楼	3026	7705	0.5	环保局后身普红馨苑2号
育才里	东至津沽路，西至津歧路，南至体育场北路，北至红旗路。社区包括44栋居民楼	2100	6221	0.6	咸水沽镇体育场北路原津南区供热办公室
宝业馨苑	东至咸水沽镇政府，西至富源里小区，南至头道沟村委会，北至津南税务局。社区包括55栋居民楼	3686	11037	0.17	宝业馨苑小区36号楼二楼

续表1

社区名称	简要介绍	户数（户）	人口（人）	占地面积（平方千米）	办公地址
金华南	东至金御中央小区，西至雅润路，南至天华中学，北至南环路。社区包括78栋居民楼	6831	14121	0.5	金才园院内配建
金华北	东至月牙河西路，西至雅韵路，南至市场路，北至规划路。社区包括38栋居民楼	3788	10606	0.22	金益园院内配建
丰达园	东至金丰路，西至紫江路，南至南华路，北至津沽路。社区包括25栋居民楼	5254	7713	0.26	丰达园院内配建
丰收路	东至紫江路，西至咸水沽供电所，南至南环路，北至南华路。社区包括31栋居民楼	2958	5565	0.15	新祥园院内一区会所
新城	东至公建地块，西至纬六路，南至纬六路，北至东沽路。社区包括68栋居民楼	5052	5160	0.73	合安园院内配建
沽上	东至规划路，南至建国大街，西至红旗楼延长线，北至海河故道。社区包括39栋居民楼	3424	8761	0.2	沽上江南底商
米兰	东至红旗路延长线，西至东沽路，南至建国大街，北至海河故道。社区包括74栋居民楼	2788	7560	0.15	米兰小区院内
鑫洋园	东至东小路，西至正阳村鸭子楼，南至津沽路，北至海河故道以南。社区包括49栋居民楼	5295	15356	0.23	鑫洋园共建

益华里社区 2010—2014 年获得市级以上奖励 19 个。其中有 2010 年“全国妇联基层组织建设示范社区”称号、2012 年“全国妇女创先争优先进集体”称号、2015 年“全国无邪教创建示范社区”称号、2015 年“全国和谐社区建设示范社区”称号。

金石里社区以“服务管理创新、家园和谐安宁”为目标，全力推进社区建设，探索出一条推进和谐社区建设之路，获得市级以上荣誉 15 个，获评为 2013 年国家级地震安全示范社区、2015 年全国和谐社区建设示范社区、2013 年全国科普示范社区、2014 年全国综合减灾示范社区；获评为天津市 2012—2014 文明社区、美丽社区、2014 年无邪教创建工作样板社区。

红旗楼社区获评为 2010 年天津市绿色社区、先进社区党组织、2015 年美丽社区。

宝业馨苑获评为 2014 年天津市美丽社区、天津市平安志愿者先进集体。

月牙河社区获评为2015年天津市科普示范社区。

新业里社区获评为天津市2016年治安保卫工作标兵集体。

永安里社区获得2016年天津电视台《直播天津卫》“耀舞扬威”天津市首届全民广场舞大赛最受欢迎奖。

丰达园社区获评为2016年度天津市民族团结进步示范社区、2017年天津市示范快乐营地儿童之家。

自然环境

地质 域内处于沧县隆起之上，居华北台块断陷盆地的一个次级结构单位，是新生代发育成的拗陷区。自中生代以来，受历次构造运动影响，境内及附近发生了多次断裂，形成诸多断裂分割包围之势，马坊断裂由西南向东北穿过咸水沽镇，海河断裂在镇北自西向东擦边而过，东去6千米便是著名的沧东断裂，西隔6千米又是白塘口断裂，基岩为古生代奥陶纪碳酸岩和石炭—二叠纪红质岩、页岩，其上覆盖有新生代第三纪、第四纪以来的巨厚沉积物。

地貌 域内位于海河中下游右岸，老海河（海河古道）、月牙河在境内通过，属海河平原的一部分。距今约5000年前，由于全球气候变化，海退开始，陆地逐渐形成。镇域地势平坦，地貌类型单一，海拔为3～5米，高差不大，是“退海之地”。镇西八里台镇巨葛庄贝壳堤，距今约3400±115年。镇东双桥河镇东泥沽贝壳堤，距今约1900年，都是历史的古海岸。咸水沽镇就成陆于两者之间，由于历史上黄河三次由津入海，海路相互交替沉积，各色沙泥、贝壳等覆盖在地表层，堆积大量黏质沉积物，土壤含盐量较高，地下水位浅，土质盐碱和偏黏，属海积和冲击物所形成。

土壤 1955年，土壤普查定为盐化浅色草甸土、黏化水稻性沼泽土。1970年以后，水源不足改稻种旱，土壤次生盐泽化显著，逐步脱离沼泽化，向盐化潮土和盐化湿潮土发展。域内小部分属盐化菜园潮土，由于长期浇灌海河水，红土层深厚，土壤有机质含量高，一般在 25% 以上，土壤熟化程度高，氮磷肥比较丰富。通体无潜育化现象，地下水在 1 米左右，是建设稳产高产田的基础。土壤含盐量高，含盐量 0.212% 左右，土壤盐渍化面积大。据 1983 年区农业区划委员会土壤普查测试，域内轻度盐化（含盐量 0.2% ~ 0.3%）面积 1051.83 公顷，中度盐化（含盐量 0.3% ~ 0.4%）面积 552.17 公顷，分别占 55% 和 45%。但是，土壤由于主要为河流冲击物，将上游、中游的肥沃表土带到下游，经静水沉积而成（小部分为海相沉积）。静水沉积了大量养分物质，土壤肥沃，土地等级高。有机质含量 2.45%，全氟含量 0.117%，全磷含量 0.147%，碱解氮 65.4 ppm，速效磷 19.5 ppm，速效钾 134.4 ppm。

气候 咸水沽镇气候类型属暖温带半湿润季风型气候，季风显著，四季分明。冬季受西伯利亚、蒙古高压控制，盛行西北风，夏季受大陆低压和太平洋副热带高气压影响，盛行东南风。

因咸水沽镇地处渤海西部，受海洋气候影响较大，故气候特点是四季分明，秋温略高于春温。四季特点为：春季气候干旱升温快，降水少，湿度小，春风大而多，蒸发量大，带有春旱发生，有春雨贵如油的说法；夏季高温高湿，炎热多雨，降水高度集中，时有夏涝；秋季短促，气温下降快，降水少，晴天日数多，日照充足，昼夜温差较大，有利于作物干物质的积累；冬季季长，气候干冷，雨雪稀少。以气候平均气温为标准划分为四季；春起于 4 月初，夏起于 6 月初，秋起于 9 月初，冬起于 10 月末。

咸水沽镇年平均日照时数为 2711.2 小时；年太阳总辐射量为 526.262 千焦每平方厘米；年平均气温 11.9℃；年平均冰冻深度为 45 厘米，极端冰冻深度 52 厘米；年无霜期为 200 天左右；年平均降水量为 558.4 毫米。

河流

域内河道纵横，水系发达。有市级河道 1 条，即海河，域内总长度 9.7 千米。有区属二级河道 7 条，即月牙河、幸福河、卫津河、海河故道、胜利河、咸排河、南白排河，总长度 29.58 千米。

海河 海河是天津的母亲河，其干流长 76 千米。海河津南区段，自柳林排水河河口至马厂减河西关泵站，全长 35.5 千米。1911 年 3 月海河第四次裁弯取直赵北至秦庄子，海河缩短 9077 米。虽然此次取直后，海河距离咸水沽镇人民政府所在地距离 4.5 千米，但域内的北洋村、苑庄子村、李庄子村、赵北庄村还是在海河的南岸。

海河堤防津南区段是1963年发洪水时临时修建的小埝（原来是地下河），堤防残破单薄，设施简陋。多年来，由于海河周边条件的变化，防洪排涝存在着堤防下沉、河口淤积、工程老化等问题。

咸水沽镇人民参加的历次海河整治工程有1979年8月防汛海河复堤；1987年海河赵北庄段护坡整治；1988—1989年海河护坡于庄子段整治；1990年海河护坡于庄子段整治；1993年4月海河干流治理工程治理赵北村卫津河西段。

1996年为解决全镇农业用水困难，镇党委、政府决定利用老海河河床修建一座老海河水库，灌溉面积达273.33公顷。

1996年5月30日，坐落在咸水沽镇境内的海河干流双月泵站段工程竣工，全长1020米，按设计要求泄洪量达到400立方米每秒的标准，填筑土堤，堤顶高程4米，堤顶宽4米。

月牙河 位于津南区中部，是连接海河、马厂减河的一条引河，是著名小站稻的重要产区，对津南区经济发展至关重要。因河道弯曲，形似月牙状，故名。北起咸水沽镇赵北庄海河，南至小站镇盛字营村东与马厂减河相通，全长16.2千米，河上口宽45米，底宽15～20米。边坡系数2.5，河底高程−2.7米，坝顶高程3.5～5.0米。连接小站镇、

月牙河夜景（2015年）

月牙河公园（2013年9月）

北闸口镇、咸水沽镇。该河穿咸水沽镇而过，过境长度为 8.96 千米。

月牙河由于近代战乱，年久失修，解放前夕已变成一条小河。咸水沽镇人民与津南人民在区委、区政府的领导下，克服诸多困难，从 1951 年开始，进行 6 次挑挖改造，即 1951 年、1959 年、1962 年、1966 年、1987 年和 2005 年改造。规模最大的是 1966 年和 2005 年。1966 年，南系水源大港停蓄，只能依赖北系海河水源，但月牙河的过水能力远不能适应农业生产的需要，为此，决定对月牙河进行彻底改造。1966 年 10 月 25 日工程正式开工，于 1967 年 6 月完成。这次改造，总计完成土方 107.28 万立方米，重建水利工程 13 座，用工 64.6 万工日，工程总投资 31 万元。改造后的月牙河河底高程 −0.83 ~ −0.2 米，底宽 15 ~ 20 米，边坡 1∶2.5，设计流量 15 ~ 23 立方米每秒，可蓄水 87 万立方米，灌溉面积 0.32 万公顷，排涝面积 0.76 万公顷。2005 年 9 月至 2006 年 5 月，完成月牙河水环境综合治理工程，包括清淤、复堤、护砌、污水治理、绿化和河岸两侧的环境治理。治理后的月牙河恢复原河道功能。

卫津河 于清光绪十七年（1891）动工，1893 年竣工，主河一道，支河九道，以护卫天津城区免遭水患开挖，故得此名。北起和平区海光寺泵站，向南经和平、南开、河西、西青区，东折于津南区咸水沽镇赵北庄入海河，长 22.6 千米。津南区境内西起辛庄乡建明村西，东北至咸水沽镇赵北庄与海河沟通，全长 11.5 千米。该河穿咸水沽镇而过，过境长度为 2.83 千米。

1977年，冬季开挖卫津河，第一期完成224936立方米，第二期1978年冬至1979年春完成9万立方米。1979年4月挖卫津河蓄水渠，8月防汛海河复堤。1980年8月建卫津河西头闸。为扩大发挥双月扬水站的作用，解决农田急需用水，1987年冬进行疏浚改造，自津南大洼排水河入月牙河口起，沿津南大洼排水河向西南至老海河北，西折新挖河段在南洋大闸东部顺连卫津河入洪泥河，完成土方10.4万立方米。卫津河上口宽25米，下口宽10米，河底高程-2.20米，堤顶高程3.0米，边坡系数2.5，设计流量达到10立方米每秒，可蓄水40万立方米。对该河系的清理、改造，咸水沽镇人民做出了自己的贡献。

幸福河 清光绪二年（1876），周盛传小站练兵屯田时在中塘首开排水大沟，此河由大港中塘经翟家甸在二道桥南与月牙河沟通。当地俗称甜水河，起灌排作用。一是由马厂减河引灌稻田，二是当海河涨潮时由月牙河引灌，退潮时则泄咸。1950—1951年疏浚，幸福河北端与四丈河横河顺接，通往月牙河。1958年，组织社员进行声势较大的拓宽改造工程，人们确认该河必然会给人民带来幸福而得其名。1959年，因兴建大沽排水河工程，甜水河被截断而废弃。

1964年冬，为解决南、北义心庄和八里台等地排水问题，拓宽全河，并新挑挖一段引河至大沽排水河。1989年冬和1990年冬又分别进行疏浚，河底高程-1.25～-0.7米，底宽5～8米，边坡1∶2，设计流量10立方米每秒。

2008年，对幸福河进行综合治理工程。工程于11月25日开工，2010年11月12日完工。工程总投资1.8亿元。主要工程量：河道清淤土方63.54万立方米，生态网格

幸福河咸水沽镇与北闸口镇交界处（2019年）

胜利河（海河教育园区内）（2019年）

护砌工程量99000立方米；生态袋护砌15000立方米，绿化面积38万平方米。治理后的幸福河全长21.03千米，南北走向，南起八里台镇中塘村，与马厂减河相通，建有南闸1座。北接海河干流，与双洋渠泵站相通。幸福河上口宽22.5～25.5米，下口宽5～8米，河底高程-2.20米，堤顶高程3.5米，边坡系数2.5，设计流量达到10立方米每秒。可蓄水40万立方米，灌溉面积3333.33公顷。该河穿咸水沽镇过境长约1千米。

海河故道 全长8.94千米，东西走向，西起月牙河（咸水沽镇米兰阳光小区），东至双桥河镇柴庄子村海河干流大堤。上口宽50米，下口宽20米，边坡系数2.5，河底高程-3.0米。其中，月牙河以东3.5千米河道为景观河道，建有海河故道公园。

胜利河 2008年建天津市海河教育园区，其河在园区内。胜利河在园区内局部改线，包括清淤、挖方、生态护砌、旧河回填、胜利河过路管道（津沽路顶管）、胜利河与月牙河交口出水闸、胜利河与幸福河交口出水闸、胜利河东外环连接等治理工程项目。工程于2009年9月21日开工，2010年7月11日完工。工程总造价2461.89万元，完成河道清淤31.46万立方米、旧河回填24.72万立方米、生态护砌44.724立方米、顶管170延米。改造后的胜利河全长3.95千米，东西走向，东起幸福河，西起月牙河（咸水沽镇秦庄子村南），上口宽26米，下口宽7米，边坡系数3.0，河底高程-1.8米，设计流量10立方米每秒。

南白排河 为实现咸淡分家，改变农业用水状况，津南区投资30.4万元，于1976年冬开挖，当时该河沟通原南洋公社、白塘口公社，北起原南洋镇双杨渠泵站，与海河相通，向南经辛庄乡辛庄村东、原南洋镇南洋村西、五登房村、韩城桥村西，至二道桥村南倒虹穿大沽排水河，与幸福河相通。全长4.233千米，镇域内1.5千米。1993年，对南白排河进行拓宽。该工程北起双杨渠泵站出口，南至卫津河北岸，全长4.327千米，其中津沽公路路北长2.876千米，路南长1.357千米。工程开挖土方17.9万立方米。共计投资108万元。

老海河水库　咸水沽镇为改善地下水超采状况，增加自备水源，决定利用老海河咸水沽段建水库。水库于1996年1月开工，5月18日竣工，灌溉面积273.33公顷。水库西起月牙河秦庄子村，东至四里沽村，全长4000多米，河床平均宽度46米，常年平均水位2.5米。水库水面面积23.33公顷，总库容45万立方米，工程总投资216.17万元。工程包括兴建排灌两用泵站1座；新装250千伏安变压器1台套；兴建孔径2米×2米调蓄总控制闸1座；建2米×50米涵洞1座；砖砌明方涵93米，挖明渠20余米，为四里沽村、李庄子村和潘庄子村输水。

双月扬水站　位于咸水沽镇潘庄子村北、海河右岸。1978年5月8日兴建，1980年6月10日竣工，12日试车成功，投资210万元，是津南区迄今规模最大的排灌枢纽工程，为北系唯一取水、排水兼用口，受益面积6666.67公顷。装机容量1700千瓦，排灌能力20立方米每秒。总体工程包括扬水站1座；进、出水闸3座，分别通向海河、月牙河、双桥河；输水渠道3条长1千米，分别顺接海河、月牙河、双桥河。1995年2月，津南区投资95万元，对出水池、站前闸、机架桥、围墙进行改造。

自然资源　1980年，咸水沽地区土地面积为1768.96公顷，其中农业用地1230.7公顷，占总土地面积的69.6%，非农业用地538.25公顷，占总土地面积的30.4%。2016年，有农村耕地总面积2126.67公顷，其中粮食、蔬菜种植面积141.99公顷。域内降水量较多，年平均降水量为558.4毫米。降水量有明显的季节性分布，主要集中于夏季，夏季降水量414.1毫米，占全年降水量的74%。地表水资源充足，包括一级河道海河、大沽排水河以及月牙河等二级河道4条。野生植物资源非常丰富，达几十种。2004年，津南区农林局在进行野生植物调查时，发现野大豆、金鱼藻、柽柳、枸杞、水烛、荆三棱6种国家级野生保护植物，其中野大豆为国家二级野生保护植物。地下资源也非常丰富。域内地下蕴藏着非常有价值的地热资源和煤层。3个热储层年可采量达100万立方米。目前开凿地热井10眼，其中最深地热井达到3200米，供暖能力超过100万平方米。另外，在咸水沽地下1600米的地方，地下煤层可直接气化，用管道将煤气输送到居民家。

人口变迁

人口总量 古咸水沽为移民之镇。清道光末年，有绅衿24户、盐商7户、铺户29户、烟户294户、应役16户、佣作119户、负贩168户、船户289户、乞丐6户、僧道5户，总计4736人。1949年，总户数3546户，12804人（原南洋镇1650户，6930人）。1964年第二次全国人口普查，总户数6845户，35300人。1982年第三次全国人口普查，总户数14412户，54126人，其中，男27022人，女27104人。1990年第四次全国人口普查（不包括桥西、南洋居委会），总户数20311户，62526人，其中男31373人，女31153人。

2000年第五次全国人口普查，咸水沽镇总户数24693户（其中家庭户23700户，集体户960户），总人口76472人，其中男38970人，女37502人，比1990年人口增加4382户，13946人，人口增长18.24%。10年平均年增加人数为1395人，每年平均增长2.23%。1990年每户3.07人，2000年每户3.1人。

2010年第六次全国人口普查，咸水沽镇总户数40667户（其中家庭户38778户，集体户1889户），总人口148602人，其中：男性86641人，女性61961人，性别比相较于2000年第五次人口普查上升35.92%。

2016年，总户数42794户，户籍人口114263人。其中，男59210人，女55053人。常住人口175298人，总人口25万人（含海河教育园区）。

1964年，户均人口5.15人。1982年，平均每户3.75人。1990年平均每户3.07人。2000年，平均每户3.1人。2015年，平均每户2.96人。从以上看出，平均每户人数逐渐减少。

1964年人口自然增长率为15.1‰，1979年为13.4‰；1981年为12.97‰；1985年为7.8‰，至1990年为8.93‰。1991—2000年，人口自然增长率为平均每年7.40‰。2000—2010年，人口自然增长率平均每年3.36‰。

中华人民共和国成立后，人口增加较快。1949年全镇总人口12804人。1964年总人口 35300 人，人口增加 22496 人。80 年代，人口增长速度开始下降。1982 年总人口 54126 人，1990 年总人口 62526 人，2000 年总人口 103973 人，2010 年总人口 148602 人，2016 年总人口 175298 人，2018 年总人口 179764 人。

流动人口 70 年代前，咸水沽镇流动人口较少。80 年代后，流动量迅速增加。先是经商的多，后到企业务工的多，其次为家政服务等行业。2000 年，外地户口在咸水沽镇人口 9544 人，咸水沽镇人口在外省份人口 4390 人；2010 年，外地户口在咸水沽镇人口 15454 人，咸水沽镇人口在外地人口 39290 人。

密度分布 咸水沽镇人口分布在镇内与镇外的自然村。镇内人口稠密，1990 年人口普查，总户数为 14677 户，占全镇总户数的 72.26%，人口为 43626 人，占全镇总人口的 69.77%；居住在咸水沽镇外村庄有 5634 户，占全镇总人口数的 27.33%，人口为 18900 人，占全镇总人口的 30.23%。镇域面积约 30 平方千米。解放前人口密度为每平方千米 133 人；解放初期每平方千米 427 人；1964 年人口密度为每平方千米 1176 人；1982 年为每平方千米 1804 人。1990 年人口密度为每平方千米 2084 人，其中镇内面积 10.2 平方千米，人口密度为每平方千米 4277 人，比 1982 年每平方千米增加 822 人；镇外面积 19.69 平方千米，人口密度为每平方千米 959 人。2010 年，人口密度为每平方千米 3221 人。2016 年，人口密度为每平方千米 1892 人。

就业转移 中华人民共和国成立初期，部分本镇居民迁居市区工作居住。60 年代，天津大港油田开发，部分居民迁居大港工作、生活。由于工作调配、婚姻、参军复员、上学、经商等原因，每年都有部分人口迁出、迁入。但绝大多数劳力还是从事农业生产。80 年代后，二、三产业发展，城市化建设加快，各机关、事业单位增加，外埠迁入人数猛增。1988 年迁入 3387 人，迁出 2819 人。1989 年迁入 4042 人，迁出 3421 人。2000 年镇外来人口 9544 人，其中从市区迁入的 5048 人，从本市其他区县迁入的 106 人，从外省迁入的 4390 人。

80 年代，工商业发展，耕地减少，多数农民劳动力向二、三产业转移，职业构成发生巨大变化。镇辖经济体就业情况为：1981 年，第一产业 6371 人，第二产业 6040 人，其他 198 人；1990 年，第一产业 1747 人，第二产业 7690 人，第三产业 1236 人，其他 1924 人；2000 年，第一产业 2517 人，第二产业 5935 人，第三产业 2589 人，其他 1727 人；2005 年，第一产业 3841 人，第二产业 10759 人，第三产业 5767 人；2009 年，第一产业 2521 人，第二产业 12289 人，第三产业 6238 人；2014 年，第一产业 176 人，第二产业

8696 人，第三产业 24169 人。总体上，从事第一产业的人员数量下降快，从事第三产业的人员从 1995 年开始快速增长，从 2014 年起，从事第二产业的人逐步减少。2016 年，第一产业 176 人，第二产业 24256 人，第三产业 49371 人。外来从业人员 39428 人。

性别年龄 1964 年第二次人口普查，咸水沽镇总人口 35300 人，其中男性 17718 人，女性 17582 人。1982 年第三次人口普查，咸水沽镇总人口 54126 人，其中男性 27022 人，占 49.92%；女性 27104 人，占 50.08%。

1990 年第四次人口普查，咸水沽镇总人口中，男性占 50.18%，女性占 49.82%，略低于男性。比第三次人口普查中的男性占比 49.92% 上升 0.26%，比女性的占比 50.08% 下降 0.26%。从性别比例看，1990 年如女性为 100 人，男性为 100.71 人，比第三次人口普查的性别比例 99.69 上升 1.02。性别比例比较平衡，男性稍多于女性。2000 年第五次人口普查，咸水沽镇的性别比是 103.91，比 1990 年第四次人口普查性别比 100.71 上升 3.20。2010 年第六次人口普查结构的性别比看比 2000 年第五次人口普查性别比上升 35.92%。

文化构成 咸水沽镇 1964 年第二次人口普查的结果显示，大学、大专 155 人，高中、中专 672 人，初中 3284 人，小学 11821 人，文盲、半文盲 9534 人。1982 年第三次人口普查结果显示，大学、大专 534 人，高中、中专 4088 人，初中 16786，小学 19177 人，文盲、半文盲 7896 人。1990 年第四次人口普查得大学本科、大专 1430 人，高中、中专 7846 人，初中 23328 人，小学 20990 人，文盲、半文盲 8835 人。2000 年第五次人口普查得大学本科、大专 5396 人，高中、中专 14338 人，初中 29485 人，小学人口 18243 人，文盲、半文盲 3921 人（以上不含原南洋镇）。2010 年第六次人口普查的结果显示，文盲、半文盲 3731 人，小学 26939 人，初中 66724 人，高中 26287 人，大专 9678 人，大学本科 8043 人，研究生 302 人。

民族构成 咸水沽镇常住居民主要为汉族，其他少数民族则散居在镇内及各村。各民族间交往频繁，亦有相互通婚，故在语言、衣着方面也基本相同，相处和睦。少数民族仍保留本民族风俗习惯。

1964 年咸水沽镇居民主要为 3 个民族，汉族 32567 人，回族 452 人，满族 4 人。1982 年第三次人口普查结果显示居民来自 6 个民族，汉族 53323 人，回族 795 人，满族 3 人，蒙古族 3 人，壮族 1 人，朝鲜族 1 人。1990 年第四次人口普查结果显示居民仍为 6 个民族。汉族有 61557 人，回族 934 人，满族 25 人，蒙古族 3 人，维吾尔族 2 人，朝鲜族 4 人。另外有外国人加入中国籍 1 人。少数民族为 968 人，占全镇人口数的 1.55%。2000 年第五次人口普查结果显示镇内有 16 个民族，汉族人口为 75132 人，回族 1047 人，满族 91 人，蒙古族 41 人，维吾尔族 4 人，苗族 1 人，彝族 2 人，壮族 5 人，朝鲜族 134 人，侗族 2 人，瑶族 1 人，还有白族、土家族、黎族、景颇族，外国人加入中国籍 1 人（女）。与 1990 年第四次人口普查相比，少数民族数量、人口比重上升很快。2010 年，第六次人口普查结果显示居民来自 9 个民族，汉族 145764 人，回族 1084 人，满族 429 人，蒙古族 188 人，苗族 46 人，彝族 38 人，壮族 142 人，朝鲜族 774 人，土家族 42 人，其他民族 95 人。

姓氏构成 1990 年，咸水沽镇内（不含镇外自然村即南洋、桥西 2 个居委会）有姓氏 350 个，其中，千户以上姓氏 4 个，500 户以上姓氏 2 个，100 户以上姓氏 20 个，50 户以上姓氏 16 个，50 户以下姓氏 308 个。列前三位的是王姓 1759 户，张姓 1273 户，李姓 1450 户。

1990 年，南洋镇有 191 个姓，其中复姓 1 个。千人以上的姓氏有 7 个，千人以下的姓氏有 184 个，列前三位的是王姓 862 户，张姓 768 户，李姓 528 户。

道路交通

水路 历史上海河是内河运输与海运的重要河道之一。流经津南区境内的海河河道长 32 千米。古代的咸水沽镇傍依海河，连接内河及海上航道，带来航运业的兴旺。

清末开始，为了活跃商贾、开放商埠，满足通商通航的需要，对海河几个弯曲处进行了 7 次裁弯取直。其中，6 次在津南区境内，1 次在咸水沽镇境内。

第一段裁弯是挂甲寺至杨庄子。光绪二十七年（1901）九月动工，光绪二十八年（1902）六月竣工。3353 米弯长裁后取直 1524 米，缩短航道 1829 米。

第二段裁弯是下河圈至何庄子。与第一段裁弯同时动工，光绪二十八年（1902）八月竣工。7010 米弯长裁后取直 1829 米，缩短航道 5181 米。

第三段裁弯是李家楼至邢庄子。光绪二十九年（1903）八月动工，光绪三十年

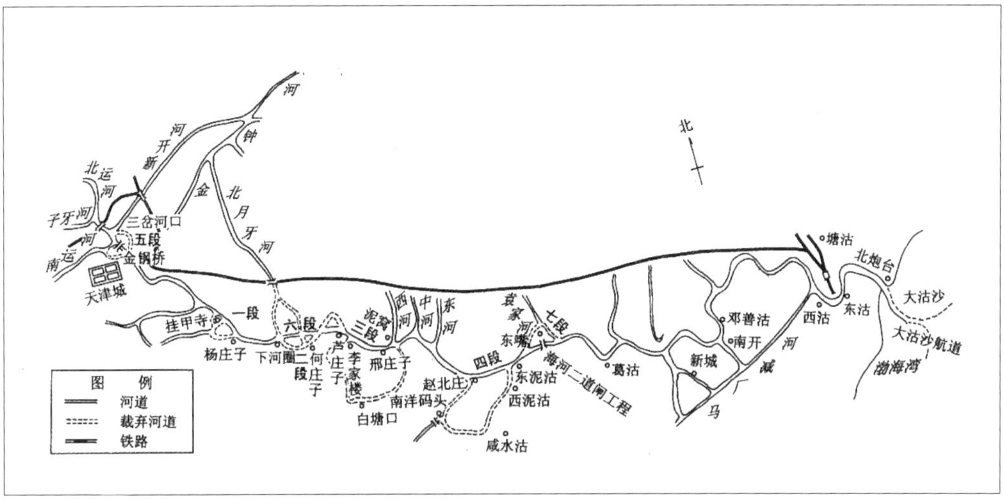

海河裁弯取直工程平面图

（1904）五月竣工。10667 米弯长裁后取直 3536 米，缩短航道 7131 米。

第四段裁弯是赵北庄至东泥沽（咸水沽镇境内）。宣统三年（1911）春季动工，1913 年 7 月竣工。12857 米弯长裁后取直 3780 米，缩短航道 9077 米。

第五段裁弯是三岔河口裁弯（不在区境内）。1918 年 6 月动工，11 月竣工。1829 米弯长裁后取直 244 米，缩短航道 1585 米。历史上位于今狮子林桥附近的三岔河口，至此上移至今金钢桥附近。

第六段裁弯是下河圈至芦庄子。1921 年 6 月动工，1923 年 10 月竣工。4277 米弯长裁后取直 2743 米，缩短航道 1535 米。

第七段裁弯是东泥沽与东嘴之间。1984 年 8 月动工，1985 年 12 月竣工。2125 米弯长裁后取直 250 米，缩短航道 1875 米。

1911 年 4 月 9 日至 1913 年 7 月 15 日，海河第四次裁弯取直，由赵北庄村直通东泥沽村，使河道缩短 9077 米，海河的通航能力大大提高，却使咸水沽失去水上航运的优势。但在解放前，由于月牙河沟通海河、马厂减河、幸福河及卫津河等，咸水沽的交通还是以水上运输为主。

中华人民共和国成立后，养船户积极响应公私合营的号召，加入合作社。1956 年 5 月 1 日，成立南郊区木帆船高级合作社，咸水沽镇的 10 余户养船户加入合作社。合作社对入社的船只，按政策分别折价分期付款。1958 年前，业务范围主要是粮、煤、砖、木材、沙、石、灰、蔬菜、日用杂货等。运输航线是海河、大清河、子牙河、运河、蓟

咸水沽镇海河于庄子渡口（2018年）

运河、卫津河、月牙河、马厂减河、洪泥河等。运货远到德州、沧州、芦台、任丘、衡水、杨柳青等。船运社曾出动多艘次25吨以下船只从西郊新生窑地运输大批窑砖抵天津新港，为建设天津港口做出贡献。

1958年，从区清洁队转来一艘拖轮，加上市航运局转给的一艘小拖轮，以及合作社的两艘木壳带机器的船，都加入区船运社，提高了航运能力。秋粮入库，把小站稻运往军粮城。1963年，河北省发生大洪水，上级调区船运社去大港独流减河防汛，2艘拖轮、30条船、100多名员工奔赴抗洪前线，一去50天，不分昼夜疏散人员和牲口，还要往抗洪前线运送炸药等物资，受到领导表彰。由于区船运社任务繁忙，管理规范，效益好，故成为南郊区重要经济来源之一。

70年代后，由于公路建设快速发展，加之天气干旱，水量减少，1976年6月，区船运社解散，水运基本停止。水路运输被公路运输所取代。

公路

中华人民共和国成立前咸水沽没有一条柏油路面，干线公路均为土道。津沽公路在旧街（现建国大街）通过，路面狭窄，坎坷不平。通往二道桥的土道，弯弯曲曲，雨天泥泞不堪，车畜无法通行，其他通往乡村的道路多为羊肠小道，给人们生活带来许多困难。1963年，完成津岐公路的整修，该路是建设大港区、开发大港区油田的主要通道，经过咸水沽镇一段为2千米。1965年，在原有土公路的基础上去弯取直铺设柏油路面，建成津南区第一条现代化公路。1972年，开始兴建咸八公路（咸水沽镇的区人民政府门前起至八里台乡政府），中途穿过咸歧公路、津港公路，全长 8.232 千米。改革开放后，公路建设突飞猛进。1991 年以后，穿越咸水沽镇的津晋高速公路、津港高速公路相继通车，穿越咸水沽镇的公路干线津沽路和津歧路进行大规模的拓宽和改造；2010 年，天津大道通车，原南边路拓宽并延伸与津沽路相接成为南环路；新修东张庄至南洋镇和津沽路相接的北环路。这样使来往于市区、塘沽、大港的车辆不必再穿行镇内，大大缓解了镇内交通紧张的状况。干线公路与镇内街道、村级公路相连接，形成四通八达的交通网络。

津沽公路　津沽公路（俗称海大道）起于天津市，经双港镇、辛庄镇、原南洋镇、咸水沽镇、双桥河镇及葛沽镇达东大沽。全长 57.5 千米。穿过咸水沽镇的一段约 5 千米。解放后初期为土路，路面狭窄，坎坷不平。后加宽为炉灰道。1965 年在原有土公路的基础上去弯取直，铺设柏油路面，建成跨越津南区的第一条现代化公路。咸水沽段于 1970 年进行改造，路基由 12 米加宽到 17 米，1987 年由 17 米再加宽 15 米。1989 年改造后已达到国家一级公路的标准。它是由天津至塘沽、天津至大港以及由天津通往河北省的运输通道。2000 年天津市政府把津沽路（咸水沽至灰堆柳林段）的改造列为为人民群众办的二十件实事之一。工程于 2000 年 4 月开工，10 月 20 日告竣。拆迁房屋 45000 平方米，迁移电杆 1114 根，拆移变压器 42 台，铺设排水管道 20 千米，土方总量 50 万立方米。路基由原来的 26 ~ 50 米拓宽到 48 ~ 52 米，路面由原来的一块板、三块板总宽 24 ~ 40 米拓宽为全三块板式路面。公路总宽度 52 米，非穿镇段的路总宽百米（包括绿化带及排水

津沽大街（2010年）　景文军　摄

镇域内的津岐公路（2016年）

天津大道（2018年10月）

沟）。总投资 1.35 亿元。

津岐公路 由西大桥起，经过小站、滨海新区的原大港区至黄骅市的歧口镇，全长 58 千米（该路由咸水沽西大桥至大港上古林段始建于盛字军小站练兵时期），1953 年咸水沽镇至小站镇段维修一次。1963 年建成柏油路。1968 年至 1975 年两次拓宽，是建设大港区、开发大港区油田（大港油田 1964 年 1 月开始勘探，也称 641）的主要通道（经过咸水沽镇一段为 3 千米）。其中天津市（灰堆）至咸水沽西大桥为津沽路与津岐路的重复线。咸水沽西大桥至原大港区的板桥段 15.1 千米。1998 年 5 月将此路段按国家一级标准二级线型进行拓宽改造。镇区外延宽 16 米。施工过程中，拆迁民房 21156 平方米，拆移电杆 544 根，拆移变压器 16 座，铺设油路面 26.42 万平方米，上土方 30.82 万立方米，于 10 月中旬全线竣工通车。西大桥到月牙河新桥一段路面拓宽为 36 米，月牙河新桥以下路宽 18 米。

天津大道 于 2008 年 12 月开工建设，2010 年 9 月 30 日建成通车，是第一个以天津命名的快速路，是连接中心城区和滨海新区的快速客运道路。起点为外环线津沽立交桥，终点为滨海新区的中央大道，全长 36.2 千米，双向 8 车道，设计时速 80 千米，津南区段 25.16 千米，穿越咸水沽镇段 4900 米。

南环路 1997 年区政府决定在咸水沽镇周边修建外环线，以缓解咸水沽镇内交通紧张的状况。是年，南环路动工。南环路是在原南边路的基础上进行拓宽改造，并由王家场村延伸到与津沽路（区石油公司东侧）相交。新建南环路长 4.3 千米，宽 24 米，当年通车。

北环路 1999 年动工修建北环路。北环路由津沽路（东张庄村）至津沽路（南洋村），途经四里沽村、上刘庄村、田嘴村、苑庄子村，公路长 5.323 千米，宽 16 米，当年通车。

建国大街 是咸水沽最古老的街道，也是旧时咸水沽的东西通道。建国大街建于乾隆四年（1739），光绪五年（1879）改名为咸水沽大街，中华人民共和国成立后更名为建国大街。建国大街西起津沽路，与团结路、新兴路、新建路相交，东至咸水沽粮库，接津沽公路，呈弧形，全长 2296 米。沽上老人特有一种情思，亲切称其为“四里长街”。随着城市化建设，咸水沽发生翻天覆地的变化。这咸水沽最古老的标志——咸水沽大街，大约去掉了三分之一。原来狭窄的建国大街已变成宽阔的柏油路；两边的土坯房变成了现代化的高楼大厦。

城区、村庄公路 咸水沽镇辖 27 个行政村。1984—1985 年，采取镇村自筹资金与区政府补助的方式修筑公路。镇 17 个村建起由村通往公路干、支线的渣石油路面，全长 16427 米。2007 年开始，镇实施土地整合拆迁工作，截至 2017 年，土地整合拆迁工作接近尾声。镇乡村公路现存 6 条，包括东小路 1 条（东小路为海河工业区主干路，同时也属过境区主干路）、咸双路 1 条、头道沟村路支路 2 条、四里沽村路 1 条和周辛庄村路 1 条，路段里程 7.699 千米。2018 年 2 月，在天津大道北侧启动市重点

北环路（2019年）

建国大街（2019年8月）

紫江路（2018年）

项目咸水沽镇2018年绿化造林工程，四里沽村路、咸双路在其绿色生态屏障范围内。

2017年，镇城区道路有32条，其中城市主干路3条、城市次干路17条、城市支路12条。路面长度35347米，其中城市主干路5232米，城市次干路24388米，城市支路5727米。路面面积911944平方米，其中车行道670683平方米，人行道241261平方米。

1985年咸水沽镇乡村道路通往公路干、支线一览表

表2

序号	村名	起至地点	路长度（米）	路面宽度（米）	路面等级
1	胜利	津沽公路—胜利新村口	328	7	渣石油路面
2	池家稻地	胜利新村—南边路	736	7	渣石油路面
3	刘家码头	南边路—村南、村北	533	7	渣石油路面
4	惠丰	南边路—玛钢件厂门口	377	7	渣石油路面
5	吴家稻地	津沽公路—王家场村北	1050	7	渣石油路面
6	王家场	王家场村北—小营盘村北	2455	7	渣石油路面
7	头道沟	南边路—村南、咸歧公路—二道桥	1951	7	渣石油路面
8	周辛庄	惠丰玛钢件厂—向阳化工厂	1885	7	渣石油路面
9	秦庄子	津沽公路—村西、村北、村东	1240	7	渣石油路面
10	上刘庄	冬煤厂—上刘庄村东	676	7	渣石油路面
11	下郭庄	上刘庄村东—下郭庄扬水场	1173	7	渣石油路面
12	四里沽	下郭庄扬水场—四里沽铁厂	1294	7	渣石油路面
13	李庄子	四里沽铁厂—李庄子村西	438	7	渣石油路面
14	潘庄子	李庄子村西—潘庄子村	498	7	渣石油路面
15	东张庄	津沽公路—村东头	1500	7	渣石油路面
16	新兴	新兴崔家台—南边路	189	7	渣石油路面
17	公社路	南建构件厂—南边路	464	7	渣石油路面

地铁1号线咸水沽镇东沽路站（2019年）

铁路　境内铁路始建于 1992 年，原称李港铁路津南支线，是蓟港铁路的组成部分。根据国家计委〔1998〕1636 号文件立项并实施的天津港 1000 万吨煤下海铁路工程，把津南铁路纳入工程组成部分，使原地方铁路李港铁路津南支线成为天津港 1000 万吨煤下海铁路津南区段。津南段全长增为 18.8 千米，设咸水沽车站 1 座。该项工程建设对天津市的经济发展具有重大意义。

地铁　天津地铁 1 号线在咸水沽镇设会展路北洋村站、（国家展览馆）站、东沽路站、咸水沽北站。在咸水沽北站设有维修车间。地铁 6 号线在咸水沽镇设有南开大学站和咸水沽站。

桥梁

咸水沽镇依海河而建，水系发达，河多，桥多，如西大桥、东大桥、二道桥、金华侨、康业桥、全红桥、月牙河桥、秦庄子桥以及东大桥、兴农桥、咸水沽桥、小红桥等。2017—2018 年又在月牙河、海河故道修建了月牙河桥（同声路）、和谐桥。由于经济发展的原因，一些桥已被拆除。

西大桥　西大桥位于咸水沽镇街西部，津歧公路（津沽公路）跨越月牙河处，是咸水沽镇重要的遗留文物，也为咸水沽镇的象征。清朝光绪元年（1875），提督周盛传在小站练兵屯田，为种植水稻，开挖月牙河，与马厂减河相连。1877 年，在当时的海大道，今之津沽公路处修筑桥梁，命名“通济桥”。全桥共三孔，每孔跨近 9 米，为圆柱排架石墩，重力式砌石桥台，桥跨为木结构。桥面宽 8.5 米，是津南区早期建设的规模最大的桥梁。因为在咸水沽之西，人们习惯叫“西大桥”。

西大桥是津沽公路通往各地的咽喉，也是咸歧公路的起点，是津沽公路去往塘沽、大港的必经之桥，该桥在经济和战略上有着十分重要的意义。在桥梁的设计建设、技术等方面都有着独到之处：一是夯打木桩基地。在沿海地基的软土采用人工地基打桩，大大提高了地基承载力。经丈量有几十根木桩且发现埋在地下一百多年的杉木桩不腐烂、不变色，完全像新的一样。大头直径 16 ~ 20 厘米，桩全长 370 厘米。二是砌筑料扩大基础。木桩顶上有灰土，灰土之上在桥墩台处砌以料石基础，长 696 厘米，宽 126 厘米，厚 130 厘米。所砌料石共四层，皆青石或称“光面石”。每层厚 30 ~ 34 厘米。每层由两排错缝砌筑，缝隙全以糯米汁白灰膏填充。每块石上全有孔眼，其作用为层间连接，灌熔铁为抗剪键。每上下两层以其孔键穿连。砌缝交错、孔孔穿连，竟成一体。三是条形地脚梁。四层石灰岩料石之上为一层褐灰色花岗岩料石，即基顶盖缝石，现称条形地脚梁或地脚梁。其由三块料石砌成，长 690 厘米，宽 65 ~ 67 厘米，厚 30 ~ 31 厘米。四是桥墩台系。每墩单排五桩，上有盖梁，下有地脚梁，中有系梁。盖系梁与石柱主要靠铸铁柱（肚脐）串联，铁柱为预制体，长 26 厘米，直径 9.6 厘米，每根重量 13.64 千

西大桥侧面（2019年）

西大桥的桥面（2019年）

克。五是桥面系桥跨结构。据1936年的一张照片判定，原为木结构桥跨。主设置有木垫梁、木纵梁、横梁、桥面板及栏杆等。路面为三合土夯实层。由于当年的通济桥坡度大、引线短，坡度陡，实际桥梁高度6.12米，较60年代维修改造的桥梁（1988年所拆之桥）建筑高度尚高出1.34米，由此可见，当年的通济桥是何等的雄伟壮观。六是护坡及防冲设施。在墩台之上下游各4米范围内夯筑三合土厚1.20米，增强了抗冲能力。桥台的上裹头和下裹头分别设置了灰土直立墙式护坡，用以巧妙处理迎水雁翅和下水分燕尾同路堤河坡的连接。整座桥梁采用圆石柱为墩，避免了局部冲刷和淤泥沉积，切流速快。建桥的三合土中用的石灰完全是用当地的蚌壳砂烧结而成。

1949年中华人民共和国成立前，此桥变化甚小。1967年老桥废止，在原桥东10米处重建新桥。桥长44.25米，桥宽12.1米，车行道10.1米。1990年在原有大桥的南面又新建一座桥，桥的结构为4孔钢筋水泥灌桩浇注，板面为钢筋混凝土板桥，孔径为45米，桥长40米左右，桥宽15米，与原有桥成双向上下道，来往车辆畅通无阻。该桥现桥长40米，桥宽52.5米，车行道46.5米，两侧人行道各3米。

二道桥 位于咸水沽西侧的月牙河上，是咸水沽镇通往八里台的必经之桥。该桥始建于清光绪元年（1875），原名“问津桥”。光绪三年（1877）改建为3孔铁柱桥。1965年重建，桥梁结构为5孔工字梁，灌注桩，桥长41米，桥宽6.8米，车行道4.8米，两侧人行道各1米。荷载标准为汽—8。后因桥面出现孔洞，损坏严重故停用。1986年在原桥以北 50 米外建新桥（老桥停用），桥长 50.6 米，桥宽 28.1 米，车行道 23 米，两侧人行道各 1 米，空心板梁，灌注桩。荷载标准为汽—20、挂—100。1994 年，大港区重点项目乙烯工程进口的大件设备须由海河码头经二道闸公路、津沽公路、八二公路和津港公路运抵工地。因八二公路二道桥不顺直，影响大件通过，经上级批准在北侧并建新桥一座。新桥建成后与老桥分上下双行车道，新桥长 50.6 米，宽 7 米，人行道宽 1.25 米。桥的结构为钢筋混凝土空心板，灌注桩。建成后达到桥路顺直，运输大件畅通。

二道桥（2019年6月）

20世纪50年代建造的二道桥（仍保留）（2019年）

金华桥（2019年10月）

全红桥（2017年10月） 李仁会 摄

金华桥 坐落在西大桥的南侧。1996 年咸水沽集贸市场迁至月牙河西岸韩城桥村，为方便广大群众赶集购货，由韩城桥村出资 80 万元修建。该桥长 40 米，宽 10 米，桥东口与津歧路相交，西口与集贸市场相连。

康业桥 1997 年坐落在月牙河西岸的康业冷食制品有限公司，为了方便送货、进货的车辆和工人上下班，自筹资金在金华桥与原全红桥之间修建康业桥，桥宽 12 米，长 40 米，桥西口直通厂门，东口与津歧路相连。

全红桥 原全红桥因年久失修已成为危桥，于 1998 年 4 月拆除。同年为方便新建的咸水沽一中师生渡河，区政府决定重建全红桥。新全红桥由原址向南移动至体育场北路对面，新桥与体育场北路连通，与津歧路相交，桥宽 8 米，长 40 米。

月牙河桥　1999 年咸水沽外环线工程西半环开工修建，为使南环路与西环线贯通，在二道桥南侧建一座新桥——月牙河桥，桥长 50.54 米，宽 31 米，为混凝土结构，灌注桩。新桥建成后由河北省、山东省和大港驶往市区或塘沽的车辆不必再穿行镇内。

秦庄子桥　位于津沽公路北环线 26+680 处，始建于 2001 年。该桥为空心板梁，灌注桩，3 孔，长 39.1 米，车行道 20 米。

月牙河桥（同声路）　坐落在二道桥的北侧，连接同声路与津歧路。建于 2016 年。

月坛人行过街天桥　月坛天桥修建于 2008 年，坐落于咸水沽镇津沽路上，月坛商厦正门前，长度 149 米，面积 530 米。2017 年年底进行修缮工作。该天桥是津南区境内首座人行过街天桥。

和谐桥　也称“海河故道景观人行桥”，位于津南区海河故道公园附近，跨越老海河，连接津南新城与咸水沽老城区，是海河故道公园内部连接老城区的跨河通道，该桥梁与河道正交；桥梁跨径为 3 跨，每跨长度 30 米，总长度 90 米，桥面宽度 6 米，桥梁面积 540 平方米。桥头两侧设置人行梯道、无障碍坡道，两侧与道路连接。

主桥上部结构采用空腹式钢筋混凝土钢构拱桥组合结构，拱圈标准梁高 600 毫米，

和谐桥夜景（2019年）

主梁标准梁高 800 毫米。下部结构采用 1.2 米、1.5 米钢筋混凝土钻孔灌注桩。该项目开工日期为 2018 年 4 月 20 日，2018 年 12 月 20 日投入使用。

公交设施　1925 年，天津华通长途汽车公司开通天津—咸水沽的长途客车。1947 年，开通天津至咸水沽汽车客运，日往返 4 趟。1948 年，开通咸水沽至小站客运。1956 年，开通绍兴道至咸水沽客运。1959 年 12 月 1 日，正式开通由市区开往咸水沽的公交车。1970 年 4 月，镇公交线路 5 条。1975—1976 年，形成以咸水沽为中心的南郊客运线网络，开设东大沽、马棚口、太平村、石化总厂、万家码头、南八里台、大苏庄、徐庄子、小王庄等长途线。70 年代，津南区建立“咸水沽公交中心枢纽场站”，实行国营、

70年代投入使用的解放单机车
市公交二公司　提供

咸水沽镇环城公交203线公交车（2006年4月27日）
区交管局　提供

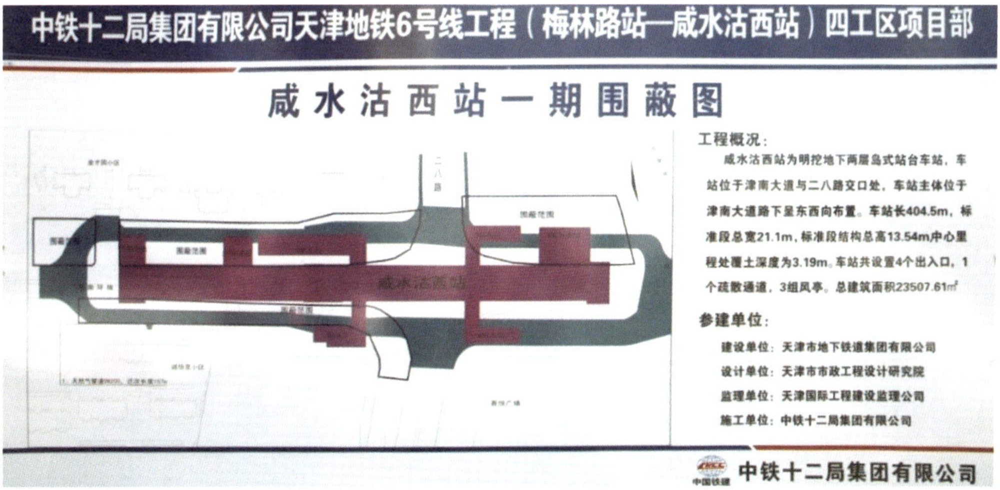

天津地铁6号线咸水沽西站示意图　李仁会　摄

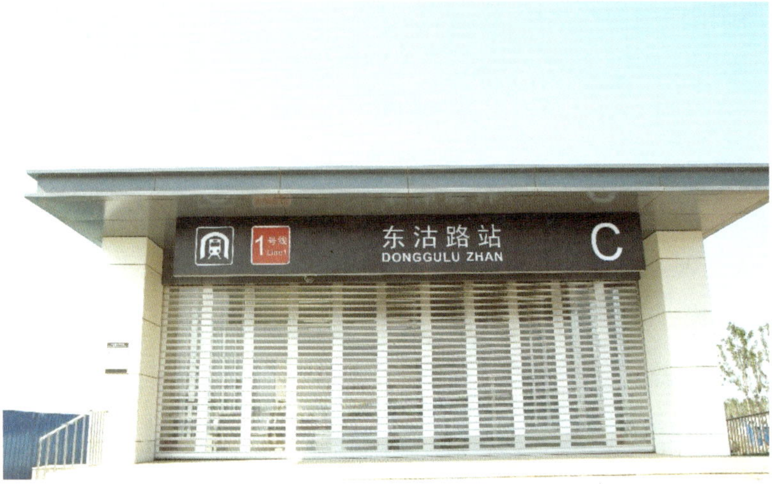

建设中的地铁1号线东沽路站（2017年5月） 李仁会 摄

民营共办。1990 年，咸水沽镇公共汽车线有 11 条通往各地，过境客运线路 17 条。2001 年，通往市区的公交车逐步增加到 6 条。2010 年，线路共有 21 条。

2017 年，咸水沽镇公交设施先进，四通八达。由咸水沽镇通往市区、滨海新区、全区各镇村及经过咸水沽镇通往各地的公交车达几十条。咸水沽镇通往市区的线路有 808、629（过路）、50（过路）、165（过路）、704、220、655、215、228 路；通往滨海新区塘沽、大港线路有 652（过路）、165（过路）、627、131、212 路；通往各镇村的线路有 201、202、204、207、208、211、213、214、218、219 路；咸水沽镇内环城公交线路有 203、205、226 路。另外，还有多条通往河北省、山东省等省市的公交线路。其车辆全部实现纯空调线路，并安装 GPS，808 路实施智能化管理。海河教育园区的建设，使镇公交优化发展进入新的历史阶段。天津地铁 1 号线已通达咸水沽镇。地铁 6 号线已开工建设。津南区形成以咸水沽镇为中心通往各地的现代化公交网络。民众出行更加方便快捷，公交、地铁、飞机及自驾车出行已成常态。

经济强镇

自宋、元、明、清至民国时期，虽然有制盐业、漕运业和造纸业的发展，但域内经济还是以农业经济为主，商贸业为辅，生产资料私有化，经济发展缓慢。中华人民共和国成立后，1951 年实行土地改革，成立互助组、初级社；1955 年 12 月，初级社进入高级社；1958 年 9 月，成立人民公社。50 年代后期，镇开始发展工业，以农机修造、机器加工为主。70 年代，镇工业主要是搞来料加工、服装加工业等。

中共十一届三中全会后，实行农业生产联产承包责任制，专业户、联合体、个体企业等多种经营形式兴起，给乡镇经济全面发展创造条件。1980 年，镇社会总产值 2507 万元。乡镇企业得到快速发展，成为振兴咸水沽镇经济的突破口。按照“无农不稳，无工不富，无商不活”的思路，在巩固、改造原有企业的基础上，着力开辟新途径，发展新的工业和第三产业。一些企业起源于 50—60 年代，壮大于 80 年代，从小到大，从弱到强，几经波折，终于自成体系。工业、建筑业、运输业、服务业等齐头并进，咸水沽镇的经济实现飞跃，经济总量持续增长。1990 年，社会总产值 4.57 亿元，其中工业总产值 3.5 亿元，咸水沽镇跃入全国百强乡镇行列。乡镇工业成为镇经济的主要支柱。

天津海河科技园区（2018年8月）

进入21世纪，现代工业服务业成为企业的发展趋势。咸水沽镇党委、政府以国际市场需求为导向，推动建立现代企业制度，把发展高新技术、发展外向型经济作为自己的发展方向。镇域内工业企业主要集中到天津海河科技园区，依托园区优势，高端装备制造和电子信息产业快速发展，产业定位主要是智能化、电子信息及高端精密仪器装备研发制造。现代服务业快速发展，已成为咸水沽镇的经济支柱。经过几年准备，2019年4月3日，继广州、上海之后全国第三个现代化展馆——坐落在海河南岸咸水沽镇域内的国家会展中心天津项目正式开工。

2018年，咸水沽镇地区生产总值125.21亿元，第一、第二、第三产业生产总值比重依次为0.3∶30∶69.7，现代服务业占据经济发展的主导地位。

产业结构调整

中华人民共和国成立后，50年代中期镇办起一些小农机修造、机器加工等企业，但规模小，技术落后。1958年，工业正式起步。至70年代末，工业有质的飞跃，但域内经济还是以农业为主。80年代至90年代，私营企业发展迅速，并开始实施招商引资，发展外向型经济，经济结构发生根本变化。进入21世纪，咸水沽镇成立海河科技工业园区，引进现代化大企业集团，现代工业、现代服务业成为经济发展的主流。经过10余年的不懈努力，产业转型升级实现质的提升。1988年，咸水沽镇三次产业结构比重分别为5.91%、78.30%、14.37%（生产总值25173万元，其中，第一产业1487万元，第二产业19709万元，第三产业3617万元）。2016年，增加值的产业结构比重分别为0.40%、29.60%、70%（增加值1323690万元，其中第一产业5288万元，第二产业391793万元，第三产业926609万元）。高新技术产业、规模以上工业占有突出位置。经济增长由主要依靠工业带动转为工业和服务业共同带动，发展动能由传统产业提供转为高科技产业、现代服务业共同驱动，形成了良性循环。

2018年，地区生产总值125.21亿元，其中第一产业4170万元，第二产业37.52亿元，第三产业87.28亿元。

第一产业由大变小 境内农业的兴旺，始于北宋淳化年间（990—994）。官方在以咸水沽为核心的津南地区，大力兴修水利设施，改造盐碱地种植水稻。清末小站稻培育成功，域内水田全部种植小站稻。50年代至60年代，耕地种植水稻和蔬菜，有13家国营企业落户咸水沽镇，耕地减少。70年代至80年代乡镇工业快速发展，90年代工业现代化步伐加快，园区经济异军突起，耕地面积锐减，农业结构进行调整，发展一批节省土地的高档农业园区。进入21世纪，城市化建设全面展开，因咸水沽镇是津南区政治文化中心，很多公共设施要在此建设。至2017年，农业生产几乎全部退出。

第二产业由弱变强 1923年，由于天津振华造纸厂的投产，咸水沽出现产业工人队伍。以此为依托，先后有5家小铁工厂①开办，约70人在工厂工作，解放前夕这些工厂逐步萎缩。

中华人民共和国成立后，镇村集体工业开始发展，但速度较慢。1980年，按照党中央提出的“调整、改革、整顿、提高”方针和天津市“服务城市，富裕农民”、城乡一体化的发展方向，坚持镇办、村办、工农联办、联合体、个体办，“五个轮子”一起转，大中小企业并举的发展模式，乡镇工业快速发展。1985年，镇、村工业产值达4323万元，逐渐成为农村经济的主体。

建筑业80年代开始发展，1990年形成一定规模，是年年底第二产业生产总值3.94亿元，其中，工业36113万元，建筑业3279万元。税收收入1154万元。第二产业已成为咸水沽镇经济的重要支柱。

2005年，镇工业发展坚持走新型工业化道路，着力培育科技含量高和附加值高的优势产业。2009年，工业总产值43.06亿元，2012年29.81亿元。2016年，工业总产值105.35亿元；建筑业产值58.47亿元。2017年，工业总产值34.81亿元；建筑、房地产业产值37.84亿元。

第三产业由小变支柱 明代中期，由于盐业、漕运的发展，绝大部分村已经形成，咸水沽已是津南地区农、渔、副等各种产品的集散地和贸易重镇。清朝中后期至民国初期，咸水沽海运业兴旺，来往商贾甚多，有些富裕大户养船，做起海运生意。时有商户

---

① 小铁工厂：指为农业生产制作小农具的企业。

110余家，经营的生产、生活用品应有尽有，咸水沽成为方圆数百里百姓生产、生活需求的物资供应基地。

1913年，海河第四次裁弯取直，海河易道导致咸水沽海运业冷落，加之军阀混战，1937年天津沦陷，日本帝国主义的舰船在海河中横冲直撞，咸水沽商贸业日益萧条，一蹶不振。

中华人民共和国成立后，特别是改革开放后，第三产业由小变强，逐渐成为咸水沽镇经济发展的支柱产业。

咸水沽供销合作社的主体作用。1949年至1956年，私人商业72家。1951年开始由国家投资，群众集资入股，办起一批规模较大的合作社商业网点。1955年1月，建立咸水沽供销合作社。1956年开始对私营商业进行社会主义改造。是年年底，咸水沽镇完成改造私营商贩71户，旧职人员归属供销合作社商店工作人员。网点设置有咸水沽供销社、咸水沽饮食服务公司、咸水沽副食杂品公司、咸水沽五金百货公司、咸水沽蔬菜副食网点、咸水沽粮食供销网点等。1979年，又有300多名临时工转正。1983年，干部职工达1400余人，流动资金700余万元，销售额1200万元，营业网点59个，占地面积58690.9平方米，成为当时全国最大的基层供销社。

"咸水沽大集"的地域人气优势。明末清初，咸水沽集市已经出现。至清晚期，咸水沽集市称为"大集"，已闻名遐迩，在天津及华北地区都有一定影响，是古镇商贸活动的"王牌"，也是咸水沽百姓生活物资的重要来源。中华人民共和国成立后仍沿用咸

20世纪50年代，供销社的送货郎

20世纪80年代，咸水沽第三副食商店

水沽大集的名称，其集市规模、上市人员、摊位逐年增多。1980年后，镇集市贸易活动更加繁荣。1990年，成交额4000万元。2017年，成交额近3亿元。

特色食品资源优势。咸水沽烧鸡已有百余年历史。改革开放后，北洋村成为天津市第一个烧鸡村。北洋烧鸡进入沃尔玛、大润发、乐购、物美、家乐福、人人乐、华润万家等大型连锁超市。2012年销售额达4062万元，带动本区500余家养鸡专业户发展。

进入21世纪，咸水沽镇紧紧抓住大力推进城市化进程的机遇，将发展现代服务业摆在经济工作突出位置，特别是发展现代商贸物流业。一批现代服务业项目加速落地，为古镇经济结构由“二三一”向“三二一”转变注入强劲动力。房地产、装饰业发展强劲。1980年，镇和有些村建起小型房屋建筑装饰队伍，经过20余年的打拼，咸水沽建筑工程公司、天津市南洋装饰工程公司，成为咸水沽镇房地产业的两大巨头。2010年，天津市南洋装饰工程公司被评为中国装饰行业百强知名企业。2007年，公司的“南洋”商标，被天津市工商局认定为天津市知名商标。2016年，镇房地产、装饰业产值达58.47亿元；商品房销售额50.3亿元。楼宇经济发展迅速，至2016年，成功打造出2个亿元楼。2017年商品房销售额77.9亿元，楼宇经济税收2.15亿元。是年，119户从事货物运输，运输货物4216吨。大型现代商业设施爆发式增长，商业广场、综合市场、大型卖场、星级特色酒店等现代服务业全面发展，档次越来越高。从1985年的69家，至1999年达1082家。

经过产业转型升级实现质的提升。2016年，服务业生产总值100.45亿元；完成销售额238.78亿元。服务业对镇经济贡献率由1988年的14.37%，增长到70%以上。现代服务业作为经济增长新引擎的作用更为凸显，为咸水沽镇经济社会持续繁荣兴旺注入强大活力，对经济发展形成强力支撑。

固定资产投入

解放初期，域内经济落后，生产力低下。1955年初级社后，由于大量开荒地种植水稻，每个村的社员都集资购买胶轮大车、铁瓦车等，多数村还购买柴油机。1956年，柴油机达几十台。1956年，有6个村办起副业厂。1958年，还建立了砖瓦厂、试办硼砂厂等12个小工厂。以上这些企业，规模小、机械化水平低、经营状况起伏大，资产规模也不大。至20世纪70年代初期，咸水沽镇固定资产投入都是以农业设施为主。之后，逐步提高对工业和商贸业的投入。1976年12月，村办企业22家，企业资产规模不断扩大。1986年，有村镇企业71家。1990年，镇所属企业固定资产总值7000万元。1997年，该固定资产总值达2.03亿元，2000年2.73亿元，2006年6.66亿元，2010年8.02亿元。受拆迁和海河教育园区建设的影响，企业数量减少，固定资产总值有所降低。2016年固定资产总值为6.85亿元。2017年为6.94亿元。

进入21世纪，镇固定资产投入快速增加。2009年固定资产投入16.19亿元，2010年22.69亿元，2013年68.66亿元，2016年145.9亿元，2017年固定资产投入达170.8亿元。其中，农业投入1.48亿元，工业投入25.86亿元，建筑业投入94.90亿元，服务业投入48.56亿元。

经济实力增强

改革开放后，咸水沽镇经济总量持续快速增长，税收和财政收入逐年增加，人民的收入稳步提高。咸水沽镇的生产总值 1980 年为 2.507 亿元，1988 年 2.52 亿元，1990 年 4.57 亿元，2000 年 5.63 亿元，2010 年 35.49 亿元，2015 年 125.10 亿元，2016 年 132.37 亿元，2018 年 125.21 亿元。

税收收入情况为：1981 年 55 万元，1985 年 773.1 万元，1990 年 1154 万元，1995 年 4914 万元，2001 年 6459 万元，2005 年 1.28 亿元，2011 年 10.00 亿元，2014 年 12.19 亿元，2015 年 14.93 亿元，2017 年 16.06 亿元，2018 年 17.79 亿元。

农民人均可支配收入的情况为：1979年234元，1986年608元，1991年1281元，1995年2521元，2000年5050元，2001年5405元，2008年10446元，2013年20197元。

2018 年，城镇居民人均可支配收入 37693 元，同比增长 6.9%；农村居民人均可支配收入 41750 元。

农业

中华人民共和国成立初期，咸水沽镇农民从业单一，以种植粮食作物为主。有粮田耕地 21702.74 亩，有水源条件的种植稻，无水源地块种些旱田作物如玉米、高粱。个别村种植少量蔬菜。50 年代中后期，国家经济体制是社会主义计划经济体制。在市、区政

咸水沽第一合作木器厂工人们正在赶制捋稻机
（1962年9月） 吴汉良 摄

府规划下，咸水沽公社的部分村队开始大面积种植蔬菜，实行计划种植、计划上市，政府统购包销。随着农业新技术的推广，种菜技术水平不断提高，由玻璃罩子育苗、陆地风障栽培，发展到塑料小棚、中棚、大棚，智能化温室，全年生产，无淡季，单位面积产量、经济效益不断增加。50—60年代，部分以种稻为主的村由于有丰富优质的地表水源，水稻年年丰收。所种稻谷由国家收购，国家再按标准返销成品粮，供应农业人口。1978年，中共十一届三中全会后，实行改革开放政策。土地开发利用发生巨大变化，工业发展、城镇化建设、教育文化设施等用地快速增加，于是开始推行设施农业发展，建立一批无公害蔬菜生产基地、淡水养殖基地、畜牧养殖基地等。

小站稻种植 咸水沽镇地区的水稻种植从北宋淳化四年（993）始，已有千余年历史。清同治十三年（1874）淮军将领周盛传奉命守卫京畿，率部到大沽，筑新城炮台固海防。1875年盛字军移驻小站。周盛传对小站地区经过大量走访调查，总结了历代屯田种稻之得失，主要从六个方面进行改革。一解决水源。开挖了70多千米的马厂减河，引南运河与漳河水，既解决了水源，又增加了有机肥。后又开挖月牙河等10余条河，形成水网系灌溉。二科学施工。开挖主干渠道150余千米，建中型、大型桥闸30余座，渠系分明，桥闸涵洞配套齐备，灌排顺畅。三排咸压碱，解决“斥卤之地”高盐分问题。四更新灌溉工具。从英国购进火轮车4架，从南方购进及自制各种水车2300多架。五改良品种。以江淮稻为母本精心培育，结果优于江淮稻及本地其他稻。六军垦民种。盛军实行“募人领种”，使小站稻面积不断扩大，军垦田6万余亩，民营田达13.6万亩。

咸水沽镇的小站稻丰收在望（2020年）

经 20 余年的艰辛努力，培育出闻名遐迩的小站稻。

古月牙河起自海河，向南流向咸水沽镇，紧贴镇北而过，咸水沽镇与小站镇相距不足 10 千米，稻田几近相连。咸水沽镇成为小站稻重要产区之一。50 年代，咸水沽地区水稻的种植面积占粮食种植面积的 60% 多，23000 余亩，亩产 400 余千克。60 年代，咸水沽地区水稻的种植面积占粮食种植面积的 80% 多，达 36000 余亩，亩产 500 千克。70 年代后，连续干旱水源不足，种植面积减少。1990 年水源有所恢复，水稻种植面积 20000 余亩，占粮食种植面积的 80% 以上，水稻平均亩产 453 千克。2000 年 8000 余亩，占粮食种植面积的 30% 左右。进入 21 世纪后，由于现代工业园区和城市化建设快速发展，小站稻种植面积逐步减少。2017 年小站稻种植面积只有 1552 亩，产量 931 吨。

蔬菜种植 中华人民共和国成立前，咸水沽镇的八个街和上刘庄村的农民就有种植蔬菜的传统，种植面积 500 亩左右，其种植方法、灌溉工具落后，产量不高。中华人民共和国成立后，从 50 年代末开始，大力推行科学种田，生产条件不断改善，有的街、村打机井灌溉菜田，蔬菜种植面积和产量猛增。1961 年，蔬菜种植面积 5000 余亩，总产量达到 1240.5 万千克。随着人们生活水平不断提高，蔬菜品种也随之增多，主要有：青麻叶大白菜、津南西芹、菜花、青萝卜、葱头、黄瓜、西红柿、豆角、圆白菜等。1973 年，推行塑料大棚栽培，加温温室栽培。1981 年，实行地膜覆盖。1988 年，建不加温温室进行栽培。1989年，蔬菜实行无土育苗，蔬菜栽培技术大幅提高。引进优良品种几十个，有白菜、圆白菜、黄瓜、西红柿、辣椒及豆类等优质品种，充分满足市场需求。1990年，蔬菜种植面积2664亩，总产量1388.5万千克。2001年，蔬菜种植面积7832亩，总产量2186万千克。2007年，蔬菜种植面积2671亩，总产量923.4万千克。2016年，蔬菜种植面积188亩，总产量388750千克。设施农业是蔬菜现代化发展的方向。1996年建立头道沟、四里沽两个区级蔬菜示范区（二代节能温室）。

2004年9月到2007年8月，天津实施红色证书工程、绿色证书工程、蓝色证书工程、村干部岗位培训工程、农村经纪人培训工程五大培训工程，使全市农村约100万各类劳动力得到专项培训。进入21世纪，镇加快蔬菜设施化、产业化发展步伐。2000年建成四里沽设施农业示范园区，占地13.33公顷，有低档实用温室100栋（单栋规格60米×7.5米），二代节能温室20栋（单栋规格60米×10米）。2005年头道沟现代农业科技园区被认定为天津市无公害蔬菜生产示范区。2010年四里沽无公害蔬菜生产示范基地21.33公顷，年生产蔬菜168万千克。

咸水沽镇农民展示刚刚领到的技术资格证书（2007年8月22日） 赵延华 摄

咸水沽镇庆达养猪场实行笼养猪，工作人员在添加饲料（2021年12月） 赵延华 摄

经过努力，建成市级涉农龙头企业1个，即北洋黑子食品有限公司；区级农业龙头企业8个，即北洋益斗宝鑫食品有限公司、东张庄年出栏万头生猪的庆达猪场、李庄子年出栏5000头生猪的万达猪场、亮发顺猪场、宝鑫养鸡场、志来花卉中心、南洋村畜牧养殖小区和餐饮垂钓采摘一体的农家院。

20世纪70—80年代，乡镇工业快速发展，耕地被大量占用。90年代，园区经济起步，耕地面积锐减，农业结构进行调整。进入21世纪，城市化建设全面展开，咸水沽镇农业生产萎缩。

工业

中华人民共和国成立前夕，域内的天津振华造纸厂由于侵华日军的掠夺及火灾的影响已处于停产状态，还有4个即将倒闭的小铁工厂。1949年1月天津振华造纸厂实行军管，同年8月恢复生产。中华人民共和国成立后，从1954年开始，咸水沽镇自发组织

天津市新亚毛纺织厂（1991年）

手工业合作社。1956 年，建立农机具修配厂等 6 个社办副业厂，承担农机具的维修任务，这是咸水沽镇早期的乡镇企业。1958 年，在“工农业并举”方针指导下办起 12 个小厂，多数是为农业服务的项目。1966—1976 年，社队办工业有了较快发展。企业为农机制造、铁木器维修、水暖零部件、塑料制品、纸制品、五金灯具、加工餐具磨光等，涉及 14 个社队 22 个厂家，主要是加工产品为农业服务、为城市服务、为人民生活服务。

中共十一届三中全会的召开，给乡镇企业的发展创造了巨大空间，保证了乡镇企业的持续、稳步、健康发展。1987 年镇村企业达 77 家，产值 1.08 亿元。1990 年工业形成一定规模，产值 3.61 亿元。进入 21 世纪，镇党委、政府带领全镇人民，抓住机遇、深化改革，着眼发展现代经济，高新技术产业、规模以上工业占有突出位置。发展动能由主要依靠传统产业转为依靠高科技产业。

国有企业　中华人民共和国成立后，由于特殊的地位优势，多家国营、集体企业争先到咸水沽镇建厂。至 20 世纪 80 年代，镇域内有全民所有制、集体所有制企业近 30 家，形成在天津市举足轻重的工业聚集区，使咸水沽镇成为名副其实的天津新兴工业发展重镇。

国营企业有天津板纸厂、天津市第十造纸厂、天津市新兴造纸厂、天津广聚源纸业有限公司，天津华欣毛纺织厂、天津市振华毛纺织厂、天津新亚毛纺织厂、天津三星毛纺织厂、天津市第八棉纺厂、天津市棉纺三厂分厂、天津市针织七厂及天津市人造纤维厂，天津市无线电二厂、天津市通用机械厂、天津市机房设备厂、天津市第五电表厂、天津市腾马电表有限公司等。另外，还有天津市滨海化工厂、天津市津沽酒业有限公司、天津市津南区运输场等。

区管企业有天津市津南区建筑公司、天津市津南区内燃机汽车修理厂、天津市津南区汽车缸垫厂和天津市津南区津达机械修造厂等。

以上企业有职工 6 万 ~ 7 万人，为咸水沽镇的持久繁荣做出很大贡献。

产权制度改革　随着改革开放的深入，咸水沽镇党委、镇政府积极帮助镇村企业破解难题，支持企业做大做强，乡镇工业建设速度不断加快。

1990 年有镇办企业 10 家，1991 年镇办企业增长到 18 家：天津市新亚毛纺织厂、津沽染化厂、天顺有限公司、天津市曙光金属网厂、天津市泰安制桶厂、天津市利华制桶厂、天津市振兴纸制品厂、天津市恒盛加工纸厂、天津市外贸渤海纸箱厂、天津市佳丽日化厂、天津市星辉服装厂、天津市鸿福商标有限公司、天津市凯福有机粉末厂、

天森智能公司的智能机器人（2017年）

天津市海河工具厂、天津市晶晶灯具厂、南洋针织厂、天津市英力起重工具厂、天津市南洋刃具厂，形成了一定的规模。

一些企业由于不能适应市场经济发展要求，企业效益下滑。1996年，咸水沽镇党委、镇政府遵照区委、区政府的意见，制定了关于深化产权制度改革的意见，成立了产权制度改革办公室。本着积极、稳妥、自愿、有利发展，实事求是，保证资产保值增值，集体资产不流失等原则，实行产权改制。采取租赁、租壳卖瓤、整体拍卖、企业嫁接等形式，对61家镇、村办企业进行不同形式的改革，企业性质由集体企业转变为私营企业。至2009年，陆续共对142家镇、村企业进行了产权制度改革，为企业现代化发展创造条件。

现代工业发展　进入21世纪，咸水沽镇抓住大规模城镇化建设的机遇，依托天津海河科技园区的区位优势，由传统的粗放型加工制造向智能制造转化。园区已入驻华海清科、天森智能、天远三维等一批高端装备制造企业。园区业务目标为吸引网络终端服务、电子信息服务、服务外包、总部经济等创意产业，核心区将作为科研院所聚集区，进行科研成果转化。园区企业主要从事电子信息产品、半导体及集成电路、高端精密机床用软件研发制造等。2014年，有规模以上企业47家，总产值69.28亿元，有科技型企业 492 家。2016 年，完成工业总产值 105.35 亿元，其中规模以上工业总产值 98.35 亿元，完成工业增加值 19.09 亿元；完成固定资产投入 22.78 亿元；新增科技小巨人企业 4 家，新增科技型企业 112 家，创建产学研联合体 8 家，填补市级以上空白新产品 6 种。2017 年，工业生产总值 34.81 亿元。其中，规模以上企业 24 家，总产值 32.81 亿元，利税总额 5.35 亿元，有科技型企业 801 家，科技小巨人企业 29 家。

企业所有制结构 域内镇村集体企业。咸水沽镇村集体企业 1957 年创办，至 1976 年有社队企业 22 家；1979 年有 58 家；1987 年 77 家，其中镇办 7 家，村办 70 家；1990 年有 101 家；1996 年，开始进行产权制度改革，当年改制企业 61 家；至 2009 年，又陆续改制 142 家；至 2010 年，除振兴纸制品厂和津沽染化厂外，都已改制完毕。2017 年，咸水沽镇已没有镇村集体企业。

域内民营企业。80 年代后，咸水沽镇民营经济发展经历三个阶段。第一阶段，1979—1985 年，随着农村土地联产承包责任制改革，各村出现一批剩余劳动力，他们中有的走上个体工商业的道路。第二阶段，1985—1990 年，个体经济不断壮大，逐渐脱离小作坊式生产，向工厂化过渡，到 1990 年私营企业达 811 家。第三阶段，1990 年后，企业通过自我滚动、兼并重组、联合发展，企业规模不断发展壮大，逐渐产业化、集团化。特别是 1997 年，村镇集体企业产权制度改革进一步深化，为私营企业的大发展创造了良好的机遇和环境。2009 年有私营企业 660 家，产品涉及机械制造、电子、金属制品、纸制品等，年销售额 18.42 亿元。广聚源纸业、津重重工、玖丰重工等企业已由一般民营企业向产业集群化发展。镇民营企业在企业产值、销售收入和利税方面都占到 80% 以上，解决了镇内大部分剩余劳动力的安置问题，缓解了下岗工人再就业的矛盾。2012 年，受海河教育园区建设和城市化建设影响，企业（主要是中小企业）数量大幅减少。2017 年，镇域内有民营企业 337 家。

引进内地企业投资。1989 年，镇引进 68 家内地企业投资；1999 年 380 家；2009 年 1200 家，引资额 40.88 亿元；2018 年，又引进 89 家内地企业投资。2018 年，镇注册企业达到 2402 家。

引进港澳台地区企业。2001 年至 2010 年，镇有 4 家港澳台地区企业，由于南洋工业园拆迁，利美科技、京丰盛室内用品两家企业迁出咸水沽镇。2017 年，无港澳台地区企业。

引进外资企业。1989 年，有外资企业 4 家；1999 年有 15 家；2009 年 56 家，其中，韩资企业41家。随着海河教育园区建设，部分外资企业迁出。2012年，外资企业规模较大的有瑞日电子、优倍思光电子和相雅外德电子等24家企业。2018年，有外资企业18家。

2006—2018年咸水沽镇企业获得市级荣誉情况表

表3

年份	获奖单位	获奖名称	授予单位
2006	天津天顺化工有限公司	市级企业技术中心	天津市工业和信息化委员会
2007	天津津重重工机器制造有限公司	市级企业技术中心	天津市工业和信息化委员会
2008	天津万众科技股份有限公司	天津市科学技术进步奖	天津市人民政府
2011	天津广聚源纸业集团有限公司	市级企业技术中心	天津市工业和信息化委员会
2012	天津市科密欧化学试剂有限公司	市级企业技术中心	天津市工业和信息化委员会
2015	天津万众科技股份有限公司	天津市著名商标	天津市市场和质量监督管理委员会
2015	天津万众科技股份有限公司	天津市名牌产品	天津市质量工作领导小组
2015	天津华海清科机电科技有限公司	院士专家工作站	天津市科学技术委员会
2015	天津华海清科机电科技有限公司	高新技术企业	天津市科学技术委员会、天津市财政局、国家税务总局天津市税务局、天津市地方税务局
2015	天津市精成伟业机器制造有限公司	市级企业技术中心	天津市工业和信息化委员会
2016	天津市达鑫精密机械设备有限公司	市级企业技术中心	天津市工业和信息化委员会
2016	天津华海清科机电科技有限公司	天津市科技型中小企业认定证书	天津市科学技术委员会
2017	天津华海清科机电科技有限公司	天津市“千企万人”支持计划	天津市人才工作领导小组办公室、天津市人力资源和社会保障局
2017	天津市月坛学生营养餐配送有限公司	市级企业技术中心	天津市工业和信息化委员会
2018	天津华海清科机电科技有限公司	天津市五一劳动奖状	天津市总工会

工业重点企业

智能制造企业 天远三维（天津）科技有限公司。公司成立于 2013 年 12 月，前身为高新技术企业和双软认证企业，专业从事视觉三维测量技术领域的解决方案及产品供应。公司产品拥有 5 大类、11 个系列、近 30 个型号，获得国家发明专利 1 项、软件著作权 19 项。作为具有国家发明专利的国内第一家照相式扫描仪厂家，公司专注于视觉三维测量技术，并以此作为公司的战略方向。公司不断追求技术创新，相继推出多种高新技术产品。已为一汽集团、中国航天员科研训练中心、浙江大学、北京协和医院、中央电视台等数百家企事业单位及科研机构提供产品和服务，并先后与北京大学、清华大学等高校及其他研究机构共同承担多项国家 863 项目和国家科技支撑计划重点项目，参与了龙门石窟三维数字化工程等多项重大工程。

公司拥有雄厚的技术研发力量，以博士、硕士为主体，涉及三维数字化、机器视觉、模式识别、光机电一体化等多个领域，对于国内外最新科技技术有着深入的了解，故能保持技术的领先性，使公司一直处于行业领跑者的地位。

光电信息企业 天津华海清科机电科技有限公司。公司创建于 2013 年，是清华大学与天津市政府为促进推动国家 CMP 技术和设备产业化合资成立、由清华大学全资公司控股的高科技企业。公司拥有一支以中国科学院院士雒建斌教授和“长江学者”特聘教授路新春教授为首的高水平研发团队。公司拥有 CMP 技术专利 100 余项，专利体系覆盖全部 CMP 技术领域，拥有 CMP 设备及工艺的核心技术，并在主要技术方面打破国外垄断，是目前国内唯一具备研发和生产 12 英寸（300 毫米）CMP 整机设备能力的企业。公司于 2015 年起承担国家科技重大专项 02 专项项目（CMP 抛光系统研发与

数字运动采集系统（2017年）

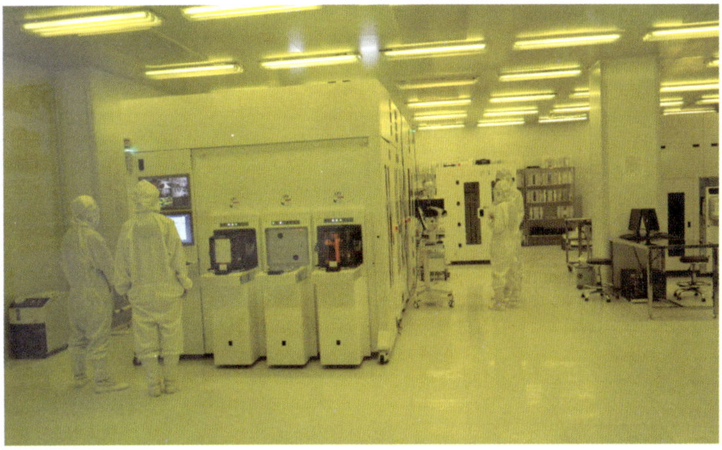

华海清科生产车间（2015年6月）

整机系统集成、2015ZX02101002），项目周期为 2015 年 1 月至 2018 年 12 月。项目期间，取得突破性的成绩。2016 年 9 月，华海清科推出了国内首台 12 英寸 CMP 机台（型号：Universal-300），该设备采用分区压力全闭环实时控制技术、革新的抛光终点测量技术和独特的抛光系统架构，具有高精度、高稳定性、高可靠性等特点，Universal-300 CMP 设备是高端装备国产化的一个里程碑。

2016 年，华海清科研发新一代高效率化学机械抛光系统 Universal-300 plus 样机。整机采用了 4 个研磨盘紧凑布局、单头单盘悬挂式抛光架构以及多种终点检测技术，不仅传输效率高、节省占地空间，而且具有更高的去除率均匀性。机台采用 Universal-300 样机的成熟模块，保证机台的高可靠性。该机台于 2016 年 12 月 20 日通过中芯国际设备采购委员会审批。

北讯电信（天津）有限公司。该公司是经工信部批准，跨省经营无线宽带专网的运营商。总部位于北京，并在北京、天津、上海、广州、深圳、香港及浙江、福建、河北省设有子公司，在山西、河南、山东、安徽、江苏、四川省、广西壮族自治区设有分公司。该公司注册在天津海河科技工业园区，有厂房 18000 平方米。北讯电信以“专网 +”为品牌。“专网 +”是以独立于公网的无线宽带网为基础，为政府、行业的应用提供深度融合的解决方案和更加安全、稳定、及时的网络通信服务。公司长期专注于公共安全、应急通信、城市管理等领域的应用，具有建设和运营无线宽带专网的技术和经验。

天津无线宽带专网规划建设 2000 个基站，覆盖市内六区、滨海新区重点区域、天津市高速公路、国道、省道、铁路及郊县县城，已建成天津通信机房、核心网、独立光纤环网 2000 千米，完成 700 个基站，实现天津市南开、和平、河西、河东、河北、红桥六区的覆盖和滨海新区、西青区、天津港区、津南区等重点区域的覆盖。公司 2017 年资产总计 10.4 亿元，实现销售收入 5.7 亿元，利润 2.9 亿元，税收 8000 余万元。

高端装备制造企业 天津市天森智能设备有限公司。公司成立于 2005 年，于 2014 年 8 月在天津海河科技工业园区注册。公司依托天津大学数字化制造与测控技术研究所（创始人王太勇教授，是中国机械工程学会机床专委会主任、中国振动工程学会机械动力学学会理事长、中国计量测试学会常务理事及在线检测技术专委会主任、国际功能制造与机械动力学大会主席、天津市数控系统技术工程中心主任、天津市机械加工学会理事长等）的核心技术，以产学研互动发展的模式，专业从事自主品牌数控系统与智能制造装备的产业化拓展，得到著名的海泰优点资本的股权投资，以科技结合金融的创新模式高速发展。公司具备数控系统与智能制造技术的完全自主知识产权，拥有多项发明专利与软件著作权，相关产品技术获得国家科技进步奖、多项部级科技进步与技术发明一等奖、发明专利金奖，承担国家数控重大专项、国家数控一代、863 成果转化、滨海小巨人成长计划及智能制造专项等国家项目研究工作，为天津市唯一的自主高端数控系统与智能制造装备企业。

电子元器件研发设计企业 天津瑞日电子有限公司。该公司成立于 2001 年，是一家专业从事电子、电力电子元器件技术开发及相关产品的研发、生产和销售的高科技企业。主要产品有照相机镜头和 LED 电视配件等。公司经过多年的研发、生产和销售，拥有一支在电子产品等新技术领域有强大开发创新能力的专业设计研发团队和专业化的质量管理队伍，确保产品的研发和生产质量在业界处于领先地位。2017 年，公司实现销售收入 5000 余万元。

天津市庆盛精密电子有限公司。公司坐落于天津海河科技工业园区，成立于 2014 年 4 月，主要产品是手机外壳及电子产品的部件加工，年生产能力 2000 万件。2017 年销售收入 3362 万元。目前，手机市场的更新换代加快，公司及时做出调整，向高精尖市场转移。手机市场现在需求以金属手机外壳及零部件为主，因此企业进行工艺提升改造，对数控加工中心、测量机、台群钻孔机、气泵及稳压器等精密设备进行工艺提升改造。一期投入 1500 万元左右，二期投入 2000 万元。目前，加工工艺的提升，产品的精密度、光洁度与尺寸合格率达到同行业的先进水平，市场占有率达到 60%，竞争力在国内处于主导地位。大型加工订单数量显著提高，与苹果、三星的电子触摸屏等领域都有业务往

天津瑞日电子有限公司生产车间（2016年）

来。2016 年，公司进行金属手机部件加工工艺提升改造，购置设备如数控加工中心、测量机、台钻、气泵、配电柜等 35 台（套），投资额 1146 万元。改造后，从加工普通手机部件的能力，提升至加工金属手机部件，旋转头的精密度大大提升。年新增生产能力 1000 万件，新增销售收入 3000 万元。2017 年，公司再投入 2000 万元，争做行业先行者。

天津市津开电器有限公司。2003 年 7 月，该公司进驻天津海河科技工业园区。8 月，公司生产的低压开关柜 GCK、GGD、XL 和插接母线 FMC 等产品通过国家强制 CCC 认证。2004 年，新建厂房 6000 平方米，开始研发 FTFC 智能型动态无功补偿晶闸管滤波装置。2006 年 3 月，FTFC 智能型动态无功补偿晶闸管滤波装置产品通过国家电控配电设备质量监督检验中心检验。2007 年 FTFC 智能型动态无功补偿晶闸管滤波装置产品技术处于国内领先水平。2006—2008 年，先后取得智能型动态无功补偿控制器、相位控制及零电流投切控制装置、FTFC 智能型动态无功补偿晶闸管滤波装置 3 项专利，FTFC 智能型动态无功补偿晶闸管滤波装置并取得国家强制 CCC 认证。2008 年，公司被欧盟—亚洲电能质量中国工作组吸收为首批成员单位。2009 年，FTFC 智能型动态无功补偿晶闸管滤波装置成为 ABB/PQF 系统集成商。是年，公司被授予全国电力行业设备管理战略合作伙伴单位，被天津市科委认定为高新技术企业。

机器设备制造企业 天津津重重工机器设备制造有限公司。公司于 2003 年 11 月进驻天津海河科技工业园区，注册资金 6000 万元，占地面积 60 余亩，具有大型机加工、铆焊厂房 12000 平方米。从事非标准化机械设备的科研、开发、设计、制造，主要产品有冶金设备、轧钢设备、锻压设备、建材设备等。

2004 年，公司对技术进行创新、改革，突破原有热轧带钢生产线的生产制造，为

“天下第一村”华西村制造1200毫米、1450毫米冷轧薄板生产线，产品达国内先进水平。2005年，投资新建大型机加工厂房和冷轧不锈钢厂房。新建三层宿舍楼，解决员工后顾之忧。2007年完成产值1.5亿，上缴税收565万元。2007年，被认定为市级企业技术中心。2008年，收购超越科技有限公司，并购原天津富士机电公司。公司现有高级工程师、工程师、助理工程师50人，具备国内先进重型机器设备的设计和生产制造能力，具有转炉、混铁炉、回转窑大型钢包、铁包等冶金设备；冷带钢轧机系列、热带钢轧机系列、棒材轧机、矫直机、热锯机、热剪机、齿轮机座等轧钢设备；产油压机、水压机、机械压力机等金属加工设备以及水电、水泥窑、重型铆焊结构件、冷轧不锈钢带材、电器柜、配电柜等。每年为全国冶金、轧钢、锻压、风力发电、金属加工建材生产等企业提供各种优质重工机器产品10000余吨。公司于2006年12月获得农业部颁发的“全国诚信守法乡镇企业”称号，2007年8月获得天津市人民政府颁发的“天津市2006年度私营企业先进单位”称号，2009年10月获得首都国庆60周年群众游行指挥部颁发的“首都国庆60周年群众游行彩车最佳组织单位”。

天津市精成伟业机器制造有限公司。公司坐落于天津海河科技工业园区，占地面积100余亩，已通过ISO 9001质量体系认证，主要从事石油钻井机械及工具的加工制造、石油工具技术开发、转让及咨询服务、德国霍夫曼工具及国产名牌兰达五金工具的天津代理、化学材料之王“索泰”胶黏剂（设备维护）的国内经销代理等。主营产品复核芯棒年销售2.4亿元，完成利税2000万元，2013年6月被评为国家高新技术企业。公司研发的多项专利被应用在天津市无缝钢管及钢铁等行业中。2015年被评为市级技术中心。公司研制的复合管是近期出现的一种新技术，它被广泛用于海底石油输送及矿山浆体输送，具有广泛的市场前景。

天津玖丰重工机械有限公司。公司成立于1999年，坐落于天津海河科技工业园区，生产自动门、轮胎保护链、挖掘机、破碎机等重工机械产品。注册资金3800万元，固定资产1900万元，建筑面积38000平方米，员工300人。已通过ISO 9001质量管理体系认证，拥有国家质量技术监督检疫总局核发的特种设备制造许可证。几年来，研制新产品30项，重点项目8项，2009年申请专利2项，商标注册2项，成为集设计开发、生产销售、售后服务为一体的科技企业。

1999年，研制出新产品轮胎保护链；2003年申请“轮胎保护链”实用新型和“轮胎保护链链节”外观设计两项专利，成为全国生产保护链最大的生产厂家，年销售量在

10000 条以上，占全国总需求量的 48%，还远销澳大利亚、伊朗、南非、奥地利等国。2007 年，瞄准挖掘机市场，公司所研制开发的产品全部为 13 吨以下，是近年国内市场急需且与国内先进加工制造水平相匹配的中小机型。2008 年，公司产品向节能、环保、效益产品转变，完成由低端产品向高端产品的转化。是年，购地 100 亩，建设 4 幢砖混结构厂房，完成挖掘机生产线的建设，车间于 2009 年年底交付使用。2010 年，公司投资 3.9 亿元，新建 1 幢科研楼和 5 幢砖混结构厂房，建筑面积 70000 平方米。新区主要是更新科研成果，生产新型扒煤机和平地机，生产液压扒煤机 1000 台，平地机 1000 台，年产总值达到 9 亿元，上缴税金 5800 万元。

现代食品加工企业 天津市黑子食品有限公司。1986 年，北洋村民刘志安从事烧鸡制作销售；1994 年，业务拓展到北京；2000 年，成立天津市黑子食品有限公司，有厂房 16000 平方米，固定资产 5300 万元。公司主要经营生、熟肉类产品，主要产品包括活鸡屠宰、烤鸡、传统酱卤制品（童子鸡、酱牛腱、冰花肘）、中西式肠类等。产品系列化，年销售收入达到 450 万元。公司成为津南区农副产品加工龙头企业，带动本地 500 多家养鸡专业户。公司产品在天津市肉制品市场上形成较强的竞争力和规模优势，公司成为沃尔玛、大润发、乐购、物美、家乐福、人人乐、华润万家等大型连锁超市首选供货商。2012 年，公司迁入天津海河科技工业园，年销售额 4062 万元，纳税 229 万元。2017 年资产总额 4500 万元，销售收入 4000 万元。

2004 年 9 月，企业被中国商业联合社和商业科技质量中心共同认定为“全国商业

天津市黑子食品有限公司（2018年）

天津广聚源纸业公司（2011年6月）

食品安全供货与经营试点企业”。2008 年 8 月，被评为“天津市食品安全示范企业”。2010 年被天津市人民政府认定为“天津市科技型中小企业”。

现代造纸企业 天津广聚源纸业有限公司。公司成立于 2005 年，2006 年进驻天津海河工业园区。公司是一家新兴的环保型造纸创新示范企业，采用先进的生物制浆方法，利用城市废弃物和农业秸秆作原料，生产市场畅销的包装用纸，并在环境保护、循环经济方面取得新的突破。产品为高强瓦楞原纸，2008 年产量 8 万吨，销售收入 1.68 亿元。是年，进行二期工程建设。二期工程项目为年产 18 万吨高档工业原纸生产线，系天津市的重点工程项目。项目总投资 1.26 亿元，2010 年进行设备调试安装正式投产，总产达 26 万吨，销售收入 7.8 亿元，比天津市原最大的国有造纸企业规模还大，成为天津市造纸行业的新龙头。公司抓住滨海新区和海河教育园区建设机遇，再投入第三期项目，建设一条年产 30 万吨高级纸张的造纸生产线。

名优产品 有 3 家企业拥有市级著名商标或生产市级名牌产品：天津市科密欧化学试剂有限公司生产的科密欧化学试剂为市级著名商标，天津广聚源纸业集团有限公司生产的马头牌瓦楞纸为市级名牌产品，天津市黑子食品有限公司生产的黑子食品为市级名牌产品。

天津海河科技工业园区 2000 年 10 月，咸水沽镇工业园区成立。2009 年 8 月，镇工业园区改称天津海河科技工业园区，为市级示范工业区。园区定位为发展智能化产业、光电信息产业、高端装备制造业等，包括物联网产业、云产业、电子元器件的研发

海河科技工业园区内的舞剑机器人（2017年）

设计、精密数控装备研发制造等。

园区位置优越，位于津南区中部、处于津南区的核心要地，距天津市中心城区 12 千米、天津滨海国际机场 15 千米、天津港 18 千米、京津塘高速公路入口 15 千米、津晋高速入口 1 千米，紧邻天津大道快速路，距北京 100 千米，规划面积 10.6 平方千米。津晋高速以北地块的范围为东至汉港公路，南至津晋高速，西至新兴南路，北至津沽二线；津晋高速以南地块的范围为东至北闸口工业区边界，南至北闸口工业区南边界，西至北闸口工业区西边界，北至津晋高速。

基础设施。2010 年，基础设施投入 3.2 亿元，新建道路 16 万平方米，完善水电暖等配套设施，修建 7000 平方米景观广场。投资 2.5 亿元建设 9 栋复式车间，建筑面积 11 万平方米，完成园区 16 万平方米商务中心、写字楼设计，24 层的商业服务中心，绿化面积 24.8 万平方米。2017 年，累计“七通一平”（通路、电、供水、排水、邮电、燃气、网络，园区土地要平整）3990 亩，基础设施投入 28.17 亿元。

招商引资。园区采取走出去请进来的方法，改善招商引资环境。出台投资优惠政策，对在工业园区投资建厂的外资企业和内资企业除享受国家给予的优惠政策外，再给予优惠奖励。为入驻企业实行“一站式”无偿代办手续和封闭式管理，保证投资方式的自主性、多样性，即外商投资者可以合资经营、合作经营、独资经营；内资投资者可以独资经营，合作联营。

2000 年，引进企业 40 家；2005 年，引进企业 55 家；2009 年，累计引进企业 77 家，引资额 16 亿元。其中，投资亿元以上企业 5 家。2010 年引进企业 239 个，内资到位额

40.48 亿元；18 家外资企业实现到位额 2410.7 万美元；新增就业 693 人。2017 年，引进企业 116 家，引资到位额 80 亿元；有注册企业 1860 家，注册资金 204 亿元。

实际引进内资额的情况为：2012 年 60.96 亿元，2013 年 74.44 亿元，2014 年 84.16 亿元，2015 年 96.20 亿元，2016 年 1100 亿元。

实际引进外资额的情况为：2012 年 4398 万美元，2013 年 4360 万美元，2014 年 4737 万美元，2015 年 5015 万美元，2016 年 1274 万美元。

服务业

80 年代后，咸水沽镇在加快发展工农业经济的同时，加快推进服务业发展进程。进入 21 世纪，尤其是中共十八大后，镇党委、镇政府抓住大力推进城市化进程的机遇，将发展现代服务业摆在经济工作的突出位置，实施招商引资，拓宽现代服务业领域，大型现代商业设施爆发式增长，商业广场、综合市场、大型卖场、星级特色酒店等服务业全面发展，档次越来越高。一批现代服务业如楼宇经济、汽车城一汽丰田 4S 店、京东体验店等加速落地，津南区村镇银行、新华商业广场、雅盛广场也开门纳客，为古镇转型发展注入强劲动力。从 2016 年起，服务业对经济的贡献率均达 70%。

据统计，到 2018 年年底，咸水沽镇服务业注册企业达 3500 余家，涉及批发和零售业，科学研究和技术服务业，租赁和商务服务业，居民服务、修理和其他服务业，住宿和餐饮业，水利环境和公共设施管理业，水利、环境和公共设施管理业，信息传输、软件和信息技术服务业，文化、体育和娱乐业，金融业，交通运输、仓储和邮政业，房地产业等，发展态势喜人。现代服务业作为经济增长新引擎的作用更为凸显，为咸水沽镇经济社会的繁荣兴旺注入强大活力，对经济发展形成强力支撑，成为海河中下游的贸易明珠、商贸中心。

咸水沽镇汽车城一汽丰田4S店（2012年）

京东之家体验店（2017年）

商业贸易

“大集”——咸水沽集贸市场 清中后期，咸水沽集市规模巨大，被称为“大集”，逢农历一、四、七为咸水沽集。解放前夕，集市贸易设在建国大街西天津振华造纸厂东侧。解放后，仍沿用老集市，摊位增多，规模扩大，延伸至整条大街（大牲畜交易市场于 1954 年取消）。1988 年由建国大街迁至长 1 千米、宽 10 米的红旗路和长 0.4 千米、宽 8 米的市场路上，与咸水沽封闭市场融为一体，上市摊位 1300 个，日人流动量 3 万 ~ 5 万人。经营品种增加，商品有服饰、针棉织品、布匹、鞋帽、家用电器、木器家具、家

咸水沽大集（80年代）

咸水沽大集（2017年）　　景文军　摄

畜家禽、蔬菜水果、海鲜产品以及旧自行车等。1990 年成交额为 3800 万元。旧机动车交易市场建于 1984 年 5 月，设在与集贸市场相连的体育场后面，至 1990 年共成交各种机动车 8271 辆，仅 1990 年交易额为 1380 万元。

1995 年，区政府实施退路进场，迁建现咸水沽集贸市场。该市场由韩城桥村委会在月牙河畔投资 2000 万元兴建，市场占地 5.33 公顷，建筑面积 1 万多平方米，建商业用房 380 余间，设置露天摊位有 1000 多个，分设服装区、百货区、鞋帽布匹区、蔬菜水果区、海鲜水产区、杂品花鸟虫区、宠物市场、羊猪市场、木材市场、旧车市场等。

2000 年 3 月，进行扩建，新建家具厅 3 个、装饰厅 1 个，建筑工程面积 1 万平方米，增设早市，设置 65 个摊位，主营蔬菜水果、肉蛋水产等。2009 年 10 月，又投资 300 万元，进行早市改建，设置 23 间经营用房和 120 个摊位。2017 年，成交额达 2.73 亿元。

商业街　食品街。该街位于咸水沽镇体育场路西侧，南接体育场，北临供销商厦，由区工商行政管理局采取“官办民助”形式投资 136 万元兴建。1985 年 5 月动工，11 月落成开业，主体二层，占地 10 余亩，建筑面积 6300 平方米，营业面积 4410 平方米，拥有121间商铺，主要经营服装、鞋帽、布匹、五金电料、家用电器、化妆品等，共有经营户112户，当时为天津四郊五县最大的封闭市场。食品街原名咸水沽市场，因开业初期一层主营餐饮，谓之食品街并沿用下来。1986年9月，投资92万元，实施扩建，增建23间商铺，增加建筑面积1880平方米，1987年7月竣工投入使用。街内容纳90家商户，以商贸为主，附带餐饮、摄影等。2017年，营业额1500万元。

津沽新街。该街位于咸水沽镇体育场路延长线东侧，月坛商厦对面，由天津市协连房地产开发有限公司投资1亿元兴建，占地2.8公顷，建筑面积1.6万平方米，2006年3月动工，2008年1月落成开业。新街全长350米，由16幢主体二至三层的建筑构成，三排相向布局，拥有340余间商铺，容纳260余家商户，以商贸、餐饮、娱乐为主营业态。

耀华新天地商业步行街。该街位于咸水沽镇体育场路东侧，供销商厦对面，为半封闭式高档商业步行街，由天津博强耀华投资发展有限公司投资1.9亿元兴建。2009年4月动工，2010年10月落成开业，占地1.98公顷，建筑面积2.4万平方米。步行街全长近200米，由11幢主体三层、局部四层的建筑构成，三排相向布局，之间由曲廊相连通，设有4部扶梯，拥有440间商铺。步行街一至二层主营服装鞋帽、箱包皮具、珠宝首饰、化妆品、婚纱摄影、家居用品、日用百货等，三层主营餐饮小吃兼有美容美发、健身保健、休闲娱乐等服务提供。

耀华新天地商业步行街（2019年）

紫江路综合市场（2019年）

天天新家具装饰城（2018年）

综合市场 紫江路综合市场。该市场位于咸水沽镇惠丰村，紫江路东侧，由惠丰村委会投资5000万元兴建，2007年3月动工，2008年8月开业，由4幢三层建筑构成，占地1.88公顷，建筑面积2.7万平方米。建筑设计为三层，一楼经营用房164间，摊位264个；二楼全部为经营用房，共245间。一、二层主要经营蔬菜、水果、烟酒、副食、粮油、禽蛋、肉类、水产、服装、百货杂品等；三层有服装百货、家电、家具、装饰材料、餐饮娱乐等商户。2009年8月，投资70万元进行扩大改造，增建40间仓库，配备3部扶梯和5部货梯，是大型封闭式批发兼零售综合市场。2017年，市场成交额3.93亿元。

专业市场 天天新家具装饰商城。商城位于咸水沽镇韩城桥村，咸水沽集贸市场旁，由韩城桥农工商实业公司投资1000万元兴建。2000年3月动工，9月落成开业，占地2公顷，建筑面积1万平方米。商厦由3个家具厅和1个装饰材料厅构成，容纳40余家商户。2008年2月，韩城桥农工商实业公司投资2000万元实施改扩建，在原有的3个家具厅上加盖二层，扩建后建筑面积增至2万平方米，原新兴市场家具城迁来此地。商厦经营家具灯具、五金电器、板材线材、油漆涂料、厨房用品、窗帘壁纸等9大类万余种商品。2017年，交易额2131万元。

大型卖场 月坛商厦。商厦位于咸水沽镇津沽路与体育场路交口处，由月坛公司投资5000万元兴建。1998年9月动工，1999年9月落成开业，主体7层（含地下1层），占地0.33公顷，建筑面积1.8万平方米，营业面积1.4万平方米。商厦经营服装、鞋帽、家电、钟表、金饰、化妆品等逾4万种商品，并附有快餐、保龄球等餐饮、娱乐设施，为津南首家集购物、餐饮、娱乐于一体、多元化发展的大型综合商厦。2000年，跻身天

月坛商厦（2019年9月）

供销商厦（2018年）

津市零售企业二十强。2001—2002 年，获“天津市商贸流通百强企业”称号，2002 年位列天津市零售企业第十三强。2003 年，按照国际“B 级商场”标准实施大规模改造，调整经营布局，确立“以国内名优品牌为主，国际名优品牌为辅”的经营定位，获“天津市零售企业第十二强”“诚信单位”“商业名企”等称号。2004 年 2 月，经天津市政府批准由天津市月坛商厦有限公司变更组建成天津月坛商厦集团股份有限公司，实现集团化。集团下辖月坛商厦有限公司、营养餐配送公司、酒店公司、邦尼快餐公司、缘来壹家汤面公司、餐饮服务公司、旅行社公司、食品配送公司 8 个单位。

2008 年 7 月，月坛集团有限公司注册资本 9200 万元，建筑面积 1.8 万平方米，营业面积 1.4 万平方米，经营品种 4 万种。主营的业务是商品销售如金银首饰、烟、定型包装食品零售，电器修改，理发，柜台租赁，服装加工，汽车货运。是年，“月坛商厦”商标进入天津市著名商标行列，月坛酒店也荣获国家级“五钻特级酒家”称号，实现营业额 2.87 亿元，利税总额 1800 万元。2010 年，新建天津月坛现代商业大厦，与月坛商厦相连，占地约 3100 平方米，建筑面积约 7 万平方米，地上建筑面积 6.33 万平方米，23 层，高 100 米，应用于五星级宾馆、写字楼、国际连锁餐厅。

月坛学生营养餐配送有限公司。2005 年 4 月，公司开始筹建，坐落于天津市河西区微山路与泗水道交口，占地面积 1.16 万平方米。总投资 1.2 亿元人民币，引进先进炊事设备，是目前国内设备先进、标准化程度极高的现代化食品生产配送企业。2006 年 2 月，月坛学生营养餐配送中心投产。借鉴发达国家先进管理理念和国内外先进技术和营养配方，依托现代化大型生产设备、包装设备，开发生产出适应中国居民膳食结构特点的各种新型预包装食品、方便食品及半成品，累计供餐品种达到600余种，形成单班3.5万件热链产品和日产2.5万件冷链产品的生产能力，自备专用冷藏车和冷藏、冷冻保管库，向京、津部分院校及沃尔玛、易买得、万客隆、联华、乐购、物美、华润万家等天津市各大超市、24小时便利店配送。公司获评为天津市营养学会团体会员单位、天津市食品卫生等级A级单位，通过QS认证，成为2008年北京奥运会天津赛区唯一供餐单位。2011年，公司资产总额2.64亿元，销售收入3.5亿元，带动农户6410户，农产品加工量18600吨。2017年8月，作为第十三届全国运动会唯一食品供应单位进行服务。2017年，公司资产总额4.90亿元，销售收入5.58亿元。

供销商厦。商厦位于咸水沽镇体育场路西侧，1995年3月由区供销社投资950万元兴建，11月建成开业。主体三层，局部四层，占地0.33公顷，建筑面积3000平方米，营业面积2700平方米，容纳80余家商户。2000年9月投资1600万元实施扩建，2001年9月完工，建筑面积增至1.03万平方米，商户500余家，精品屋84个，经营服装、鞋帽、箱包、家电、钟表、金饰、化妆品等十三大类逾万种商品。2006—2010年，投资500万元，对商厦进行提升改造，2017年，商厦营业额1.4亿元。

鑫华商厦。该商厦位于咸水沽镇体育场路东侧，由天津房信房地产开发有限公司投资3000万元兴建。2003年3月动工，2004年5月落成开业，主体三层，占地0.86公顷，建筑面积8800平方米，营业面积6160平方米。2007年10月，由王唯贤个人斥资6000万元买断，由华润万家承租。一层经营运动服饰、皮鞋、首饰，二层经营食品副食、日

华润万家咸水沽店（2019年）

国美电器咸水沽店（2018年）

用百货，三层专营服装。2017 年，营业额 1052 万元。

华润万家咸水沽店。1998 年 9 月，华润集团租赁区供销社底商，投资 200 万元，开设华润超市，为津南首家超市，营业面积 500 平方米。2004 年 5 月，租赁鑫华商厦，开设华润万家咸水沽旗舰店，营业面积 8800 平方米。2005 年 9 月，收购天津月坛商厦集团股份有限公司旗下 28 家超市。华润万家其大卖场经销食品蔬菜、副食烟酒、日用百货、数码家电、服装鞋帽、文体用品、音像图书等十大类逾 10 万种商品，提供一站式购物服务；其便利店主营食品、副食、日用百货。2017 年，营业额 3.91 亿元。

国美电器咸水沽店。2008 年 9 月，国美电器租赁咸水沽镇津沽新街 17 号楼三层商铺，投资 289 万元在津南开设首家分店，营业面积 4000 余平方米。国美电器经销彩电、空调、冰箱、洗衣机、数码相机等十大类近万种商品，是区居民购买家电首选之地。2017 年，营业额 1.2 亿元。

名特色餐饮 镇域内有餐饮服务业 189 家，其中，月坛酒店为三星级酒店（2004 年 6 月 25 日，经市旅游涉外饭店星级评定小组审定，月坛酒店被批准为三星级饭店，为津南区星级饭店第一家）。除此之外，规模大的还有聚合大酒店、盛华海鲜百饺园、环球乡海鲜城、广川大酒店等，以及上岛咖啡、肯德基、必胜客、金娜牛排等西式餐饮业和多家韩国料理。月牙河西岸已形成了一条颇具规模的特色餐饮街，拥有各式餐饮企业 67 家。餐饮服务业已成为古镇的一道靓丽风景线。

月坛酒店。该酒店位于咸水沽镇为民路 4 号，毗邻月坛商厦，前身为康好酒店。2002 年 2 月，由月坛商厦有限公司租赁经营，投资 600 万元，实施改扩建，2003 年 2 月竣工开业，易名为月坛酒店。2005 年 3 月，投资 200 万元改扩建，具有住宿、餐饮、娱乐、洗浴及会议中心等多项服务功能，拥有 100 余套豪华套间和高级标准客房和可容纳 500 余人的多功能大会议厅及多个功能完备、不同风格不同规格的会议室，有容纳 300 人就餐的中西自助餐厅和可容纳 600 余人就餐的中餐厅。2008 年 1 月，通过国家级酒家酒店认定，是年被评为“天津市餐饮品牌企业”，成为津南区第一家三星级涉外酒店。2017 年，营业额 3223 万元。

月坛海鲜城。月坛海鲜城是月坛集团旗下的海鲜食品产业，自建成以来，凭借着健康营养的饮食理念、高档优质的食材、时尚享受的用餐环境和高素质的服务，一举成为天津市内远近闻名的海鲜食府。目前，月坛海鲜城已拥有 5 家分店，覆盖天津市区，分别为旗舰店、津南店、河东店、南开店、津沽路店，其中以月坛海鲜城旗舰店最为闻

月坛海鲜城（2018年）

广川大酒店（2018年）

盛华海鲜百饺园（2018年）

名。月坛海鲜城旗舰店坐落于津南古镇咸水沽海河故道公园内，依水而建，造型独特，环视可见两岸美景。昔日漕运的文化印记、当代居民的优美广厦，无不印证着“故道漕运留烟云，五行播撒绘今篇”的诗境。1万多平方米的经营面积，可同时容纳3000多人就餐，4层主楼、6个不同风格的富丽大厅、32个典雅包间、全开放式厨房，受到消费者好评。

广川大酒店。广川大酒店坐落于南环路99号，由天津广聚源集团斥巨资打造，是集客房、餐厅、会议室、KTV、温泉、洗浴、购物中心于一体，运营面积达5万平方米的酒店。酒店2012年建成使用，2013年正式开业。2017年营业收入6821万元。

盛华海鲜百饺园。该园的地点在咸水沽镇津沽路60号，华润万家咸水沽店的东面，2001年1月建成开业。营业面积1240平方米。2005年3月，投资200万元改扩建。2017年营业收入300万元。

天津新华城市广场（2019年）

天津新华城市广场 2018年12月21日，坐落于津南繁华核心海河故道沿线的咸水沽最大购物中心，天津新华城市广场盛大启幕。广场是由新华投资集团与中冶天工集团强强联手、着力打造的优质高品位商业项目。

新华城市广场具有津南区域中得天独厚的区位优势，位于咸水沽商业核心地段，建筑面积约8万平方米。作为第四代购物中心、以多元商业运营模式运营，经营多种类时尚商品，为津南区及咸水沽镇注入新的现代商业活力。该区域常住人口25万人，流动人口8万人，紧邻海河教育园。广场是津南地区居民心中购物消费的“新中心”，为人民带来了全新的消费、休闲与生活方式。

菜市场 2016年后，咸水沽镇先后建起月坛菜市场、金华园菜市场、金朗园菜市场、团结路综合农贸超市、头道沟菜市场及鑫洋园菜市场等6个菜市场。

月坛菜市场。市场坐落于咸水沽镇红旗路红霞里11号楼北侧，市场建筑面积712平方米，经营种类有蔬菜、瓜果、猪肉、干杂果、副食调料、烟酒以及现场烙制大饼、拌制凉菜等，属于超市型经营模式。

金华园菜市场。该市场坐落于咸水沽镇金华路咸水沽第五小学旁，市场建筑面积1260平方米，营业面积为1050平方米，经营种类为包装调料、食品、洗涤用品、蔬菜、水果、海产品、猪肉、牛羊肉、冷冻食品、米、面、熟食等，属于超市型经营模式。

金朗园菜市场。该市场坐落于咸水沽镇金朗园5号楼底商，面积约1700平方米，共82个摊位，一层37个，二层45个，经营种类为猪肉、水产、蔬菜、水果、酱货、牛羊肉、副食等。

金朗园菜市场（2019年）

头道沟菜市场（2019年）

鑫洋园菜市场（2019年）

团结路综合农贸市场（2019年）

月坛菜市场（2019年）

金华园菜市场（2019年）

团结路综合农贸市场。该市场坐落于咸水沽镇团结路，经营面积为 480 平方米，共 30 余个摊位，经营种类为猪肉、水产、蔬菜、水果、副食调料、熟食等，属于超市型经营模式。

头道沟菜市场。该市场位于咸水沽镇益华里南侧，经营面积为 2700 平方米，共 96 个摊位，经营种类为蔬菜、水果、猪肉、水产、酱货、牛羊肉、副食调料等。

鑫洋园菜市场。该市场位于咸水沽镇鑫洋园 12 号楼底商，建筑面积 1160 平方米，摊位总数 33 个，经营种类为面食、酱货、水产、蔬菜、水果。

楼宇经济 咸水沽镇重视发展楼宇经济，2008 年开始起步。2010 年 10 月，成立天津海河科技园区创意经济服务中心（简称海河创意中心），负责镇楼宇经济的招商、服务和管理工作。镇坚持以改革开放为龙头，以汇聚人才流、资金流、信息流，形成显著的经济发展圈为目标，拓宽科技园区空间、改善投资环境，提升办公档次。

2012 年，第一个亿元楼建设完成，占地 3000 平方米，建筑面积 17390.68 平方米，完成税收 1 亿元。重点企业包括天津瑞丽鑫环保科技有限公司、天津盛一汽车部品有限公司、中天昊泰建设集团有限公司、天津辅生医药科技有限公司、天津韩林电子有限公司、天津华海清科机电科技有限公司、天津市厚德金源商贸有限公司等。其中天津华海清科机电科技有限公司是天津市政府与清华大学践行“京津冀一体化”国家战略、为推动国家化学机械抛光（CMP）技术和设备产业化成立的高科技企业，2017 年营业收入达到 8000 万。

2016 年，打造出第二个亿元楼，占地面积 3000 平方米，建筑面积 17390.68 平方米。国家会展中心、中海嘉烨、鹏立维孚、海河金岸、津燃热电等优秀商贸企业接踵而至。有海河创意中心，入驻企业有 150 余家，管理注册企业 2000 余家，其中国家会展中心

海河创意中心（2017年）

（天津）有限责任公司负责天津会展中心的投资建设。天津国家会展中心位于天津市津南区海河中游南岸，是商务部与天津市共建的国家级会展中心，是上海、广州之外的第三大国际会展中心，总面积 120 万平方米，净展览面积 40 万平方米，是中国东部最大的会展中心。

2017 年，咸水沽镇全面落实供给侧结构性改革措施，切实贯彻“三个着力”（着力提高发展质量和效益、着力保障和改善民生、着力加强和改善党的领导）的重要要求，创新发展，提升服务水平，借力首都资源，增加外出招商力度，建设好第三个亿元楼。

建筑装饰 解放前本地未有建筑施工队伍，主要是三五人或十几人合伙结伴，时聚时散，或是农民建房时相互帮忙。50 年代后期开始，部分大队为发展副业生产，以生产队为核心，组织建筑施工队伍，后来大队组织建筑工程队。1976 年、1977 年，咸水沽公社、南洋公社相继建立建筑施工队。80 年代后，建筑队伍迅速壮大。进入 21 世纪，镇建筑装饰业，已成为咸水沽镇不可或缺的经济力量。2016 年，建筑业从业人员 9844 人，产值 58.47 亿元。2017 年，镇建筑业从业人员 9152 人，产值 37.84 亿元，施工面积 1158930 平方米，利润总额 1.03 亿元。

天津咸水沽建筑工程有限公司。公司成立于 1976 年（原称咸水沽建筑工程公司），资质为建筑施工总承包二级企业，注册资金 8000 万元，年竣工面积 30 万平方米。连续多年被评为天津市重合同守信誉“AAA”级企业，多次获得“市级文明工地”称号、海河杯奖。公司已通过 ISO 9001 质量管理体系、ISO 14001 环境管理体系、GB/T 28001 职业健康安全管理体系认证。公司坚持改革创新，开拓创新的发展思路，创建优质工程，服务全社会，争创一流建筑企业，工程合同履约率 100%，工程合格率 100%。近五年完成产值 21.26 亿元，完成税收 3.05 亿元。

天津市南洋建设集团有限公司。该公司始建于 1986 年，注册资金 1.5 亿，是集房屋建筑、装饰装修、地基与基础、钢结构、机电设备安装、市政公用工程为一体的综合性施工企业，具有房屋建筑工程总承包资质一级、建筑装饰装修工程专业承包一级、钢结构工程专业承包一级、地基与基础工程专业承包一级、机电设备安装工程专业承包一级、市政公用工程施工总承包二级、城市及道路照明工程专业承包二级资质。通过了 GB/T 19001—2008/ISO 9001:2008 和 GB/T 50430—2007 质量管理体系认证、GB/T 28001—2011/OHSAS 18001:2007 职业健康管理体系认证及 GB/T 24001—2004/ISO 14001:2004 环境管理体系认证。年产值 6 亿元。公司承揽一大批国家、地区重点施工项目，如周邓

南洋建设集团有限公司办公大楼（2017年）

纪念馆装饰工程、天津博物馆装修工程、华夏少儿艺术中心装饰工程、天津海事局综合业务楼、长庆油田综合科研办公楼等装饰项目。历年工程荣获“鲁班奖”2项、全国建筑工程装饰奖15项、全国建筑装饰科技创新奖5项、全国公共建筑装饰设计奖5项、全国建筑幕墙装饰奖4项、海河杯奖5项，被天津市授予各种光荣称号的工程达40余个，荣获中国装饰行业百强知名企业。2016年产值2.5亿元。

天津市南洋建筑工程公司。公司始建于1984年，镇集体企业，具有房屋建筑工程总承包一级、机电设备安装工程一级、钢结构工程专业承包资质一级、地基与基础工程专业承包二级、市政公用工程施工承包二级、建筑装修装饰工程专业承包三级资质。企业有工程技术人员400余人，其中高级职称30人。拥有各类施工机械设备980台（套）和满足总承包施工需要的加工供应基地，年施工能力100万平方米。

公司承揽天津市津南区少年宫改扩建工程、津南区咸水沽诚信里新建工程、天津东丽区示范中学图书馆报告厅工程、空客A320天津总装线物流中心工程、紫江馨苑新建项目等。获市级住宅示范工程1项、金奖海河杯奖5项、结构海河杯奖4项、市级文明工地6项、优质工程4项、海河杯优质工程1项。连续多年获得市、区级先进施工企业，AAA企业称号及市级重合同、守信誉单位。2009年通过ISO 9001:2008、ISO 24001—2004、ISO 28001—2001三体系。

金融机构 1948 年 12 月 22 日，咸水沽镇刚解放，天津县银行支行便成立，行址设在咸水沽，后迁往灰堆。1952 年天津农商银行津南中心支行在咸水沽镇建立。1953 年 5 月，建立人民银行南郊区办事处，行址在咸水沽。1979 年 4 月，农业银行南郊区办事处在咸水沽挂牌成立。改革开放后，经济不断发展，随着人民生活水平的提高，居民储蓄和信贷业务持续快速增加，金融机构抢滩到咸水沽镇落户。1985—2000 年，中国工商银行、中国建设银行、中国银行、中国交通银行先后入驻咸水沽镇。邮政储蓄业务自 1986 年恢复开办。2001—2018 年，兴业银行、中信银行、北京银行、天津银行、津南村镇银行、民生银行、齐鲁银行、浙商银行、大连银行、渤海银行、渤海农商行、锦州银行、上海银行、光大银行、广发银行、哈尔滨银行、浦发银行、天津滨海扬子村镇银行、平安银行、招商银行等也在咸水沽镇挂牌营业。至 2018 年，在咸水沽镇落户的银行达 28 家。另外，人民保险公司、中保财险、中保人寿、平安财产、太平洋财产支公司和太平人寿、新华保险等保险公司也都落户咸水沽镇。这些金融机构使咸水沽镇居民的生产生活更加便利。

农业银行津南办事处大楼（2019年）

文化名镇

鎮

咸水沽镇有着深厚的文化底蕴。“大驾”皇会、寺庙文化已有数百年历史。北洋海下文武高跷、海下同善文武高跷、海下同乐高跷、麦秸画、工艺面塑是天津市非物质文化遗产。其中，北洋海下文武高跷和海下同善文武高跷已申报国家非物质文化遗产。80年代后，绘画书法、文学诗词、牌匾楹联进一步普及。流传千百年的文物、民间艺术、民间传说故事等彰显出古镇的文化。周汝昌《红楼梦》学术研究受到毛泽东主席肯定。进入21世纪，文学创作进入繁盛时期，有小说、诗歌、散文等作品发表在《天津日报》《今晚报》《中国楹联报》等刊物上。在历届由天津市文化局主办的全国“文化杯”小说、散文、诗歌、楹联等大赛中，古镇的作品频频获奖。

从2005年开始，咸水沽镇每年举办一届文化艺术节，贯穿全年开展丰富多彩的活动，2005—2017年，全镇共组织各类重大节日品牌文化活动860场次。其中，每年举办的元宵节秧歌花会踩街活动、文化艺术节开幕式演出和七一、国庆节大型文艺晚会等系列活动，把咸水沽镇群众文化活动推向高潮。

北洋海下文武高跷在北京怀柔拍摄电视剧《小站风云》时的情景（2010年）

红学研究之家

著名红学家周汝昌亲兄弟五人，震昌（早逝）、祚昌、泽昌、祜昌、汝昌。弟兄们都是爱好文艺的人才，大哥震昌生前弹得一手好风琴，二哥祚昌因善吹箫，外号“老箫”，三哥泽昌拉得一手好京胡，四哥祜昌是演奏三弦的高手。

周汝昌和四兄周祜昌终身研究《红楼梦》，他们自幼受家庭文化的熏陶。其母亲李彩凤是咸水沽镇北洋村人，小时没有女子学校，父亲教她读书识字，能读写“三百千”、《论语》等书籍，也能默背。结婚后，堂兄来看她，还捎来一本线装《石头记》。她通读之后，经常给周汝昌兄弟们讲书中故事。这些故事令小小的汝昌兄弟听得非常入迷，使他们从小就知道《红楼梦》。在其父周景颐的全力支持下，周家形成学习、研究红楼梦的氛围。

1947年，周汝昌考入燕京大学，学习外语，自研古文，毕业后转入中文系深造。

周祜昌（左）、周汝昌兄弟在研究《红楼梦》　　周长庚　提供

1948 年，周汝昌发表研究《红楼梦》的论文引起人们的注意。

周汝昌（1918—2012） 周汝昌字禹言，号敏庵，后改字玉言，别署解味道人，曾用名念述、茶客等。中国著名红学家、古典文学研究家、诗人、书法家，是继胡适之后中华人民共和国红学研究第一人，考证派集大成者，被誉为当代“红学泰斗”。他是全国政协第五、六、七、八届委员，燕京研究院董事，文化部中国艺术研究院终身研究员，和平统一促进会理事，中国作家协会会员，作协代表大会会员，中国曹雪芹学会荣誉会长，河北省曹雪芹研究会名誉会长及国内多家文学艺术团体顾问，也是美国鲁斯基金会学者，入选英国剑桥世界名人录，著有《红楼梦新证》《曹雪芹传》《石头记会真》等 70 多部学术著作。

周汝昌 1918 年出生于咸水沽，幼承家学，少年就读于南开中学，1939 年，考入燕京大学，时逢第二次世界大战爆发，学校停课。1947 年，再次考入燕京大学。1948 年，因发表研究《红楼梦》的论文，结识胡适，得见甲戌本《石头记》，从而引发对曹氏原著真本《石头记》的全面研究与汇校工程。《红楼梦新证》是他的代表作，是一部 39 万字的巨著，为研究小说《红楼梦》产生前后的具体政治背景提供了很多珍贵资料；对曹雪芹家世事迹的考证也提供了丰富的材料；对《红楼梦》的思想内容、艺术特色及曹雪芹的哲学思想、人生观等问题，均有论述。《红楼梦新证》的出版，奠定了周汝昌在学术界的地位。毛泽东曾对此书给予评价。1976 年，由人民出版社增订再版。

1952 年，周汝昌在成都华西大学任教，翌年调入四川大学。1954 年，奉中共中央宣传部特调，到人民文学出版社任编辑，从事古典文学的整理出版工作。是年，他校编并作序的《三国演义》出版发行。其后，奉命校印出版与自己学术观点相对立的程乙本《红楼梦》。1963 年参加中国作家学会。1967 年下放到湖北干校。1970 年，周恩来总理专函湖北军区司令部，点名调周汝昌回京工作，因得返京。1974 年，调任中国艺术研究院研究员。

中共十一届三中全会后，校刊《红楼梦》的夙愿得偿，于 1985 年与兄周祜昌合作校汇《红楼梦》，出版《石头记鉴真》，2004 年出版《石头记会真》十卷本。他早年曾做过鲁迅《摩罗诗力说》的英译，发表过晋陆机《文赋》和唐司空图《二十四诗品》等古典文学的研究理论，并对《文赋》和《二十四诗品》及其研究做过英译，还曾致力禅学与文艺关系的研究；其后，校注《范成大诗选》，选注《杨万里诗选》等诗词、赋文，与顾学颉合著《白居易诗选》，其他著作还有《曹雪芹》《书法艺术答问》《石头记人物画》《红楼梦散论》《曹雪芹与红楼梦》，还有诗词杂文等作品。

1986 年，以鲁斯学人身份应邀赴美国等国家讲学一年，在普林斯顿大学、哥伦比亚大学等大学讲学，介绍中华文化。

90 年代，担任电视连续剧《红楼梦》文学顾问。1992 年始，应邀为联合国驻华机构工作人员、外国驻华使馆工作人员及其夫人讲解《红楼梦》与中华文化。2004 年、2008 年，应邀在中央电视台《百家讲坛》栏目演讲《红楼梦》及其他名著。

耄耋之年，周汝昌患有严重眼疾，仍甘于清贫，勤于著述，有大量著作问世。2007 年，适值周汝昌九十华诞，刘延东等中央领导登门致贺。2010 年，成为中国艺术研究院首批终身研究员。

2012 年 5 月 31 日，周汝昌因病逝世，享年 95 岁。

周祜昌（1913—1993） 1913 年生于天津市津南区咸水沽镇。曾就读于南开大学，早年在天津浙江兴业银行任职员，解放后在天津市南郊区咸水沽供销社工作，后担任南郊业余中学教师。一生倾心红学研究，做了大量校勘考证工作，与弟汝昌合著《石头记鉴真》《石头记会真》。曾任区政协第一届至第四届委员，文史资料委员会委员。1993 年病故。

祜昌深知自己的天分、学识、才能与汝昌相较甚远，所以甘愿让弟弟统全局、定方向、搞策划、做决断，自己做辅助、当下手。汝昌的论文，他不言声就工楷誊清。汝昌远调四川，出版社要刊印《红楼梦新证》。这部书稿中的大部分内容，是由汝昌在燕大图书馆研读资料时，用大小不一、宽窄相异的纸条，随手记下的所思、所想、所录。写书时周汝昌用到哪条贴哪条，整部书稿宛若僧人的“百衲衣”，是周祜昌一笔一画工楷抄清的。1974 年，周祜昌到京，帮周汝昌重新整理《红楼梦新证》，扩容一倍增至 80 万字，完成了这一繁杂而艰巨的任务。

随着时间的推移,《红楼梦》古抄本逐年有所发现，后来已达十余种，分散藏于北京各个图书馆中，这本书的抄录、对照，比以前更加困难。周祜昌只能抓紧寒暑假的每一天，在各图书馆之间往来奔波，把不同抄本字句的异同录清楚，其工作量之大、之难，简直难以想象。更难的是这不单纯是一项技术性的“校勘”，而是如周汝昌说的那样:“从复杂万状的真伪、是非、正误、高下、优劣、精粗中去识别，去解‘九连环’，去梳乱丝，从百样讹错窜乱中找出雪芹的原文来。这是一种高层次的工作，包括高度文化水平与审美能力。一字之微，也关系着雪芹的头脑、心灵、笔墨、才华、品格，是高深的课题。这不是儿戏，更不是文人雅士的消闲解闷，所谓‘胜于博弈’的勾当。这是一项关系着全民族文化素质的大事。”周祜昌为红学研究，付出了自己的全部智慧和心血。

附：

海河边的老哥俩——周祜昌和周汝昌

周建临

（周汝昌之子）

海河湾里沽上周氏，是当地的一个有文化代表性之家族，而且有这么一个家世遗传的特点：历代诞生喜爱艺术的人才，包括书画、音乐、民俗、戏剧、园林、文物，这家人无所不涉。周景颐先生这一辈子生有五子，长子英年早逝，二子、三子学习生意经商，下面的四子周祜昌、五子周汝昌一心向学，弘扬中华文化，成为在《红楼梦》研究中立下历史功绩的人物，不只名扬海内外，更得到一些文化前贤以及毛泽东主席、周恩来总理、胡耀邦总书记、温家宝总理的关怀爱护、大力支持。天津故乡更引以为荣，周汝昌高中毕业的中学（现名实验中学）在广场立有周汝昌的铜塑像，姿态为坐在椅子上冥想，周围绿草如茵，地上有随意摆放的铜制书册，雕像背景是铜制仿古花窗，上镌有铜字为周汝昌手迹“借玉通灵存翰墨，为芹辛苦见平生”。故乡咸水沽也在2004年建立了“周汝昌红楼梦学术馆”，有一尊站立铜像矗立。

祜昌、汝昌年龄差六岁，差距最小，在一起长大的时间也最长，真是形影不离。这一对兄弟虽然在性格上不尽相同，但是爱好、志愿上都密合无间，他们好像有谈不完的话，无论是前尘往事、未来理想、种种情事、般般遗憾——一句话：相投相契。

四哥特别喜欢汝昌这个弟弟，因为弟弟自幼聪慧过人，受到亲友、在校老师同学的一致称赞和青眼相待，哥哥明白表示自己不及弟弟，因此，就从各方面来关怀他，给弟弟买书、订杂志，二人又都有音乐、戏曲的“迷症”，哥哥在一个银行里当职员，自己节衣缩食，存一点钱买一件乐器：胡琴、四胡、乐琴、大三弦、小南弦等，日久天长挂满了春晖里老宅的南屋墙。

两兄弟就这样相濡以沫、不离不弃，哥哥最希望最盼望的是“恭承骨肉惠，永奉笔墨欢”。弟弟要到北京燕京大学读书了，兄弟二人都依依不舍。哥哥在弟弟读书期间还寄些钱给弟弟做费用，弟弟也真是争气，一进学校就因为学业优秀而准免大学一年级的国文和英文二项课程。入了大学之后，这弟弟竟然得到很多文坛大师如胡适之、钱钟书、顾随、张伯驹等学界前辈的提携与不弃，连外国教授都夸奖他英语水平出众。当哥哥得知弟弟的这些消息，甚至比弟弟还要高兴万分。哥哥知道弟弟已走上为学的道路，便告诉弟弟说，胡适之研究《红楼梦》而寻觅不见曹雪芹好友敦敏所著的《懋斋诗钞》，督促弟弟多多留心、努力搜寻。万万没有想到的是，在燕大图书馆就静静躺着这部无处寻觅的《懋斋诗钞》，借书单上第一个留下姓名的就是周汝昌。由于《懋斋诗钞》的发现，开启了兄弟二人六十余年的“研红生涯”，也引来曹雪芹文学大师所说的“炎凉荣辱、悲欢离合”的种种故事。

自从上一个戊子年（1948 年）起,《懋斋诗钞》的发现，使红学消沉、停顿数十年之后又诞生了新的生机。周汝昌在报纸上发表了有关曹雪芹生卒年新论文，引起胡适之先生的重视，并以书信方式和周汝昌进行交流，进而把重要红学书籍和稀世之宝甲戌本《脂砚斋重评石头记》借给这位学子看，足见器重。这本最接近曹雪芹原手稿的《红楼梦》从北京到达咸水沽哥哥祜昌的案头时，是兄弟俩第一次看到这本与世间流行俗本大大不同的珍贵甲戌年批阅再评本，面对着黄脆的纸张，兄弟俩立下了研究曹雪芹、追寻研究曹雪芹真正《红楼梦》的雄心大志。利用暑假近两个月时间，哥哥用蝇头小楷将甲戌本整个抄录了一个副本，并用朱墨抄写脂砚斋批语，父亲看这两个儿子如此用功，也送来小端砚以助抄录。哥哥又亲自写了《红夏钞书记》，成为一份十分珍贵的史料。

次年，弟弟写了一篇最为重要的学术论文，名为《真本〈石头记〉之脂砚斋评》，写完拿给哥哥看，哥哥一见之下惊喜异常，自己找出手边最好的纸张，坐在屋里用毛笔一笔一画将此论文工楷录成，当把此稿给弟弟看时，连弟弟也吃了一惊，非常感谢哥哥的一番情意。哥哥告诉弟弟说：“你不用过意不去，我抄文不是劳苦，我愿意这么写，写每一笔都非常高兴。”又用牛皮纸装订好，其时间是 1949 年夏天。汝昌弟暑假后把这份稿子交到学校的燕京哈佛学社学报编辑处，没有想到这位在校学生的冒昧投稿，竟然立刻被校方重视并发表于

1949 年 12 月 37 期《燕京学报》，这是周汝昌第一篇引起国内外重视的重要论文。从此弟弟汝昌便大量收集资料，决心弄清作者曹雪芹的家世生平，以此探寻他“字字看来皆是血，十年辛苦不寻常”的著书缘由，决心研究脂砚斋其人及其批语，这对研究认识迷失的后四十回《红楼梦》起着至关重要的作用。追寻各种古抄本《石头记》等等一切都是为一部红学著作做着准备工作，哥俩经常交流研究成果，不断探讨追求，渐入佳境。

1948 年是兄弟二人决心研究红学的一年，因此具有重要的纪念意义。从此，弟弟汝昌便开始“红海波澜”的资料追寻，废寝忘食、孜孜以求。资料上若有收获、发现，第一时间一定要告诉祜昌哥哥，以鱼雁之传书、得共享之欢乐，真应了这句“恭承骨肉惠，永奉笔墨欢”的意境。

时光荏苒，箭羽流光，弟弟汝昌在燕大读研究生还差一年毕业之时（1952 年），便接到四川大学的特聘邀请书，希望周汝昌能到该校教授英语课程。燕京大学很支持周汝昌去四川任教，并言：只要到时交付研究生毕业论文即可。兄弟俩依依不舍，正像弟弟写过的诗词句中的“曾把销魂作断魂，如今真个是离分……”两人促膝长谈，回忆往事。

《红楼梦新证》一书是弟弟的成名之作，鲜有人知的是此书实是一部“半成品”，许多待查的书籍因为种种琐事而耽搁下来，他却匆匆入蜀。1952 年，有消息说，书要出版，弟弟远在“蜀道难难于上青天”的四川，那时候没有火车铁路相通。弟弟只能拜托哥哥把他粘满纸条碎片的书稿一字一句地抄录一遍，连自己过目的工夫都没有就匆匆交稿付印了。

1953 年，中共中央宣传部下调令请弟弟汝昌回北京工作。从此往后，两人发愿整理一部最接近曹雪芹原著《红楼梦》，揭露高鹗伪续《红楼梦》后四十回书的工作相继展开。

1974 年中央索要《红楼梦新证》一书，弟弟汝昌将自己珍藏的第三版唯一的一部递交上去，事隔不久国家出版局领导传达“中央需要《红楼梦新证》，希望你同意重印，快出。”为了能增订大量资料，弟弟又特函邀请四哥来京相助，这是一次时间最长、收获最丰的重要聚会，小规模地实现了“机云入洛”瓦屋三间的理想。那时工作方式是弟弟在屋内负责书写，哥哥则带着干粮到图书馆去寻找选录资料。有一天共同检查增订规模和收获，发现在古抄本部分有一个重要主题，即有正书局戚序本是最早印出的八十回最完整的古抄本，唯独这个本子没有专门介绍；四哥上午外出，弟弟在屋里写介绍戚序本的文章，待到四哥下午归来弟弟已经将一摞稿纸交给他，此举让四哥惊讶不已，见这么快就把戚序本论文写好甚是欣喜快慰，自言自语道："这真是国宝呀！"对弟弟十分佩服。

1986 年的上半年，弟弟太忙了，因为哈尔滨要开国际红学会；学友们编纂的《红楼梦大辞典》正处于最复杂、也是最重要的阶段；北京图书馆要影印蒙古王府本《红楼梦》需写一篇序言；还有高校方面的多种稿件、信函等要答复，这下子弟弟忙不过来，赶紧专函到津请四哥来北京助一臂之力。四哥接信后欣然到来，那时止值暮春季节，蒙蒙柳絮、扑面沾衣，清和之气袭人。弟弟见哥哥依约到来，高兴非常，两人为给影印蒙古王府本作序而忙碌起来。当然，论点、看法、执笔主要属于弟弟所为，与哥哥是商讨看法有无不妥之处。另一方面哥哥要代查《清史稿》，查找有关佟氏（清代有佟半朝之称）的记载，弟弟怀疑在众多脂批当中是否会有佟氏后人若干的批语，需要与脂批加以审辨。于是四哥找到资料，二人商量列一个佟氏世系表；二人通力完成了蒙古王府本的序言。这次会晤的纪念就是兄弟俩起了一个堂名"棠絮轩"，海棠、柳絮既代表当时的季节，又是书中史湘云的象征。

年复一年，四哥每年抽空来京抄写、整理各种版本的文字工作，直到 1986 年完成抄定稿，弟兄俩商定名为《石头记会真》。1987 年"又是一年槐花香，四十载花落又花开，见证了四十年间常人难以体会的'为芹辛苦'，见证了四十年常人难以理解的'痴心真意'。……为节省纸张花销，兄弟悉数搜罗各色纸张，正面印有表格、图案者皆用背面；所有纸张皆祜昌一手裁制，一手线缝装订，此一项便费时费力，况手录几百簿书稿、过千万字。一村叟弱躯，一力完成。何谓痴？一生无欲无求，只为一个信念，一辈子只做一件事"。

为了能早日敲定真本《红楼梦》的文字，弟弟周汝昌于 1989 年重回故里与兄再次合作，逐字细细研究、敲定，排列了异文，做重大取舍工作。由于弟弟眼睛患病、耳朵重听之故，兄弟间的校字定稿只能采取"一读一听"，哥哥祜昌手拿书稿逐字逐句将异同读与弟弟听，共同商讨来定字定句。由于时间短暂，兄弟俩又携手京华继续工作。

1991 年是兄弟俩人在京城的最后一次"聚首校红"时光，这一年哥哥已八十岁高龄，弟弟也已七十四岁。在相聚工作的两个月里，借住的工作室里挂上了两人最喜欢的钱惠安杨柳青的木版画。在电风扇的吹拂下，画随风动、飘飘欲仙，十分得意。由于问题繁多，两人只对清定稿至二十七回文字，哥哥在与弟弟分手回天津之际，还说："我明年再来。"但是，人间万般事物似皆为天意所限、再聚无期。1993 年 2 月 25 日传来四哥辞世的消息，弟弟悲痛万分，他说："我与四哥祜昌，几度陷于涸辙，几度相濡以沫，多少春秋形影不离，当时言笑弦歌，春灯腊鼓，苦中之乐，劫后之悲，言之何能尽其万一。我们是患难兄弟，学途密友，相知相契，过于一般手足之情。……他为寻求真理，几乎耗尽了所有的力量，他的后半生就是为了《石头记会真》而奋斗到底的。只说一手抄写之工，已逾千万，这是常人万难荷担的沉重担子，而他竟以八旬之弱躯，一力完成了这项崇伟的巨业！……祜兄耗尽了他一生的心血和精力，他溘然长逝了。我至今不大能相信：这个与我不能分离的人，怎么就没有了？他分明在沽中活着——我上次还看见他……但是，祜昌的信札，再也来不到我的书案了。我还在盼着……愿我们兄弟若有来生，仍为兄弟。""会真"稿在周汝昌的女儿兼秘书周伦苓的协助下，终于完成，得以慰哥哥周祜昌的在天之灵了。样书前两册在 2002 年 10 月 19 日送到案前之时，弟弟面对着这两册《石头记会真》百感交集，不能自已，速写抚亡兄诗要侄儿在四兄坟前焚化。诗云："携手从事，誓志唯坚。风雨如晦，至辛至艰。今日见书，五十四年。亦喜复悲，展卷泫然。兄当含笑，英灵在天，数语敬告，难到坟前。"当十册巨著《石头记会真》真正面世，又是两年光阴。弟弟又写诗曰："五十六年一愿偿，为芹辛苦亦荣光。几番浩劫邪压正，百世沉冤绿转黄。大化无忧文照耀，微诚有幸力惭惶。最怜棠棣情难尽，故里春晖断雁行。"2007 年 3 月，老哥俩精校的《红楼梦》由人民出版社出版，引起社会轰动。弟弟又给哥哥写了《遥祭四兄》："墓前一恸尚无从，且献新书腊祭供。大业圆成花甲满，微怀未改弟兄功。八千里路云随月，五世门庭和伴同。此日洛阳真纸贵，欣看开岁大家红。"

海河边上老哥俩的学术伟业，传遍了大江南北、世界各地。弟弟周汝昌在沉痛哀悼四兄辞世十五年内，每年都有新的研究著作出版，家乡的父老乡亲都以老哥俩的事迹为荣，口口相传、津津乐道。为此之故，写一段真实的历史，这就是古人常说的过去的"故事"。

非物质文化遗产

咸水沽历史上地扼水陆交通咽喉，向为京畿重地、海运枢纽。明末清初咸水沽已成为津沽名镇，文化底蕴深厚。

为保护留住历史文化原貌，镇文化资源保护工作者在镇党委、镇政府领导下，加大对“非遗”的普查和保护工作，取得显著成果。至2018年，咸水沽镇有2个项目申报国家级非物质文化遗产名录，它们是海下文武高跷和海下同善文武高跷；有5个项目被列入天津市非物质文化遗产，分别是海下文武高跷、海下同善文武高跷、海下同乐高跷、麦秸画、工艺面塑；有14个项目被列入区“非遗”代表作项目名录，分别是罗氏五十四枪、青萍剑、中医艾灸直接灸疗法、林氏剪纸、孙氏螳螂拳、孙氏八极拳、董派京东大鼓、传统李氏鸟笼制作技艺、传统葫芦制作技艺、寇氏小儿推拿、核桃工艺、宋氏彩绘雕刻葫芦制作技艺、徐氏骨科、永乐高跷。

北洋海下文武高跷 天津津南区北洋码头村的文武高跷会已有百余年历史。旧时因从市区有海大道直通大沽口，旧称津南一带为“海下”。从清末民初的沈七爷、张武浩、董贺莲、袁风才至解放初期的李少鹏，海下文武高跷已有四代传人，其特色是文武兼备。海下文武高跷在木腿上有长短之分，武高跷要比文高跷矮一些。表演器具有腿子、行头、道具、头棒、腰鼓、铙钹等。基本特征为唱舞结合，倒立劈叉都能在表演中体现出来，是区别于其他高跷形式的最大特点。该高跷表演需要14位演员，角色有头棒、卖豆鹦哥、青杆儿、渔翁、白

2007年天津市文化局颁发给海下文武高跷的“天津市非物质文化遗产”标牌

杆儿、公子、樵夫、坐子、傻妈妈、傻儿子、双锣、双鼓。角色个个有唱段，从《八仙庆寿》开始，到《渔樵耕读》结束，其中独唱 26 段、合唱 6 段、对唱 7 段，合计 39 段。节奏有抒情的慢板、对唱的中板、感情激烈时的快板。其唱腔既有南方温柔的特点也有北方粗犷的风格，是天津历史上漕运文化、码头文化所体现出南北文化交流的佐证。20 世纪 50 年代，作曲家瞿希贤曾随中央民族歌舞团到津南地区采风，对海下文武高跷的唱腔给予这样的评价："既有北国豪放粗犷的风格，又有徽调的温柔抒情成分。"红学泰斗周汝昌曾对北洋高跷的研究者说："海下文武高跷的唱腔是乾隆古曲，非常宝贵。"

1995 年，海下文武高跷会正式参加国家和天津市演出；1995—1996 年，在北京"北普陀"获全国花会大赛二等奖；1997 年，在天津乐园参加"庆祝香港回归"花会展演；1998 年，参加北京大兴西瓜节表演；2000 年，参加天津世纪钟的落成表演；2002 年，参加天津乐园民间花会比赛；2003 年、2004 年，参加北京服装节的表演；2007 年，参加天津电视台《四季风》栏目的录制；2008 年，参加第四届中国天津妈祖文化旅游节表演，同年获得天津市津南区"金棒奖"。2010 年 6 月 12 日是全国第五个"非物质文化遗产保护日"，海下文武高跷会参加在静海县西双塘举办的天津市非物质文化遗产宣传展示活动。2013 年，天津海下北洋正忠文武高跷文化传播有限公司成立。

海下文武高跷传承人：第一代传人，沈文印（清同治年间）；第二代传人，张武浩、

海下文武高跷在表演（2018年4月）

王子娄（清光绪年间）；第三代传人，袁风才、董贺莲（民国时期至解放初期）；第四代传人，李少鹏（生于 1930 年故于 2015 年）；第五代传人，崔锦山（2009 年至今）。

北洋海下文武高跷39段唱腔一览表

表4

序号	名称	序号	名称	序号	名称
1	八仙庆寿	14	白猿偷桃	27	骆驼歌1
2	大对答	15	翁姑拿鱼	28	骆驼歌2
3	二对答	16	行路歌	29	骆驼歌3
4	小对答	17	鹦哥好贪玩	30	骆驼歌4
5	樵夫下山坡	18	行路风雨歌	31	十针扎
6	坐子命儿薄	19	逛花园	32	鹦鹉对答
7	渔翁八十多	20	老虎学艺	33	大吉祥
8	渔翁八十三	21	劝人歌	34	号佛1
9	渔人得利	22	八大黑	35	号佛2
10	公子逃学	23	八大白	36	笑满怀
11	公子用眼瞟	24	妈妈寻人	37	高高的山上
12	大会亲家	25	妈妈逛花园	38	公子游洼
13	神光曲	26	锣靠鼓，鼓靠锣	39	渔樵耕读

海下同善文武高跷 产生于胜利村，起源于明代，兴盛于清代，至今已有数百年历史。胜利村地处海河南岸、津沽路南侧，原为海河码头，交通发达、便利。同善一词来源于当地慈善堂，后改名为同善堂。其表演形式文武结合，传承至今的“打棒”为双套腿。表演通常在礼拜庙宇、参拜会头、开业庆典时进行。该高跷的唱词传承至今共有 10 余段，合唱有《八仙庆寿》等；单独唱段有傻妈妈与傻儿子唱的《逛花园》，渔翁唱的《捕鱼经》等。高跷演员个个身怀绝技，表演时边唱边打，全部棒数根据武术套路演化而来共 48 套。清时期，同善文武高跷第一代传人张波随大船到营口学习交流高跷艺术，提升了同善文武高跷的水平。

据传乾隆年间，有一年农历四月二十日（药王爷生辰），乾隆帝乘船去大沽口检阅海防，途经咸水沽，适逢各路花会接药王圣驾活动，乾隆得知高兴，赐予海下同善文武高跷龙旗一面，并附一枚龙票进行赏赐。乾隆所赐龙旗，除有飞龙图案外，还盖有“受命于天 既寿永昌”的传国玉玺大印。因得乾隆帝赏赐大龙旗，每年农历四月二十（药王爷生辰），峰山药王庙（今西青区大寺镇王村）的拜庙活动中，其他花会都要等海下同善文武高跷到会后才能开始拜庙表演。

1996 年，该高跷会参加中国·天津全国民间花会大赛；1997 年，加入天津市广场艺术民间联谊会，被联谊会命名为天津市民间艺术二团，并颁发证书；1998 年，参加第十二届北京“龙潭杯”优秀民间花会邀请赛；2010 年 6 月 12 日，参加天津市非物质文化遗产宣传展示活动，同年 8 月去北京郊区拍摄《小站风云》电视连续剧；2016 年，在中华工商文化发展协会主办的京津冀 2016 年佛光山春节文化月交流展演活动中，获“弘扬中华文化，连接两岸情愿”的锦旗。

张波是海下同善文武高跷的先驱，他培养了一代又一代的高跷艺人。现第四代传人张永环致力于海下同善文武高跷的传承与发展，同时内容有进一步创新。2009 年 8 月，海下同善文武高跷列入天津市第二批非物质文化遗产扩展项目名录；2011 年，张永环被列入天津市第二批非物质文化遗产项目代表性传承人名录。

海下同善文武高跷的第一代传人为张波，傻妈妈的扮演者；第二代传人为田真，上事公子的扮演者；第三代传人为邓子合，儿子的扮演者；第四代传人为张永环，彩锣的扮演者，张永环的表演从 1990 年至今。

海下同善文武高跷在台湾高雄佛光山表演（2016年2月23日） 尹红阳 摄

海下同乐高跷　海下同乐高跷历史悠久。据天津河西区文史档案、津南区文史资料中的周祐昌、周汝昌兄弟俩撰文记载，“同乐高跷”传统源出天津卫灰堆，后传入咸水沽，周汝昌的伯祖周锐创建“海下同乐高跷老会”。清同治年间周锐去世，由周汝昌的祖父周铜主持资助，并担任会头。至此，海下同乐高跷代代相传，至今已有170多年的历史。

现在的同乐高跷会由14位演员组成，有12个角色：头棒、卖豆鹦哥、渔翁、青杆儿、公子、白杆儿、樵夫、坐子、傻儿子、傻妈妈、双锣、双鼓。从扮相到表演借鉴了京剧、昆曲等曲艺表演程式。表演时，集体表演有串四门、拉骆驼、套花篮、单加篱笆、双加篱笆、月牙篱笆、五角子等；配对表演有头棒与卖豆鹦哥、渔翁和青杆儿、公子与白杆儿、樵夫与坐子、傻儿子与傻妈妈形成的“双棒短打”“樵夫一步三搁楞，鹞子翻身大换身”“喜怒哀乐老渔翁，扑鱼，抖髯，对眼儿”“傻公子的文武扇”“俊鼓乱七点，刀枪架，踢大带”等。表演内容是旧时百姓渔、樵、耕、读等生活场面，富有浓厚的生活气息，与

中央电视台在天津天后宫现场直播同善文武高跷表演前工作人员合影（2019年2月19日农历正月十五）

第八代高跷队成员在表演（2012年）　王欣鹏　提供

第八代高跷队成员正在为表演化妆（2012年12月）
王欣鹏　提供

百姓生活息息相关。该会 1976 年恢复演出；1978 年，参加津南区花会大赛获一等奖；1981 年，参加天津市春节联欢晚会；1990 年，参加津南区大型文艺展演；1995 年，参加北京龙潭庙会获得优秀奖；1996 年，参加天津市北宁公园消夏文艺晚会演出活动；1997 年，参加津南区迎接香港回归艺术节大型文艺演出活动；1998 年，参加白洋淀国际旅游节活动；1998 年，参加天津市举办的国际民间艺术节开幕式；1999 年，参加天津市估衣街踩街祈福活动；2005 年，参加天津市人民公园慰问抗战老兵活动；2006 年，参加天津市二宫民俗展演活动；2007 年，参加天津皇会展演；2010 年，赴山西参加正月十五闹元宵民间花会展演大型活动；2011 年，赴上海参加《十二金钱镖》电视剧的拍摄；2013 年，参加天津市春节联欢晚会；2016 年，参加首届京津冀地区民间花会展演活动。

前三代传人不详。第四代传人为周铜，将京剧、昆曲等曲艺表演形式糅合在高跷表演中；第五代传人为李德兰，扮樵夫的演员；第六代传人为李象生，生于 1930 年 7 月 6 日，卒于 1998 年 3 月 25 日；第七代传人为李象清，生于 1965 年 6 月 27 日，演员；第八代传人为于振，生于 1982 年 10 月 31 日，是会头、组织者、演员。

王天庆麦秸画 天津麦秸画始创于清道光年间，为津南区独有的传统民间艺术，是天津市非物质文化遗产保护项目。该项目第三代传承人为王天庆。

王天庆 1945 年生于咸水沽镇，天津市第五电表厂退休干部。天津市文博学会民间收藏专业委员会委员，高级工艺美术师。中国国际艺术家协会终身艺术顾问，天津麦秸画、麦秸浮雕、麦秸雕、中国玉米皮画首创人。

天津麦秸画第三代传承人王天庆（2020年5月）

1990 年，王天庆开始致力于谷草艺术的探索与创作，首创具有浓厚民族特色和淳朴田园气息的谷草艺术流派。其麦秸画古朴典雅、形象逼真，立体感强，被誉为津门民间艺术绝活。他的麦秸秆创作，小到把玩于掌上的十二生肖首饰盒，大到颐和园佛香阁、黄鹤楼微缩模型。1993 年他从立体创作转向平面创作，麦秸画应运而生。他参照树皮画、布贴画、木板烙画、剪纸等技艺，解决了麦秸画的颜色过渡、粘贴、护膜、装裱等难题，总结出花卉、动物、人物等画面的特殊处理方法，麦秸画工艺日趋完善，创作出“富贵和美”“南疆春早”等经典作品。王天庆的麦秸画画面逼真，在全国麦秸画领域独树一帜，获评为上海大世界基尼斯“数量最多的麦秸艺术作品”。近年来，他又尝试用玉米皮作画，采用托、烘、熨等方法，做成了湿而不卷、燥而不裂的玉米皮浮雕画，深受美国、日本、韩国、新加坡等国友人的青睐。

中央电视台、天津电视台、科技部先后摄制多部专题片在全国播放，引起极大反响，北京、天津、香港、澳门、台湾的多家媒体多次予以专题报道，影响颇大。王天庆的作品多次在中国民博会上获奖，入编《中国传统民间工艺》《大世界基尼斯纪录大全》《中国民间艺术名家指南》等专业书刊。天津市邮政发行《王天庆麦秸艺术》个性化邮票一套、作品明信片一枚，他的作品首批入选天津市民间艺术展示中心，他本人曾接受中央电视台专访。

2003 年 12 月 21 日，王天庆的作品入选上海大世界基尼斯之最；2004 年 2 月，其事迹被载入《天津 600 年纪念》一书；2007 年，麦秸画、玉米皮画，获上海大世界基尼斯“中国之最”称号。王天庆先后被中国国际艺术家协会和纽约全球艺术家联盟授予

王天庆麦秸画作品（2021年5月）

“德艺双馨艺术家”“全球艺术家”称号。

2018 年 3 月 22 日，王天庆、王泽立父子麦秸画艺术展在天津市群众艺术馆展出，获得社会各界良好赞誉。

麦秸画的第一代传承人为刘宝珅，第二代传承人为刘玉德（刘宝珅之女），第三代传承人为王天庆（刘玉德之孙），第四代传承人为王泽立（王天庆之子），第五代传承人为王煜（王泽立之女）。

宋彦艳工艺面塑 面塑艺术是中国特有的民间手工技艺，在中华民族的民俗中占有重要的位置。咸水沽镇工艺面塑的代表人物是工艺面塑第四代传人宋彦艳。宋彦艳，女，1975 年生于咸水沽镇，是天津民间文艺家协会会员、天津市妇女编制协会会员、天津民俗文化协会会员、天津收藏协会会员。面塑艺术在汉代就有文字记载，经过几千年的传承和经营。宋彦艳自幼随姨姥学习这一传统技艺，后拜访名师，成为天津面塑大师王玓的弟子。她以传统工艺为基础，将工艺面塑这种独具特色的民间艺术，再开发出案头摆件、壁挂、葫芦内面塑

宋彦艳在进行面塑制作（2020年5月）

宋彦艳工艺面塑作品（2020年5月）

挂件等多种形式，表现当代生活。其制作的面人经久不霉、不裂、不变形、不褪色。北京奥运、汶川地震、抗战英雄等题材的作品得到多家媒体采访报道，被外国友人称为是“中国的雕刻艺术”。2008 年，参加滨海·津南首届民俗文化艺术节，作品大受欢迎。作品《麻姑献寿》入选“2010 年天津民间工艺展览”并获优秀奖。

工艺面塑的第一代传承人为勾门段氏（1876—1962），女，汉族，山西运城一带人士；第二代传承人为勾素珍（1904—1987）；第三代传承人为林树兰（1936—2004）；第四代传承人为宋彦艳（1975 年至今）；第五代传承人为宋华晓（2004 年至今）。

教育

中华人民共和国成立前 清末民初咸水沽有私塾七八家，其中较有名气的是镇东头“庆发永”杂货店旁的私塾房。随着新式教育的兴起，私塾衰落，有的私塾改为私立小学。咸水沽最早的小学始建于 1906 年，初名天津县民立第二十一小学，由清代户部郎中韩印符捐款所建。校舍有 5 个教室，地点在现在的新兴路，有 4 个班，高级班 1 个，学生 6 名，初级班 3 个，学生 90 名，教师 4 名。1923 年至 1937 年，改称天津县公立第十二小学，4 个班，学生 150 多人，教师 4 名。著名红学家周汝昌就是咸水沽公立第十二小学毕业的。1937 年 7 月至 1945 年 8 月日伪统治时改称为咸水沽镇立小学，期间学校遭到严重破坏。校舍在 1939 年大洪水中倒塌，后在原校址进行简易重建。1940 年在咸水沽原五街处建立有 5 个教室的天津县中心小学，解放前夕发展到 250 名学生，15 名教职工。有些商人募捐在原耀华大队旁建一所有 4 个教室的私立承德女子小学，有女生 100 多名，1945 年后解散。咸水沽人王庾陶曾成立私立勇立小学，刘湘樵曾成立私立木兰小学，薄绍曾曾成立私立崇德小学。1946 年，在咸水沽现博文里胡同（原娘娘庙）成立一所保国民初级小学，有 3 个教室，130 名学生，6 名教职工。解放前夕发展到 7 个教室，350 名学生，16 名教职工。1917 年，王致隆在苑庄子村建学校 1 所，有教室 1 间，有教师 7 名，招收本村适龄儿童入学，费用由校方担负。20 年代中期，韩城桥村建天津县私立韩氏小学，由清末郎中韩立生创办，初期只有 2 名教师，40 多名学生。1935 年 1 月，陈雪山、陈兆彬兄弟在四里沽村创办天津县会文小学，1944 年改为天津县私立陈氏小学，解放后改为四里沽小学。1942 年至 1948 年，李汉清在王家场村办起私塾，有学生 20 名，解放前夕解散；1934 年，天津县在南洋村建立完全小学，任课教师均由天津县委派，在校生 60 余人，课程以语、算为主。1940 年后，高小学生到广耀小学上学，南洋村小学保留初小。30 年代，北洋村建北洋小学，名天津县第三十三小学。学校有 4 位教师，学制为 6 年，学生有 60 ~ 70 人。时北洋村还有两所私塾。1940 年，田嘴村的李恩广、张耀先、谢玉章、田绍臣、刘丹古集资 4 万元，创办广耀小学。1942 年，学校扩建，教师文化、业务素质、学校设备等方面都很先进，成为当时天津县的一流学校。

中华人民共和国成立后

成人教育 扫盲：解放初期，咸水沽镇农民 80% 是文盲；1952 年，在各村建立夜校推行速成识字法，45 岁以下成年人积极参加；1955 年，各村组织夜校利用冬闲时间，晚上入学进行集体扫盲；1958 年后，采取多种组织形式进行扫盲；1960 年以后中断；1979 年，镇各村仍有 1162 人是文盲；1980 年，镇多方面组织力量，再次组织扫盲工作，截至 1989 年 10 月文盲只剩 91 人，其中无学习能力的人员 27 人；1990 年 4 月 15 日，经上级领导验收，咸水沽镇扫盲工作合格。职工教育：1952 年由南郊区人民政府教育卫生科，在咸水沽镇组建南郊区职工业余中学，校长周振海，专职教师 7 人，设中学班 1 个 40 余人，小学班 3 个 120 余人；到 1960 年共招收中学班 4 个，小学班 10 个，学员达 600 余人；1960 年停办；1986 年，成立咸水沽镇职工文化艺术培训学校；到 1990 年，开设职工小学班、中学班、中专班、会计班、农业技术班、工厂技术员培训班、养殖班、企业管理班、缝纫班、岗前培训班、商业服务班等，共培训学员 1200 多人，其中大学生 17 名、中专生 103 名，培训工程师 33 名，会计员 104 名；为提升在职干部、职工和农民的文化水平，提高学历，以适应社会和经济发展的需求，开设科目更加齐全、更加科学，1995 年咸水沽镇成立镇成人文化技术学校，教学设备比较齐全，开展各层次岗位培训和实用技术培训，先后举办水稻育秧、蔬菜栽培、淡水养殖、锅炉维修安全、计算机、财政税务、计划生育、商业服务、企业管理等培训班，共培训 3000 余人次。

学前教育 60—70 年代，咸水沽镇有些村办起简易幼儿园。1981 年，在咸水沽镇红旗楼旁建立有 3 个班的咸水沽幼儿园（现名咸水沽第一幼儿园）。到 1983 年已发展到托儿所 14 个，入托儿童 115 名；幼儿班 8 个，入班儿童 300 余人，保育员 17 名，幼儿教师 16 名。1984 年，镇办起民办公助性质的咸水沽镇中心幼儿园。1986 年，被评为南郊区先进单位。1990 年，镇有托幼班 28 个，其中镇中心幼儿园 4 个班、居委会 2 个班、农村 20 个班、家庭办班 2 个，入托入园儿童 793 人，有保教人员 80 人。2001 年，国办幼儿园由 1991 年的 2 个（咸水沽第一幼儿园、咸水沽第二幼儿园），发展为 4 个（咸水沽第一幼儿园、咸水沽第二幼儿园、咸水沽第三幼儿园、咸水沽第五幼儿园），集体幼儿园和个体托幼园所 15 个，入托入园儿童达 1769 人，保教人员 191 人。2018 年有幼儿园 12 所（公办 5 所民办 7 所），另外还有托儿所 38 所。

小学教育 1948 年 12 月，咸水沽解放后把原有三所旧学校合并成天津县咸水沽第一中心小学，共 15 个班，730 名学生，教职工 37 人。1950 年，天津县师范学校从杨柳青迁至咸水沽后，该校改名为天津县师范附属小学，一个主校四个分校，教学班增至 20 多个，学生近 1000 人。1956 年，更名为咸水沽小学，28 个班，1200 多名学生。1958 年，增至 5 个分校 40 个班，近 2000 名学生。1959 年，将咸水沽小学分为两所学校——咸水沽第一小学、咸水沽第二小学。1962 年新建咸水沽第三小学，1973 年更名为咸水沽第一联合小学、咸水沽第二联合小学、咸水沽第三联合小学。1979 年成立咸水沽第四小学。1981 年，咸水沽第二联合小学与咸水沽第四小学合并，成为第二联合小学。1986 年在红旗路新建三层新校舍，占地 10011 平方米，建筑面积 4152.19 平方米。咸水沽第一联合小学迁入新校舍，并更名为天津市南郊区实验小学。王家场联合小学于 1950 年初建校，1957 年盖新校舍为完全小学。1973 年，王家场联合小学和咸水沽第三小学合并，又于 1976 年分出成为王家场联合小学，头道沟村校、周辛庄村校为王家场联合小学分校。四里沽联合小学建立于 1948 年年底，1955 年改成四里沽联合小学，下设潘庄子、李庄子、下郭庄、上刘庄、秦庄子五个分校。1950 年成立韩城桥村小学。1952 年，南洋村成立小学。1955 年韩城桥、五登房、二道桥、三道沟四个村合并成联合小学。1958 年南洋村、田嘴村、北洋村、苑庄子村、赵北村成立田嘴联合小学。1972 年主校迁到南洋村，改名为南洋联校。1986 年北洋、赵北、苑庄子三个村组成北洋联合小学。

咸水沽第五小学于 2010 年建成（原南洋联合小学），位于咸水沽镇雅润路 22 号，学校总面积 33000 余平方米，建筑面积约 17000 平方米。学校配有普通教室 40 个，以及计算机房，自然、科学教室，美术、音乐教室，报告厅，大型图书阅览室，风雨操场等。学校现有 28 个教学班，学生 1000 余名，教职工 79 人。

咸水沽第六小学于2011年10月建成（原韩城桥联合小学），位于咸水沽镇同声路17号。学校占地45亩，总建筑面积13140平方米，配有各种专用教室和体育场馆，硬件设施先进。

咸水沽第七小学于2014年3月建成（原王家场联合小学），学校位于咸水沽镇南华路延长线丰达园南，占地面积约45亩，总建筑面积约1.7万平方米，为6轨制36个教学班。

中学教育 天津市咸水沽第一中学，始建于1956年8月18日，初名为天津市咸水沽中学，为初中校（参见本志“文化名镇·教育·天津市咸水沽第一中学”）。

咸水沽第二中学，建于1963年，是津南区重点完全中学。学校占地面积4.6万平方米，建筑面积3.15万平方米，建有教学楼、实验楼、图书馆、理化生实验室及设施完备的学术报告厅、体育馆、学生公寓及学生餐厅，有标准的塑胶体育场、草皮足球场及网球场。学校内，各功能教室包括舞蹈教室、画室、数字实验室、心理健康咨询室等。2010年和2015年通过了义务教育和高中阶段现代化评估验收。学校现有36个教学班，初高中每个年级均有6个班，在校学生1400余人，教师138人，其中区特级教师2人，中学高级教师49人。经过努力，学校取得了丰硕的办学成果和良好的社会声誉。高考成绩连创新高，重点本科一次和二本一次上线率实现新突破；中考取得历史性好成绩，连年被评为津南区高考、中考、会考先进校。近年来，学校被评为天津市中小学思想政治先进学校、天津市师德建设先进单位、天津市文明学校等，学校多个集体获得市级工人先锋号荣誉称号。

咸水沽第三中学，建于1978年。2001年7月，咸水沽第三中学与原咸水沽第四中学合并。2013年，咸水沽第三中学迁入咸水沽镇丰收路16号新校址。新校区设备先进，功能齐全，具有浓厚的文化氛围和人文气息。校区占地60亩，建筑面积2.2万平方米，建有教学楼、实验楼、行政楼，校内综合馆兼具食堂、艺术馆、体育馆的功能，建有田径场且有400米塑胶跑道，设有教工之家、桃李苑、步云亭等校园文化设施，全校32个教学班，是津南区办学规模最大的国办初中校，有132名教职工，具有高级职称的教师43人，占教师总数的31.85%。在35年的办学历程中，咸水沽第三中学积累了宝贵的学校管理经验，大胆改革备课方式，探索实施“233导学课堂教学模式”，该课题被列为“十二五”市级规划课题。学校秉承“为每一位学生走向成功铺路导航”的办学理念，立足于学生的健康成长，让学生逐步认识自我。艺术体育教育是该校特色，各类艺体社团21个，在国家、市、区级各比赛中取得优异成绩，为学校争得荣誉。学校被评

咸水沽第二中学（2020年4月）

咸水沽第三中学（2020年4月）

为天津市艺术教育特色学校、国家级田径项目传统学校、天津市体育后备人才学校、首批足球特色学校。

咸水沽第四中学建于1980年，是一所初中，坐落在咸水沽镇东大桥以北，占地面积30.93亩，建筑面积3800.8平方米。1990年有17个班，702名学生，87名教职员工。该校于2001年并入咸水沽第三中学。2014年，咸水沽第一中学初中部迁至新建校舍，名咸水沽第四中学。学校坐落在咸水沽镇东沽路，占地面积48860平方米，总建筑面积16500平方米，有36个教学班，校园内绿化覆盖率达70%。

咸水沽第五中学，前身为南洋中学，1987年从南洋农业职业学校（简称农职）分出后建校。时有教职工47人，有教学班14个。1990年11月，迁入新教学楼，建筑面积3326平方米，有18个教室，3个实验室、3个仪器室。2011年10月，迁至咸水沽镇同德路18号，占地面积40000平方米，总建筑面积为18395平方米，36个教学班。2011年10月，南洋中学新建校舍后，更名为咸水沽第五中学。

天津市南洋工业学校，成立于1964年，坐落于咸水沽镇，毗邻天津海河教育园（参见本志“文化名镇·教育·天津市南洋工业学校”）。

民办教育 天津市南华中学，1993年3月创办，是津南区第一所全日制初级民办中学。2001年迁入新校址，学校占地60亩，建筑面积1.1万平方米，有在校生1000余人，教职工46人，学校实行董事会领导下的校长负责制。建校以来每届中考成绩均全区前列。学校先后荣获“天津市先进民办学校”、津南区“文明学校”、“全国优秀民办中学”、“国家级学生营养与健康示范校”等称号，2014年入选“中国当代百强特色校”。

咸水沽第四中学（2020年4月）

咸水沽第五中学（2020年4月）

天华实验中学，原名天华高级中学，于 2000 年 5 月建成。校园占地 100 亩，校舍建筑面积 3 万平方米，有教学楼、实验楼、阶梯教室、图书馆、多媒体教室及电化教学系统，建有 400 米跑道的标准运动场，学校设施设备齐全。该校是由天津市永正集团毕节公司出资兴办的全日制现代化民办完全中学。2009 年初中部停止招生。学校实行董事会领导下的校长负责制，面向全国招揽人才。教职工实行全员聘任制和人员岗位责任制。2015 年，全校教职工 115 人，在校生 1161 人，22 个教学班。

天津市海河教育园区

天津市海河教育园区位于海河中游南岸，地处天津中心城区与滨海新区之间的中心地带，在津南区咸水沽镇域内，规划总用地 37 平方千米，东至津南区咸水沽西外环，西至规划的蓟汕联络线，南至津港公路、津晋高速，北至天津大道，紧邻国家会展中心。规划办学规模为 20 万人，居住 10 万人，年社会培训 30 万人次。园区定位为国家职业教育改革创新示范园区、天津市高端科技研发创新示范区、海河南岸生态宜居示范社区。园区是天津市实施科教兴市和人才强市战略的重大举措，是落实天津“双城双港，相向拓展”城市总体发展战略的支撑点，是整合职业教育资源，形成教育高水平聚集发展高地，也是目前唯一国家级职业教育改革创新示范园区。建设海河教育园区，对于落实城市总体发展战略，整合教育资源，推进天津职业教育高水平聚集发展，加快建设南开大学、天津大学为世界一流大学，具有重要意义。园区具有得天独厚的地理位置，目前已形成天津大道、津沽公路、津港高速、津港公路、津晋高速、蓟汕联络线“四横两纵”公路交通网，距中心城区、滨海新区核心区和滨海国际机场有“半小时交通圈”，地铁

1号线延长线和地铁6号线通往园区，另外园区还规划建设十余条公交线路及轨道交通。园区整体形成“一廊两翼”的布局结构，“一廊”是指中央生态绿廊，“两翼”是指绿廊两侧配置院校、居住及配套设施。在院校设计上突出“园林风光、大气洋气、稳重朴素、富有内涵”的理念，集使用功能与文化内涵于一体。园区按照“坚持一流标准，实行一流管理，建设一流学校，培养一流人才”总体要求，整合优化配置职业教育资源，在各职业院校之间实行教师互聘、课程互选、学分互认、资源共享，设备共用，拓展专业方向，创新培训模式，全面提升教学水平。自2009年6月至2011年4月初，有中德职业技术学院、电子信息职业技术学院、现代职业技术学院、轻工职业技术学院、海运职业学院、中职学校仪表无线电工业学校和机电工业学校等7所院校建成开学，6.5万名师生入住新校区。作为全国职业院校技能大赛主赛场，2012年全国大学生运动会、2013年东亚运动会和第十三届全国运动会部分赛事也在这里举行。至2016年，已入驻园区的院校有天津大学、天津南开大学、天津中德职业技术学院、天津海运职业学院、天津电子信息职业技术学院、天津轻工职业技术学院、天津现代职业技术学院、天津机电工艺学院（天津机电工业学校）、天津电子信息高级技术学校、天津铁道职业技术学院、天津青年职业学院、天津商务职业学院等10余所。另外，海河教育园区图书馆、体育中心、学生公共实训中心、精品写字楼等也都建设完成，交付使用。

海河教育园区景色（2010年10月）　　景文军　摄

天津大学老校址（2021年12月）

天津大学新校址（2017年4月）

天津大学 位于天津市南开区卫津路 92 号，是教育部直属国家重点大学，其前身为北洋大学，始建于 1895 年 10 月 2 日，是中国第一所现代大学。中华人民共和国成立后，1951 年经政务院批准，北洋大学与河北工学院合并，定名为天津大学。1952 年经全国高校院系调整后，天津大学成为国家规模最大的多学科性工科院校之一，是 1959 年中共中央首批确定的 16 所国家重点大学之一，是“211 工程”“985 工程”首批重点建设的大学。2000 年天津大学被国家确定为重点建设成为世界知名高水平大学之一。创校之初，即以“教育兴国”为宗旨，以欧美著名大学为参照，以培养掌握新型科技文化知识的人才为己任，为我国近代工业体系的建立和近代科学技术人才的培养做出贡献，被誉为中国近代科技、工业人才的摇篮。

天津大学新校区，位于天津市海河教育园区，占地 3750 亩，总建筑面积 155 万平方米，是国家级高等职业教育改革实验区、教育部直属高等教育示范区。按照“统一规划、分期建设、分步实施”的原则建设。一期建设面积 83 万平方米，包括主楼、行政楼、综合实验楼、图书馆、体育馆、教职工活动中心、学生活动中心及各学科组团等 21 个组团，2015 年建成启用。新校区一期建成后，12 个学院（部）以学科组群的形式实现整体搬迁，在校学生规模达到 18000 人，教学科研主体功能将向津南新校区集中。卫津路校区将成为高端培训、医工结合、新兴学科培育的特色基地、军工科研项目的研发基地及开发电子信息和文化创意新技术新产品的创新基地。

南开大学　是教育部直属重点综合性大学，是敬爱的周恩来总理的母校。南开大学由严修、张伯苓秉承教育救国理念创办，肇始于 1904 年，成立于 1919 年。1937 年校园遭侵华日军炸毁，学校南迁。1938 年与北京大学、清华大学合组西南联合大学，被誉为“学府北辰”。1946 年回津复校并改为国立。中华人民共和国成立后，经历高等教育院系调整，成为国家文理并重的重点大学。改革开放以来，天津对外贸易学院、中国旅游管理干部学院相继并入，是国家“211 工程”“985 工程”重点建设的综合性研究型大学。南开大学坚持“允公允能，日新月异”的校训，弘扬“爱国、敬业、创新、乐群”的传统和“文以治国、理以强国、商以富国”的理念，以“知中国，服务中国”为宗旨，以杰出校友周恩来为楷模，作育英才，繁荣学术，强国兴邦，传承文明，努力建设世界一流大学。

南开大学新校区位于天津市海河教育园区，占地 250 公顷，是由教育部和天津市人

天津南开大学老校址（2020年7月）

天津南开大学新校址（2017年4月）

民政府签署协议、共同建设的大型综合实体化校区。新校区于 2015 年 9 月建成启用，占地 245.89 万平方米。校园以南北和东西向轴线划分，图书馆、本科生教学楼、实验楼依次坐落在南北轴线上。文科、理科、新兴学科组团错落分布在轴线四周。新校区在南北轴线上的校园建筑大气磅礴，而自新校区东门进入校园，人们将感受一场穿越历史的校园之旅。南开大学按 1∶1 的比例复原建造南开校史上三座著名建筑——秀山堂、木斋图书馆、思源堂，这些建筑被赋予新的使命，木斋图书馆成为校史馆，秀山堂成为博物馆，思源堂承办文化活动。南开大学新校区整体以砖红色为主色调，自东向西色彩从浓郁转为轻快，建筑由复原古建筑逐渐过渡到时尚新颖的现代建筑。

天津中德应用技术大学暨天津中德培训中心　是全国高职高专师资培训基地、全国

天津中德应用技术大学（2020年7月）

天津海运职业学院（2020年7月）

重点建设职教师资培训基地、国家高职高专学生实训基地、国家级数控技术技能型紧缺人才示范性培养培训基地和天津市工业系统数控与自动化技术高技能人才培训基地，是中国与德国、中国与西班牙政府在职业教育领域最大的合作项目。

天津海运职业学院　是天津市教委直属的以培养海运人才为主，具有工学、经济学、管理学等学科门类的综合性公办全日制高等职业院校，是1962年成立的天津市科学技术进修学院。学院是国家海事局向国际海事组织申报的船员培训机构之一，是天津海事局在华北地区最先开办海员对外适任证书培训的机构之一，也是华北地区首批通过国家海事局船员教育和培训质量体系认证的教育培训单位，被教育部和天津市政府授予“滨海新区航海运输技能型紧缺人才培养基地”称号。2009年，学院通过教育部对学院人才培养工作的评估；2016年，学院被确定为天津市国内一流校（优质校）建设单位；2017年，学院被确定为天津市世界先进水平高职院校建设单位。学院位于天津市海河教育园区，总占地面积43万余平方米，建筑面积20万余平方米，建有现代化的教学楼、图书馆、电子阅览室、体育场馆以及设施设备先进的专业实验、实训室等。图书馆馆藏各类书刊近70万册。学院全日制在校生8000余人，教职工近500人。

天津现代职业技术学院　是天津市人民政府正式批准，教育部备案的一所集应用文科、应用理科、工科及艺术学科于一体的全日制普通高校，成立于2001年，是首批进入天津市海河教育园区的院校之一。学院设置了应用文科、应用工科及艺术类共35个专业，其中7个国内领先的特色专业，3个天津市级教学改革试点专业。2010年学院被

天津现代职业技术学院（2020年7月）

教育部、财政部批准为全国示范性骨干高职院校建设单位。2011 年申报国家《生物技术及应用专业教学资源库建设项目》，并于 2014 年完成验收；2012 年经天津市教委批准与天津商业大学开展联合培养四年制高职人才试点工作。学院是滨海新区技能型紧缺人才培养基地，高等职业学院骨干教师国家级培训项目单位，荣获第四届“黄炎培职业教育优秀学校奖”这一职业教育最高殊荣。学院占地 800 亩，一期建筑面积 16 万平方米，现有 7 个二级学院，在校生 8300 余人。

天津市电子信息职业技术学院 是在教育部备案的具有高等学历教育招生资格的公办全日制高等职业技术学院，是国家 100 所示范性高等职业院校之一，国家首批现代学徒制试点单位。学院始建于 1953 年，2011 年初迁入国家级高等职业教育改革示范区——天津海河教育园，新校区占地面积 498000 平方米，规划建筑面积 206000 平方米，其中一期建设 168202 平方米。学院已建成国内领先水平的各类专业实训室 108 个、校外实习实训基地 91 个，图书馆馆藏图书近 50 万册。

天津轻工职业技术学院 是在天津市构建高标准职教体系的实施中，依据教育部规定的高等职业学校设置标准建立，并经天津市人民政府批准、教育部备案的全日制普通高校。学院坐落在天津市海河教育园区，占地面积 800 亩，是国家级优秀示范性骨干高职院校、天津市职业教育先进单位、全国数控技术应用专业领域紧缺人才培养培训基地、第二批国家现代学徒制试点单位。学院还是天津模具工业协会副理事长单位、天津新能源协会常务理事单位。学院设有机械工程、电子信息与自动化、经济管理、艺术工

天津轻工职业技术学院（2020年7月）

程 4 个二级学院，设 30 个专业。该学院与天津工业大学在机械工程及自动化专业（模具设计与制造方向）开展联合培养技术应用型、高端技能型人才试点工作，经天津市教育委员会批准与新西兰在市场营销专业上开展合作。现有教职工近 500 人，高职在校生 8000 多人。近三年，毕业生就业率保持在 98% 以上。

天津市机电工艺学院 学院始建于 1976 年，享有“高级蓝领的摇篮”之盛誉。学院被指定为“国家高级技能人才培训基地”“天津市职业技能培训基地”，2005 年被批准

天津市机电工艺学院（天津市机电工业学校）（2020年7月）

为“技师学院”。学院占地面积100余亩，在校生6000余人，开设有数控加工技术、精密模具制造、电工电子技术和计算机应用等四大类20多个专业，是一所培养复合型高技能人才的公办全日制学院。2011年春季，学院已整体迁入天津市海河教育园区，新校区占地面积512亩，建筑面积15.2万平方米。教学楼、实训楼、实训场、产学研模具中心、图文信息中心、体育场、学生公寓与餐厅等现代化的教学、生活设施，为学生提供了优美、恬静的学习环境，一座具有近代建筑且融入欧式经典建筑风格的中等职业院校已经矗立在津沽大地。

天津市电子信息高级技术学校 是国家级重点高级技工学校，成立于1963年。1992年被天津市确定为（省部级）重点校；2000年和2001年分别被国家劳动和社会保障部批准为国家级重点技校和高级技术学校；2005年被批准为天津市电子信息技师学院，开始承担技师和高级技师的培训。1991年和2002年先后两次被劳动和社会保障部、教育部、国家经济贸易委员会等联合授予“全国职业教育先进单位”荣誉称号。2004年被国家劳动和社会保障部授予“国家技能人才培育突出贡献奖”。仪表无线电工业学校是天津市重点中等专业学校。经天津市教育委员会批准，电子信息高级技校和仪表无线电工业学校整合，并且列入市重点工程进行新校园建设，2011年春季迁入海河教育园新校区。按照市政府要求和规划设计，新建后的学校目标是成为国际一流、国内领先的示范性中等职业学校。学校办学规模为6000人，专业以电子信息类、机械类为主，以中、高级应用型技能人才为主要培养目标。

天津青年职业学院 天津青年职业学院有50余年办学历史，是经天津市政府批准，教育部备案设立的公办全日制高等职业技术学院，属国家普通高等院校系列。学院依托天津市团校而建立。50余年来，学院培养了数万名优秀青年干部。2001年3月经天津市政府批准、教育部备案，在天津市首批转制为高等职业学院。多次被授予天津市精神文明建设先进单位、天津市文明学校等

天津青年职业学院（2020年7月）

荣誉称号。学院连续四年成功协办了全国职业院校技能大赛。2013 年，天津青年职业学院迁入天津市海河教育园区，新校区占地 500 亩，建筑面积达 74000 平方米，在校生规模达 6000 人。

天津商务职业学院 天津商务职业学院是一所全日制普通高等职业（兼成人教育）学院，始建于 1955 年，前身为天津对外经济贸易职业学院和天津市财贸管理干部学院。2011 年，经天津市人民政府批准、教育部备案，两所学院整合更名为天津商务职业学院。学院占地面积近 800 亩，总建筑面积近 20 万平方米。主校区位于天津市海河教育园区雅观路 23 号。学院是天津市首批示范性高等职业院校、天津市服务外包人才培训基地、滨海新区紧缺型技能人才培养基地、天津市财贸管理干部教育培训基地。现有教职员工近 500 人，80% 为专业技术人员。高等职业教育在校生近 8000 人，成人教育在校生 4000 余人。其中，在高等职业教育方面，近三年来，毕业生就业率达到 95% 以上，专业对口率保持在 90% 以上。每年还有近百名毕业生通过相关考试进入本科院校继续学习。学院有着悠久的办学历史和良好的社会声誉，始终以优良的教育品质吸引着来自全国各地的学生，迄今已经为国家培养出 13 万余名优秀毕业生。

天津商务职业学院（2020年7月）

海河教育园区图书馆（2017年8月）

天津海河教育园体育中心（2021年12月）

天津图书馆海河教育园馆区　天津图书馆海河教育园区图书馆是天津图书馆三大馆区之一，坐落于天津市海河教育园区腹地，风景秀丽，学术氛围浓郁。总建筑面积为32000平方米，设计藏书总量为100万册，阅览座位2300余个，日接待读者能力为6000人次。园区图书馆面向社会和园区高校全面开放，拓展了公共图书馆的服务功能，延伸了公共图书馆的服务范围，是公共文化系统与教育系统携手推进公共文化服务体系建设的一次重大举措。

天津海河教育园体育中心　始建于2011年1月，位于天津市津南区海河教育园区环路5号。中心占地面积23.5万平方米，拥有体育场、游泳馆、体育馆三大场馆，总建筑面积 13.2 万平方米，2012 年建成使用。中心集场地、食宿、健身、训练、运动康复为一体，形成现代化、智能化、多功能的天津体育局第三大体育中心。

体育场有观众座位 28046 个，比赛场地长 194.16 米、宽 99.8 米，主席台座位 104 个，记者席252个，大屏幕1块，附属设施包括运动员休息室、裁判员休息室、兴奋剂检测室、新闻发布厅等，附属热身场地为人造草坪。体育场在 2012 年 9 月曾经举办了第九届大运会部分赛事，并承办在天津举行的 2013 年东亚运动会女子足球项目。为配合 2013 年东亚运动会准备工作，2013 年 5 月 26 日起天津松江队暂时将主场迁至海河教育园区体育场。

天津海河教育园学生公共实训中心 又称天津职业技能公共实训中心、海河教育园体育馆。中心按照“需求导向、高端定位、训为企用、校企共享、技能就业、公共服务”的工作思路，突出职业技能培训、职业技能鉴定、职业技能竞赛、职业标准研发、培训模式创新、职业能力展示等六大核心功能。该中心是目前我国首家设施最好、规模最大、功能最完善，面向高端技能人才实施职业技能培训和鉴定评价服务的政府公共实训基地，也是每年全国智能大赛的中心赛场。其他时间主要是针对园区内 10 余所院校开展公共实训课的工作。

天津职业技能公共实训中心（2020年7月）

天津市南洋工业学校 天津市南洋工业学校是国家重点学校、全国职业技能大赛基地，成立于1964年，坐落于市中心城区与滨海新区黄金走廊海河南岸的天津市津南区咸水沽镇，毗邻中国天津海河教育园，始称咸水沽农业职业技术学校，后称津南区职业中等专业学校。2001年7月，由天津市源阳中等专业学校、天津市津南区中等专业学校、天津市津南区成人中专合并成立津南职成教育中心，2003年11月更名为天津市南洋职业技术学校，2007年5月，更名为天津市南洋工业学校，占地10公顷，建筑面积5.6万平方米，在校教职员工174人。2015年，中专在校生2061人，电大在校生2000余人。学校有完善的教学设施和良好的办学条件，拥有2.55万平方米的电子、机电、计算机实训基地，各类实验实训室76个，有普通车床、数控车床、加工中心、智能楼宇、数控维修等设备。2008年新建餐厅、宿舍楼、厂房车间2.22万平方米。教育信息化程度高，建有校园网，58个教室全部安装多媒体设备，全体任课教师每人一部笔记本电脑。图书馆藏书5.87万册、各种报刊130种。教学仪器设备总值3327.39万元。2017年设置专业包括机电、电子技术、计算机应用、学前教育、会计、数控、电子商务、汽车运用与维修、工商管理、乡镇管理、物流管理、行政管理、农村行政管理、社会工作等，培训人员3897人。学校坚持“以发展为本，为学生幸福人生奠基”的办学理念和“立足津南，服务滨海，面向全国”的办学思路，从2008年开始连续6年成功承办全国职业院校中职组电工电子技术技能比赛，连续7年承办天津市技能大赛，每年举办1次校级技能比赛，连续4年夺得天津市技能大赛团体总分第一名。2009—2013年，有30名选手代表

天津市南洋工业学校（2015年9月）

天津市南洋工业学校设备（2018年5月）

天津市南洋工业学校学生在上课（2018年5月）

天津市参加全国技能大赛分获一、二、三等奖。学校形成校级—市级—全国比赛的层层选拔格局，建立人人参赛、逐级竞赛的机制，营造以赛促学，以赛促教，以赛促训的良好氛围，这也成为学校办学特色。学校成为首批国家重点职业中等专业学校，被命名为全国职业教育管理创新学校、中国西部教育顾问单位、第二批国家级示范校，获全国职业院校技能大赛突出贡献奖，被评为全国教育科学“十一五”课题研究先进实验单位、天津市职业教育管理先进单位、天津市首批实训基地建设示范学校、天津市校务公开民主管理工作先进单位，获得天津市中等职业学校“文明风采”竞赛活动优秀组织奖、天津市中等职业学校技能大赛优秀组织奖、天津市第一届黄炎培职业教育优秀学校奖等。

1994—2017年，天津市南洋工业学校所获荣誉达63项，其中国际级8项市级55项。

天津市咸水沽第一中学 学校始建于1956年8月18日，初名为“天津市咸水沽中学”，为初中学校。1959年9月，成为完全中学。1963年9月，学校更名“天津市咸水沽第一中学”（简称咸水沽一中）。1978年8月，咸水沽一中被天津市教育局确定为天津市首批27所“重点中学”之一，后又为市示范高中校。1997年9月22日，学校迁往咸水沽镇津歧路全红桥旁新校区。2014年，初中部搬出，成立咸水沽第四中学，咸水沽一中成为高中校。校区占地面积11.67公顷，建筑面积6万平方米。学校的硬件设施完善，校园按功能划分为教学区、活动区和生活区，建有教学楼、办公楼、实验楼、图书馆、艺体中心、体育馆、400米标准运动场、学生食堂、学生公寓、教师公寓、阶梯教室等功能建筑。教学设施齐全，录播室、通用技术教室、多功能教室为教育教学提供优质条件。学校建有校园网站，设立校园数字化资源平台，开通心理健康网站。学校实行14轨制，教师249人，学生2000余人。半个多世纪的办学实践积淀形成“文化立校，为学生一生幸福发展奠基”的办学理念，校训“敦品励学”已成为凝聚人心、砥砺全体的学校精神。学校积极构建“敦品励学”学校文化，彰显学校特色，追求学校科学发展、内涵发展、特色发展，不断提升教育品质，并探索出一条“文化润泽，敦品励学”的特色发展之路。学校在校园环境建设、学科研究、课堂教学、德育工作、艺体教育等主要

天津市咸水沽第一中学（2020年7月）

校健美操团队继首都高校啦啦操大赛夺冠后，于2017年12月10日在天津市中小学啦啦操大赛中，再次获得爵士自选动作和花球规定动作两个项目冠军。图为队员合影留念

2018年7月22日，咸水沽一中百灵民族乐团一行60人前往中国人民大学参加第十八届校园时代全国青少年电视网络艺术比赛汇报演出，获本届校园时代全国青少年电视网络艺术比赛金奖。图为演出场景

方面积累了丰富的经验，初步形成以校训“敦品励学”为目标的育人体系。在文化立校的引领下，咸水沽一中积极开展素质教育，学校活跃着20多个学生社团，为学生提供个性发展和全面发展的空间。学校的篮球、乒乓球、健美操等项目在全市中学生比赛中屡获佳绩，并多次代表天津市中学生参加全国比赛。2013年，校健美操队获得世界中学生啦啦操锦标赛亚军。学校百灵乐团和百灵合唱团在天津市中学生文艺会演中表现优异。2014年咸水沽一中被评为天津市特色高中。多年来，学校先后获得全国艺术教育先进学校、全国心理健康教育特色学校、全国现代教育技术实验学校、国家级体育后备人

才试点校、全国实施《国家体育锻炼标准》先进单位及天津市教科研实验基地、天津市德育示范校、天津市科技活动先进校、天津市精神文明创建活动文明单位、天津市体育运动项目传统校等称号、天津市学生行为规范示范校、青少年科普教育示范校、技术创新先进集体、天津市首批绿色学校等几十项荣誉称号。经过多年的努力，学校教育教学成绩稳步提高，高考成绩连年攀升，咸水沽一中每年高考升学率都稳定在98%以上，位于市各区前列，向包括清华大学、北京大学、上海交大、南开大学、浙江大学、中央美院等全国名牌大学在内的高等院校输送高素质的人才。同时学校也涌现出一大批优秀教师的代表，有国家级教改积极分子、全国优秀教师、国家级德育先进个人、天津市劳动模范、天津市师德先进个人等，为津南区教育事业的发展做出了重要贡献。

津南区实验小学　为津南区重点小学。建于1956年，时称咸水沽第一小学。1986年，在咸水沽红旗路新建三层新校舍，占地10011平方米，建筑面积4152.19平方米。咸水沽第一联合小学迁入新校舍，并更名为天津市南郊区实验小学。2004年5月8日，实验小学迁新址。新建成的津南实验小学设48个教学班，有3栋教学楼，1栋电教信息大楼，1栋办公楼及设施先进的体育馆，共占地面积0.42公顷，建筑面积近2万平方米。1997年6月，天津市津南区实验小学被命名为天津市普教系统首批“三A”学校。2006年9月24日，津南区实验小学被命名为国家级奥林匹克教育示范校。2006年12月24日，

津南区实验小学（2020年7月）

实验小学举行升国旗仪式（2015年9月30日） 刘佳 摄

中央电视台在录制节目（2006年12月24日）

学校应中央电视台的邀请，参加了中央电视台《同一片蓝天》节目评选“友好小使者节目”的录制工作，通过激烈的竞赛，获得了周冠军。2007 年 1 月 26 日，该校再次出征，在师生们共同努力下，通过“领取护照、申请签证、见面约谈、办理签证”等四个出国访问环节的形式比拼，获得此次活动的月冠军。2003 年和 2015 年，津南区实验小学两次获天津市红领巾示范校称号，2007 年获全国“和谐校园之星”称号，2008 年、2014 年两次被评为天津市中小学行为习惯示范校，2009 年被评为津南区心理健康教育先进学校。2014 年，学校通过第二批天津市义务教育学校现代化标准验收。

津南区培智学校　津南区培智学校始建于1990年，是当时天津市四郊五县首所智障儿童学校。2001年，学校迁入咸水沽镇红旗路8号原党校楼房。2012年，学校改扩建工程竣工验收，新校舍面积6080平方米，风雨操场600平方米，建有运动康复室、感觉统合室、多感官训练室、精细动作训练室、蒙台梭利室、语言训练室、家政服务训练室、心理治疗室、唱游与律动室、奥尔夫教室、绘画与手工教室等专用教室和多功能教室。2014年，学校通过天津市特殊教育学校现代化达标验收。2015年，有校级干部1人、中层干部2人、教职工26人，其中一线教师15人、教学辅助人员9人，特教专业毕业教师5人。在籍学生108人，其中中重度智障学生94人，不能到校的“一对一送教服务”智残学生14人；分设9个教学班，其中学前家长陪护康复课程教育1个班，小学义务教育7个班，职业教育1个班。津南区培智学校以“奋发进取、戒馁自强”为校训，秉承“学生为本，补偿身心，融入社会”的办学理念，开展“折翼天使我爱你”大爱师德文化建设。学校以艺体特长、运动康复及职业教育特色推进课程改革，塑造“大爱”文化。针对学生实际，设置生活基础、劳动技术、艺体教育训练三类课程。严格落实课程计划，制定《培智学校义务教育课程设置实施方案》。通过“艺术训练”选择性课程，实现培智教育与艺术体育融合，形成学校发展特色。2015年，完成凸显本校特色的培智学校德育校本课程教材。积极探索实施综合教育康复模式，为家长提供家庭康复训练指

津南区培智学校（2018年）

培智学校在福建第五届全国特奥会上获奖（2010年9月）

导，协调家校合作教育康复。加强对智障儿童的人文关怀，落实对无行为能力到学校接受教育的重度智障儿童送教上门服务工作，受到社会和残疾学生家庭欢迎。2002年，学校被评为天津市小学实施素质教育示范校，获得区级“巾帼建功”示范岗、“十五”立功先进集体、师德建设先进集体和津南区“扶残助残”先进集体等称号。2006—2010年，学校先后被评为全国特奥工作先进单位、天津市师德建设先进集体，获得天津市“五一劳动奖章”。2013年，学校唱游与律动课、职业教育课获天津市特教系统职业教育技术大赛二三等奖。“师生《小苹果》舞蹈”“中华武术魂舞蹈”等在天津市艺术节、义卖活动中亮相，获得市级一、二等奖。

2017年，咸水沽镇学校布局和学校规模均能达到市规划标准要求。义务教育均衡发展、高中和职业教育在全市领先、幼儿和特殊教育稳步发展。镇域内有天津市海河教育园，有局直属初中学校2所、高中学校1所、完全中学校1所，职业教育领域有天津工业学校，是国家重点学校，有津南少年宫1所、幼儿园5所、启智学校1所，私立高中校、初中校各1所，镇属学校7所，其中中学1所，小学6所，较为合理地分布在镇域内。

学校现代化教学设施进一步完善，教学楼、实验楼、图书馆、体育馆、塑胶跑道、计算机房、录播教室、心理教室、梦想课程教室、交互式电子白板等一流的现代化教学设施一应俱全。

镇各校在严格常规管理的基础上，开展丰富多彩的教育教学活动，使学生在现代化的环境中学会学习，学会做人，教育教学成绩一直在全区名列前茅。

民间艺术

“大驾”皇会 “大驾”皇会形成于明朝，最初称“大驾”老会。“大驾”老会沿革到清朝已颇负盛名。大驾老会的“大驾”，实际上是一座花轿模样的物件，在沽中出会时是娘娘和药王共用的坐辇，因这两位人物非同一般，故冠以“大驾”之名。正月出会，“大驾”抬的是娘娘，四月初八庙会抬的是药王。演出时，“大驾”前有“香炉”“法鼓”“茶炊子”开道，后有“旱船”“小车会”“吹歌会”“高跷”等花会护送。

咸水沽镇的“大驾”皇会，是专抬药王出巡的一道民间花会。每年农历四月二十至二十八演出，咸水沽人称为“大庙”，最后两天要到津西（天津市西青区）峰山庙为药王进香。

这“大驾”和轿相似，由多人抬着。“大驾”里边“坐”着药王的塑像。“大驾”前边有把轿杠的人，俗称“掐八尺”。“大驾”的表演要听“掐八尺”的口令，有“左带右手”“右转左手”“滑”等口令。“大驾”的表演动作有“跑落儿”“捻捻转”“前后拉抽屉”等。“跑落儿”要步调一致，疾走如风，跑起来“大驾”上的帷子穗头随风飘扬。“捻捻转”就是“大驾”要转圈儿，“大驾”旋转起来犹如旋风一般。

“大驾”前导有“法鼓”“香炉”“茶炊子”。“法鼓”由大鼓、铙钹组成，法鼓敲起来铿锵有力，鼓钹齐鸣，佛乐梵音；抬“香炉”的左右分开，香烟缭绕；挑“茶炊子”的，扁担两端挑着箩筐，箩筐上放着盛满水的茶壶、茶碗，走起路来步履整齐，颤颤悠悠，不摔不洒。

民间花会 咸水沽镇民间花会历史悠久。旧时，一年四季古镇百姓忙于耕作、漕运。逢年过节，上街表演成为百姓自娱自乐的主要文化活动。花会中有受过皇封的“大驾”会道，有高跷、龙灯、渔家乐、落子、灯亭、表亭、影亭、佛乐吹歌会等。春节期间的花会表演，成为百姓自娱自乐的主要文化活动。中华人民共和国成立后，特别是改革开放后，民间花会活动更加活跃，群众自发组建高跷队、秧歌队、舞龙队、民乐队等几十支。有22支广场舞和秧歌队伍。2015年，评出咸水沽镇十佳文艺团队。

永安里社区舞动人生舞蹈队　舞动人生舞蹈队成立于2011年8月。几年来，艺术团积极参与市、区、镇组织的社区各项活动。2016年，在天津电视台举办的“耀舞扬威”比赛中获得了最受欢迎奖；2017年，参加了第十二届全运会的开幕式表演。2013年荣获全国第四届激情梦想舞蹈大赛一等奖、2013年天津市“南开杯”舞蹈大赛二等奖、2014年天津市“兴业杯”舞蹈比赛二等奖、2014年天津市“中信杯”广场舞大赛一等奖、2016年天津市“耀武扬威”舞蹈比赛最受欢迎奖等10余项奖励。

永安里社区舞蹈队在演出（2016年）

红星里社区艺术团　艺术团成立于2015年6月，积极参与社区活动，长期为广大群众、学校、社区、团队、各类活动奉献爱心。每周活动6天，周一在文化馆，其余在社区。艺术团社区活动项目很多，有舞蹈、声乐、萨克斯、电子琴、戏曲、小品、高跷、三句半等，也有节日演出。2016年高跷队获得天津市高跷比赛第一；2017年参加央视第二届贺新春我要上春晚选拔赛；2017年参加《幸福账单》节目进入总决赛。

红星里社区艺术团在表演（2018年）

月牙河社区津舞魅舞蹈队　成立于2012年。六年来，每个晚上，队员们在广场上挥汗如雨，认真排练。从跳简单的广场舞发展到能跳多个舞种，如现代舞、蒙古舞、藏族舞，

月牙河社区津舞魅舞蹈队在表演（2017年）

傣族舞、东北秧歌、胶州秧歌等。2015 年 6 月，参加天视体育《晨光起舞》节目的录制。2016 年 9 月，参加天津市“耀武扬威”广场舞大赛的现场直播。舞蹈队获得市、区各种奖励 10 余项。

天骄时尚模特队 艺术团成立于 2014 年 4 月。几年来，积极参加市、区、镇级各项展示比赛活动 60 场次。其中参加全国旗袍春晚天津赛区的比赛，最终以 81473 票的绝对优势获得第二名，顺利进入全国旗袍春晚表演，获得大赛的铜牌。艺术团曾获得 2016 年“天山杯广场舞大赛”三等奖、“王莉杯”健身舞大赛三等奖，2017 年参加“津南之夏”海河情缘大型纪录片的录制等。

天骄时尚模特队在表演（2017年） 镇文化站 提供

益华里社区百灵合唱团 合唱团成立于 2011 年。六年来，一直围绕社区的中心工作编排各种类型的文艺节目，参加市、区、镇组织的多场文艺演出和社会公益宣传活动，每年演出 10 余场。2015 年获永安杯第六届天津市中老年人歌舞大赛合唱类三等奖；2016 年获和平杯天津市第四届合唱艺术节人气奖；2016 年获永安杯第七届天津市中老年人歌舞大赛大合唱最佳风采奖和小合唱优秀奖。

益华里社区百灵合唱团在演出（2017年） 镇文化站 提供

金石里社区老年大学舞蹈队 舞蹈队成立于 2012 年。每年积极参加市、区、镇各方面组织的活动十几次，取得优异成绩。2015 年 5 月 29 日参加“展示时代风采共建美好家园”广场舞邀请赛获优秀奖；2015

金石里社区老年大学舞蹈队在表演（2017年） 镇文化站 提供

年11月，参加津南区“美丽津南”文艺系列展演获一等奖；2016年6月14日，参加津南区“王莉杯”舞动津南健身舞大赛在咸水沽镇分赛区获优秀奖；2016年6月，获“舞动津南 精彩天山”津南舞蹈文化节优秀奖；2016年12月，在津南区“美丽津南舞动青春”舞蹈比赛中获自选舞组最佳风采奖；2016年12月，在津南区“美丽津南”文艺系列展演舞蹈比赛中获一等奖。

解放里社区金太阳舞蹈团 舞蹈团成立于2011年。成立以来，本着老有所为的宗旨和“我运动我健康我快乐”的精神，丰富业余生活，以饱满积极向上的态度，团结友爱、和谐奋进。活动中队员克服自己的种种困难，参加排练。随着全民健身运动的深入，先是有十几名队员参加每天早上的练习，从广场舞发展到民族舞，发展到健身秧歌舞、藏族舞、印度舞、蒙古舞、傣族舞等，多彩多姿的舞姿吸引大家注目，很多热爱舞蹈艺术的女性们纷纷加入队伍，舞蹈团逐渐发展壮大，多次参加区及社区组织的文艺演出活动取得第一名的好成绩。2016年获津南区舞动津南健身舞大赛二等奖、天津市首届全民广场舞大赛全市第12名、天津全市广场舞比赛第二名、津南区舞动津南天山杯一等奖，2017年参加天津市第36届“三八”健康杯妇女健身展示大赛暨迎全运百万巾帼志愿服务仪式，2017年参加津南区天津市第三套市民广播操比赛获一等奖等。

惠苑里社区艺术团 艺术团成立于2005年，下设有秧歌、舞蹈、瑜伽、广场舞、太极拳（扇子、刀、剑）、葫芦丝和萨克斯等表演队。根据社区实际情况，艺术团积极排班，认真做到每天有活动，具体的活动场所冬天在社区内，夏天在休闲园，并且积极

解放里社区金太阳舞蹈队在演出（2017年） 镇文化站 提供

参加区、镇组织的各项表演赛事。秧歌比赛多次获得区一等奖和优秀团队奖。2009 年，广场舞（茉莉花）获一等奖；2012 年，四套秧歌、筷子舞获银奖；2013 年，获得 2 个银奖、1 个金奖，获得天津市舞蹈比赛二等奖；2014 年，获得 2 个银奖、2 个金奖，获中老年歌手大赛金奖和银奖。惠苑艺术团的刘翠华歌伴舞组合先后在央视《星光大道》《歌声与微笑》等栏目中表演；2017 年 6 月，艺术团应邀参加由中央电视台和中国合唱协会在内蒙古举办的艺术节“草原情”大赛并获得金奖。

韩城桥村舞蹈队在演出（2017年）
镇文化站　提供

韩城桥村舞蹈队　舞蹈队成立于 2014 年。舞蹈队积极组织队员刻苦排练，参加区镇村的各项文艺表演活动。三年来累计组织开展文艺表演活动 60 场次。2016 年参加区“天山杯广场舞大赛”获得三等奖、参加“王莉杯”健身舞大赛获三等奖；参加 2017 年“新城吾悦杯”广场舞大赛获得优秀奖，还参加区消夏广场舞大赛、镇元宵节花会踩街活动等。

丰收路社区龙腾空竹队在演出（2018年）

丰收路社区龙腾空竹队　空竹队成立于 2018 年 1 月。抖空竹是中国一种传统体育活动，它不仅锻炼身体，也是一种艺术表演，深受群众喜爱。龙腾空竹队自成立后，积极发扬民族传统文化，于 2019 年 9 月参加天津市津南区首届空竹文化节暨空竹协会成立大会，进行开场表演，多次同京津冀多组空竹民俗队伍进行文化交流，龙腾空竹队数次参加市、区及镇的文化展演活动，丰富居民的业余文化生活，推动空竹这项传统文化的发展。

高跷　高跷队有 3 支，分别是海下文武高跷、海下同善文武高跷、海下同乐高跷。3 支高跷队逢年过节都要出会演出。

渔家乐　渔家乐是咸水沽镇花会的“一枝花”。据周汝昌考证，渔家乐这道花会起源于明清，一直沿革到民国年间，演唱保持着明朝凤阳花鼓的老调，使用清朝乾隆时期的古曲。渔家乐的人物有渔婆4人、挎鼓2人、渔翁1人、推碌碡的大姑娘1人。演唱的内容为渔家、农家四季劳作庆丰收之事。音乐伴奏打击乐有锣鼓，弦乐以四胡为主，配以横笛、京二胡、拉琴等。如出夜会有纱灯，大姑娘所推碌碡骨架内也有灯，外罩红纱彩画，手推转动非常好看。四渔婆演唱时有时还手敲竹板小碟，小竹板配有红缨花，边敲边唱边舞。挎鼓中一人丑扮，一人女扮，演唱时插科打诨，能使人捧腹大笑。

民国年间沽人李宝河重新排演渔家乐，有所借鉴有所创新。尤为明显的是推碌碡大姑娘演唱前的道白，令人深受启悟。“小奴今年整十八，生在独流老曹家，终朝每日织蒲苇，俺做女儿没修下。”咸水沽的花会为什么出现独流的大姑娘？原来咸水沽古时漕运业发达，内河、海运都有。咸水沽镇的对槽、帮摇船经常到独流镇贩运稻米老醋等。赶上节日，便观赏独流镇花会演出，记下当地花会的内容，回沽后把其融汇在自身的花会表演中。1988年6月24日，周祜昌曾赋诗一首记古镇花会之盛况。

故里风光此日多，
鱼龙曼衍海门波。
高跷戏采长行点，
法曲仙音天际歌。
独流曹家推碌碡，
渔家绝唱舞婆娑。
千村万落人空巷，
漫说当门贴饽饽[①]。

附：渔家乐唱词

挎鼓者唱：
手司锣，夫妻恩爱呀，唱不离锣。

---

① 贴饽饽：当年咸水沽的花会沿村撂地演出，一家儿媳妇正在锅台贴饽饽，听到咸水沽镇花会从她家门口路过，手托着没贴进锅内的饽饽在大门缝内偷看，这时她婆婆正好回家到门口，儿媳妇又激动又害怕，一扬手把饽饽贴在大门的上坎上。

你也会唱歌，我也会唱歌。穿街走巷啊，
两脚快如梭。西属长江呀哪怕它人儿多。
为了糊口，无济奈何。我的老婆呀啦喂，
唱会儿连拉，又唱一会儿连离锣。

大姑娘唱：
可怜小奴家，可怜小奴家。
终朝每日呀，织席做生涯。
这才是小奴啊前世未修下。

老渔翁唱：
渔翁呀发白梢，渔翁呀发白梢。
九江三河啊任逍遥。
到晚来酒一杯呀，
露宿明月高照。

渔婆唱：
渔家乐陶陶，渔家乐陶陶。
钓得鱼儿呀欢活乱跳，
到街头换来米面呀，
温饱一家老少。

四渔婆唱春夏秋冬四景：
春景：
春色姣，丽容和。
暖和暄，景呀物飘飘，美堪怜。
花开三月天，娇娆蕾蕊鲜。
草萌芽，桃似火，柳如烟。
仕女王孙去耍秋千，

暗伤惨，春闺语留连。
啊恨锁两眉尖，
哎咳哎咳蝴蝶儿对对穿花又把两翅扇。
清明上冢园，和风吹牡丹。
玉楼人酒醉在杏花天，
玉楼人醉倒杏花山。

夏景：
端阳节，斗龙舟，水面划，
锣鼓叮当响波杂。
多采玉兰花，佳人偏爱它，
采莲船尽都是些富豪家。
艾叶邻妇就在鬓边插，
着轻衫沉李并浮瓜，西厢人欲茶。
水阁凉亭，对对佳人又把彩扇拿。
三伏似火发，熏风透体纱，
赏名园开罢了海榴花，
赏名园开罢了海榴花。

秋景：
七月里，七月七，织女会牛郎，
一年一度交成双。
天河两岸星，回首知景昂，
赏中秋各花亦谢蕊儿黄。
风吹铁马响叮当，
雁成行渔人思故乡，队队好凄凉。
梧桐叶飘飘零落稀非常，
佳人恨夜长，金风透体凉。
饮菊酒家家敬重阳，
饮菊酒家家敬重阳。

冬景：
十月里、十月节、朔风冷、景物悲，
绣女停针看雪梅。
腊风阵阵吹，鹅毛片片飞，
南阁内煤火炉暖香闺。
独宿佳人又把泪双垂，
卧寒帏清身共相随，佳人倚翠梅。
赏雪人，各各贪花饮一杯，
飘飘片片飞，渔人几时归？
孟浩然踏雪去寻梅，
孟浩然踏雪去寻梅。

学术馆和画院

周汝昌红楼梦学术馆 2003 年 6 月，津南区政协组织筹建周汝昌红楼梦学术馆，2004 年秋，周汝昌红楼梦学术馆正式开馆。

周汝昌红楼梦学术馆坐落在咸水沽镇普明园内，是一座古色古香、典雅庄重的仿古建筑。学术馆坐北朝南，一进三间通房，使用面积 54.54 平方米，飞檐翘角，青瓦覆顶，檐下四周 16 根廊柱，墙面四周镶嵌 60 块浮雕，内容为《红楼梦》中人物故事。馆内正中矗立着周汝昌先生全身立式铜像，身穿风衣，右手持杖，左手握一本厚重书册，昂首目视前方，展现了一位孜孜以求、富于探索精神的大家学者形象。馆内摆放 14 件展柜，分为 4 个专栏："红楼夺目红""兰亭遗脉香""诗词一寸心""脂学轩笔语"。文字介绍万余言，珍贵照片及周汝昌手稿数十幅。2005 年 10 月，中央电视台记者到咸水沽镇采

周汝昌红楼梦学术馆（2019年）

平凡友好画院（2019年）

访拍摄红楼梦学术馆、周汝昌故居及其亲属，以制作周汝昌的电视片，并将电视片在中央电视台《大家》栏目中播出。从开馆至今已有数万人参观学习，为弘扬中国文化做出贡献。

平凡友好画院 李平凡，原名李文琨，津南区辛庄镇高庄子村人，中国著名版画家。为纪念李平凡50年来献身中日文化艺术友好交流事业，日本文化艺术界和旅日华侨界及来自中国台湾的铃木纪子、周名正、李京、李燕等35位友人共同捐资，与津南区人民政府合作修建平凡友好画院，并于1993年5月3日举行隆重的落成典礼。

平凡友好画院，是津南区第一所以个人名字命名的文化艺术场所，也是中日两国目前唯一的版画艺术交流史馆和国际版画艺术交流史料馆。画院坐落于津南区咸水沽镇南华路区少年宫旁，占地面积300平方米，建筑面积430平方米，建筑结构为砖混二层建

李平凡版画作品《唱支山歌给党听》（1964年）　《我们要和平》（1959年）

筑。一层设150平方米展厅和80平方米前厅，专门接待和举办各种中小型展览。二层设2厅3室，用于陈列著名版画艺术家李平凡收藏的中日艺术界友好交流史料和海峡两岸、港澳、海外华人华侨艺术交流史料及李平凡生平图片和画作。

文物古迹

不可移动文物

古建筑　观音庙。观音庙始建于明代，位于津南区咸水沽镇秦庄子村北，坐落于老海河故道北岸，代码：120112803170000011。庙内正殿面阔三间。进深一大间，前出廊、抬梁式、硬山人字脊，主梁有原始铂金彩绘龙图保存完好。正殿135平方米，偏殿110平方米，两侧配有厢房。院内有铸铜香炉一座，铜钟一座，一座石座木结构高大木牌坊，底座长8米、宽4米，牌坊高10余米，古槐树3棵，该庙是“海下”一带久负盛名的寺庙。观音庙南北长约43米，东西宽35米。原铸铜香炉和铜钟毁于1958年，观音塑像、牌坊毁于1965年。偏殿于1976年地震中倒塌。寺庙于2007年重修。重修时经文物专家实地考察发现，山墙、后墙大量使用雍正年间临清大城砖，用材等级高，

秦庄子观音殿（2019年）

可证明观音庙曾于雍正年间重修。

老姆庙。咸水沽老姆庙始建于明代，地址在咸水沽镇建国大街3号。该庙坐南朝北，紧邻海河，砖木结构。占地面积800平方米，建筑面积700平方米。以院中心为轴，东西配殿各3间，南面为月台，建正殿3间，顶上有壁画，供奉观音。另有配殿3间，北为山门。清代重建。另有东西配殿各一间，进深一间，建筑结构具清代风格。代码：120112933180000015。该庙于2012年移至双桥河镇海河南岸重建，名为华盛寺。

月牙河干渠。该渠地址在赵北村东 1200 米。清光绪元年（1875），淮军将领周盛传屯兵小站时开挖，小站镇（时称新农镇）至咸水沽，全长 16.2 千米，宽 12 米，深 4 米。北起咸水沽镇赵北庄海河，南至小站镇盛字营村马厂减河，是小站稻种植区域主要水源。现在还在发挥着干渠作用，是津南地区工农业生产的重要河道之

老姆庙（2010年）　张金利　摄

月牙河（2010年）　贾世清　摄

卫津河南洋桥头（2010年） 贾世清 摄

二道桥遗址（2010年） 张金利 摄

韩城桥遗址（2010年） 贾世清 摄

五登房遗址（2010年） 张金利 摄

一。代码：120112943180000016。

卫津河。清光绪元年（1875），淮军将领周盛传屯兵小站，光绪十六年（1890）以护卫天津城区免遭水患开挖，故名卫津河。光绪十九年（1893年）完工。主河一道，支河九道，计82.8千米。津南段全长11.5千米，上口宽25米，底宽10米，深3米。东起咸水沽镇赵北庄与海河相通，西至辛庄镇与清河村、建明村二村隔河相邻。有碑刻2通，记述卫津河开凿经过和该工程项目情况。该河现还发挥着排灌作用，并成为津南区工农业生产、生活重要河道之一。地址在南洋村西500米。代码：120112943180000017。

古遗址 二道桥遗址。该遗址为战国时期遗址，在二道桥村北1000米处，面积3000平方米。1959年，中国科学院在二道桥村进行考古挖掘。该遗址文化层断续分布，厚0.8米。据《中国文物地图集——天津分册》记载，该遗址采集到的战国时期文物有夹砂红陶瓮、绳纹灰陶罐、灰陶豆等残片。其堆积保存较好。现遗址表面建筑已无，被辟为农业用地。代码：120112941060000012。

韩城桥遗址。该遗址为战国时期遗址。1959年，中国科学院在五登房村进行考古发掘。该遗址在二道桥村西 300 米，面积 300 平方米。文化层厚 0.8 米，采集到的战国时期文物有夹云母红陶釜、红陶绳纹圜底瓮、泥质灰陶绳纹罐等残片，地面散布较多陶片。出土文物说明，战国时期此处已有居民点。现遗址表面建筑已无，被辟为农业用地。代码：120112801060000013。

五登房遗址。该遗址为战国时期遗址。1959 年，中国科学院在五登房村进行考古发掘。该遗址在五登房村南 2500 米处，老赤龙河旧河道北岸。据《中国文物地图集——天津分册》记载，该遗址面积 4000 平方米，文化层厚 1 米，采集的文物有夹砂红陶绳纹圜底瓮、夹云母纱绳纹红陶釜等残片。现遗址表面建筑已无，地表上已建民房和辟为农业用地。代码：120112941060000014。

可移动文物　根据 2012 年《津南区“第一次全国可移动文物普查成果展”图片、影像信息表》的信息，咸水沽镇有可移动文物 4 件（套）。

20 世纪 20 年代振华机制纸版股份有限公司“马头”商标（厂标）白铜牌，年代为 1923 年，文物类别为玺印符牌，质地为铜，数量为 1 件，完残程度为基本完整，普查编号为 1201123030000400000001。天津振华造纸厂创立于 1923 年。企业由倪锡纯（留美博士，宋氏三姐妹的小舅舅）创建，后李霭臣（咸水沽镇北洋码头村人）、宁钰亭（安徽青阳人）入股参与共建，以“振华”取名，意为振兴中华实业。为了荣耀故里，注册产品商标为“马头牌”黄板纸（马头与北洋码头谐音）。

清光绪菊月中浣咸水沽阖村公立“商贾贸易碑记”青石碑，年代为清光绪三年（1877），文物类别为石器、石刻、砖瓦，质地为石，数量为 1 件，长 160 厘米、宽 64

振华机制纸版股份有限公司“马头”商标（厂标）白铜牌

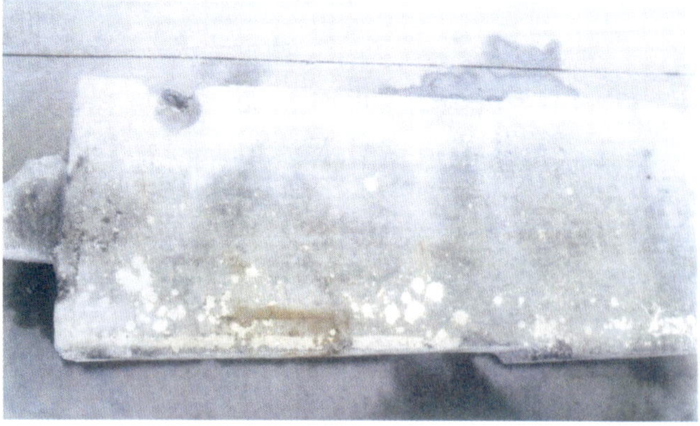

清光绪菊月中浣咸水沽阖村公立“商贾贸易碑记”青石碑

清光绪“新开卫津河碑记”汉白玉石碑

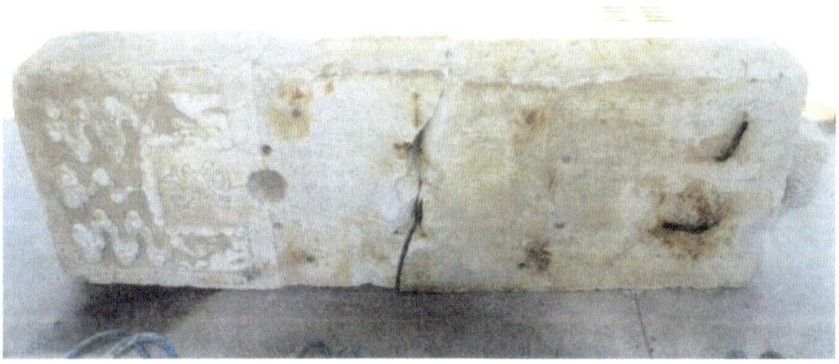

清末“王氏宗祠记”汉白玉石碑

厘米、高 22 厘米，完残程度为基本完整，普查编号为 120112119000300000001。此碑是清光绪三年（1877）所立。内容是商人们所共同遵守的买卖公约。碑上文字反映出古镇咸水沽商贾云集、文明经商的繁荣景象。

清光绪“新开卫津河碑记”汉白玉石碑，年代为清光绪十八年（1892），质地为汉白玉，数量为 1 通，高 124 厘米（榫高 7 厘米）、宽 74 厘米、厚 25 厘米，文物类别为石器、石刻、砖瓦，完残程度为残缺，普查编号为 120112119000300000001。碑文主要记述了卫津河开凿过程。天津地处九河下梢，三面环水，常受水患。光绪庚寅年（1890）夏发洪水，百姓流离失所。为免受水患，地方政府动用驻屯小站的淮军周盛传部开凿了卫津河。

清末“王氏宗祠记”汉白玉碑，年代为 1907 年，质地为汉白玉，数量为 1 通，高 243 厘米（榫高 23 厘米），上宽 77 厘米，下宽 75 厘米，上厚 26 厘米，下厚 23 厘米，碑首高 73 厘米，碑的完残程度为残，两截。正面有 10 处损伤，2 处嵌钢筋。文物类别为石器、石刻、砖瓦，普查编号为 120112119000200000001。碑首饰双龙、祥云图案。碑文基本完整，部分有缺损，碑文反映了王氏家庭北迁的过程，教育后代励志、求学，王氏先祖王祝兴办私塾教育本族及邻人子弟等旧事。碑首正面中部刻“以”字，背面中部刻“德”字。此碑于 2014 年 6 月 15 日，由王凤忠在苑庄子村原址西部发现。据村内老人回忆，苑庄子村原有王家祠堂，应有石碑 2 通。但经多方寻找，另一块石碑至今未找到。

绘画　书法　篆刻

绘画书法篆刻在咸水沽镇有着深厚的基础，其传承有序，代不乏人，并且广泛吸取不同时代、不同地域的书法风格，受其滋养，形成风格多样的发展局面。1987 年，成立“蓝色画会”，会员 18 人。1990 年 11 月，部分会员作品在日本神户举办“天津蓝色画会作品展”，获集体金奖。随着改革开放的深入，咸水沽绘画书法篆刻走出津南、走出天津，走出了一批绘画书法篆刻家。他们的作品多次参加天津市及全国书画展赛，均获得佳绩。1987 年，天津市老年书画研究会津南咸水沽分会建立，咸水沽镇掀起学习书法、绘画、篆刻的热潮，会员 150 人。1990 年，被评为天津市老龄工作先进单位；2005 年，被评为天津市老年书画研究会先进集体、中国老年书画研究会先进集体。会员书画作品多次参加天津市及全国书画展赛，37 人次书画作品获金奖，入编 30 余部国家级书画集。

绘画

绘画世家——陈雪山、陈元龙、陈慧姝、陈慧婷　陈雪山（1915—2002），号梅庵。为中国书协天津分会会员，中国老年书画研究会会员。陈雪山自幼酷爱丹青翰墨，书法方面功力深厚，早年先学欧、柳、颜、赵各家楷书之长，兼学二王，后学苏、黄、

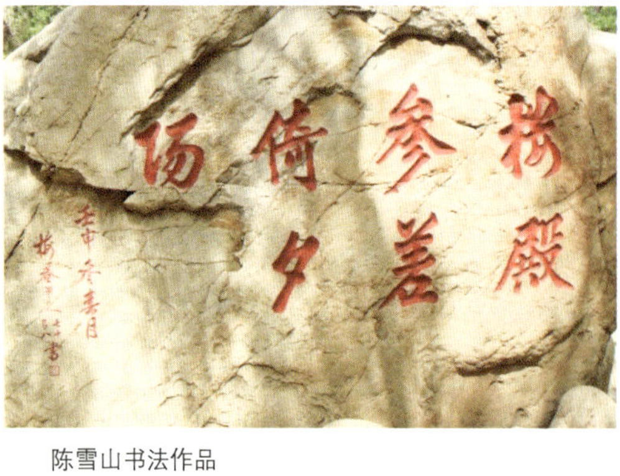

陈雪山书法作品

宋、蔡四家，形成自己的风格。书、画、诗融为一体，堪称诗中有画、画中有诗，其作品曾参加全国各地展览，著有《陈梅庵三代书画集》。

其子陈元龙和孙女陈慧姝、陈慧婷，继承陈雪山之爱好，深得家学之渊流，书法、绘画均有很高技艺。陈元龙，著名画家，1952 年生，为天津美术家协会会员、天津书法家协会会员、天津市政协书画艺术研究会理事，毕业于天津美术学院，师承著名画家孙其峰、爱新觉罗·溥佐、王麦杆、夏明远、霍春阳等。陈元龙擅长花鸟、兼画松鼠，应邀在天津、深圳、广州、西安、郑州、长沙、南京等地举办画展，有作品 90 年代在日本神户展出获金奖，还有作品被毛主席纪念堂和周恩来邓颖超纪念馆收藏。陈慧姝，陈元龙大女儿，现任天津职业大学艺术工程学院副教授、天津青年美术家协会会员，毕业于天津美术学院，先后获学士、硕士学位，擅长花鸟画。其作品多次在参加大型画展中获奖。陈慧婷，陈元龙小女儿，毕业于天津师范大学美术与设计学院，先后取得学士、硕士学位，现为天津师范大学美术与设计学院青年教师、天津青年美术家协会会员。1991 年，天津市书法家协会在和平区文化宫举办“陈氏三代”书画展，著名画家慕凌飞、王麦杆，书法研究会秘书侯学忠，红学家周祜昌、周汝昌兄弟等人出席开幕式。

陈元龙作品

史振岭花鸟画

史振岭　著名画家，1957 年生，天津美术家协会副主席、中国美术家协会会员、天津

王乃和作品《深秋》

马洪建作品《秋韵》

美协花鸟画专委会副主任、天津市中国画学会副会长、天津书法家协会会员、国家一级美术师，专攻水墨写意花鸟，1998年，出版《史振岭花鸟画作品集》。国画《盛世繁花》组画之一入选2003天津市参评全国“群星奖”美术摄影展获金奖，获2004全国“群星奖”美术优秀奖，入选全国美展。2004年，出版《史振岭花鸟画作品集》第二册。

王乃和 著名画家，1951年生，现为天津美术家协会会员，津南区文化馆副研究员，其作品多次参加天津市及国家美展，并多次获奖，1989年，被编入《中国现代美术家名人大辞典》。《傍晚的场院》等三幅作品在日本神户展出获金奖。1999年《初春》入选全国第八届“群星奖”。2004年《秋荷》获天津市参选全国第十三届“群星奖”美术银奖。2006年，由天津人民美术出版社出版《王乃和油画集》。

马洪建 著名画家，1952年生，现为中国美术家协会会员，国家群众文化馆研究员，天津美术家协会理事。1985年全国群星杯比赛中《金色的路》获优秀奖。80年代末作品《秋声》获全国二等奖，在天津盘山杯书画展中获金奖。他曾在青海、日本神户举办个人画展。作品多次入选国家级、省市级画展并获奖。2007年，由天津人民美术出版社出版《马洪建山水画集》。

张金亮 著名画家，1907年生，1935年毕业于国立北平艺术专科学校，受业于齐白石、王雪涛、杨济川、陈缘督等名家，后对潘天寿的画技刻意追求，形成自己刚健、奔放的风格。作品显得清丽古雅，潇洒脱俗，笔墨苍秀，意境清新。1983年，参加张谭

朱振周书法

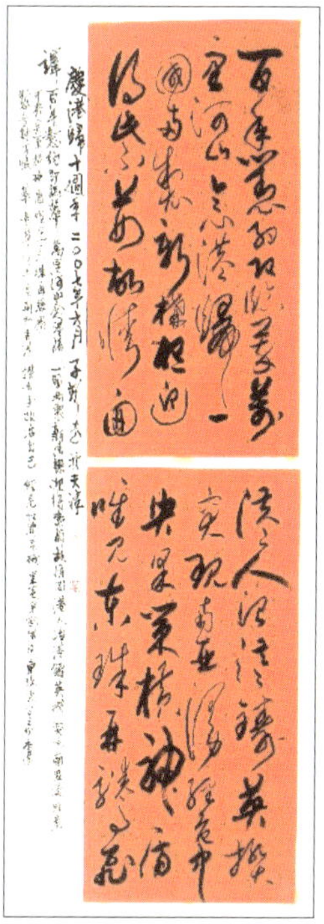

孙宝龄书法

（国立艺专毕业生）组织成立的北京美术学会，先后在桂林、北京举办画展。1990 年又在北京历史博物馆办个人画展。

书法

朱振周　著名书法家，字久康，号顽石，1917 年生，先后受教于王久子、张品卿、于胥梦等名家。朱振周书法从欧柳入手，上溯秦汉魏晋，历代名碑法帖，无不心摹手追，潜心研习。其楷书雄劲遒健，神韵醇厚，结构严谨，尤善擘窠榜书，苍劲有力；篆隶线条刚柔相济，寓清秀于古朴；行书纵横挥洒，笔酣墨饱，力透纸背。旅美知名人士郝侃增评其书法说："以魏碑写行草，惠心独具，自成一家。"1996 年，在《中华民族艺术杯书画大赛献爱心希望工程义展》上，朱振周无偿捐赠作品，荣获金奖，被授予献爱心模范艺术家称号，并被上海民族画院聘为院士。2009 年因病去世。

孙宝龄　著名书法家，字子声，1934 生，天津书法家协会会员，津南区老年大学顾问。1993 年 12 月个人作品登入《中国当代书法家辞典》。其培育的多名青少年书法特长生，在全国大赛中获特等奖、一等奖，本人被评为辅导员一等奖。2007 年 8 月参加庆祝香港回归十周年书法大赛获一等奖。2015 年举办庆祝抗日战争胜利 70 周年专题书法展，并出版《孙子声书法作品集》。

孙玉山　书法家，1957 年生，咸水沽一中高级教师，中国书法家协会会员，先后师从田蕴章、张牧石、穆奎信、董洪辰、况瑞峰诸先生研习书法。书法作品入选全国第二、三届正书展、全国第四届新人展，多次入选天津市各类展览。

陈吉梦　书法家，1961 年生，天津书法家协会会员。20 岁开始学习书法，楷书从欧柳入手，在唐云来先生悉心指导下，潜心研习董其昌及二王行草书。作品曾多次荣获

孙玉山书法作品

陈吉梦书法作品

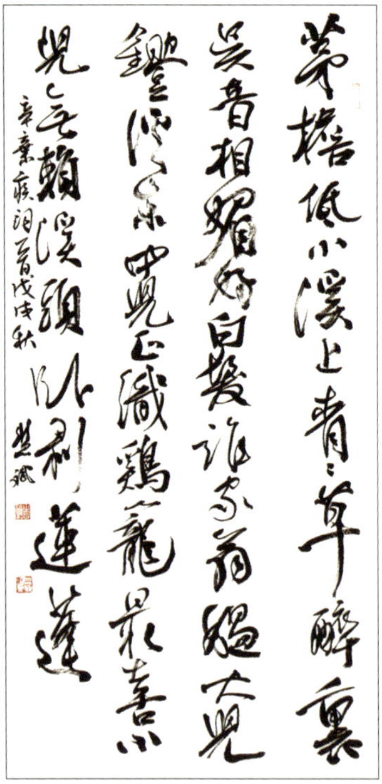

李慧斌书法作品

国内外奖项，2012 年作品《宋词》入选天津市第七届书法作品展。2016 年 3 月陈吉梦在天津美术馆举办“三友书画展”；2016 年 10 月赴台湾参加台湾天津书画交流展；2017 年 1 月赴日本参加国际书画交流展获得大奖。

李慧斌 书法家，1976 年生，中国书法家协会会员、天津书法家协会理事、行书委员会委员。其作品 2005 年获天津市第二届天津新人展十佳，连续入展天津市第五、六、七、八届书法篆刻展，2013 年入展中国书协举办的“沈延毅杯”书法篆刻展、“乾元杯”书法篆刻展。

篆刻

赵厚礼 1947 年 9 月生，自学生时期钟情篆刻诗画。2003 年 10 月 25 日，篆刻作品获入选纪念毛泽东诞辰 110 周年大型画册《东方红·诗书画》并获金像奖。在 2014 年第五届“羲之杯”全国诗书画家邀请赛上，“咏书法三首”获得三等奖。在第二届“伟人颂·中

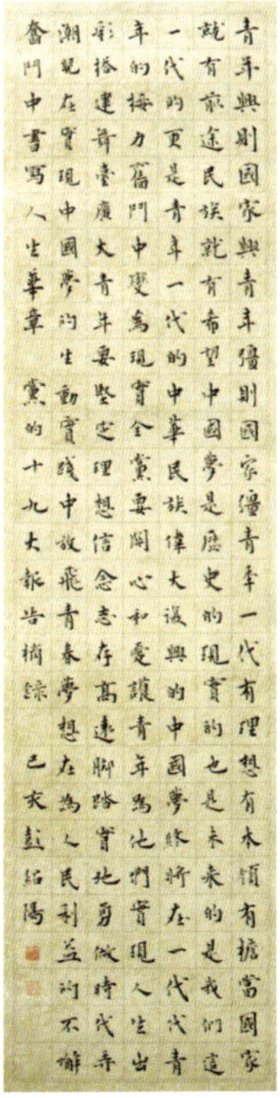

彭绍阳提名全国首届篆书展奖的作品（2010年）

赵厚礼参加和平杯全国书画诗词摄影大赛获奖作品

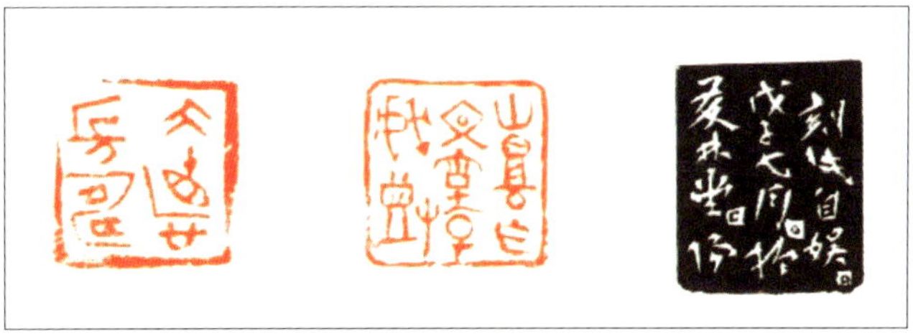

彭绍阳参加全国第六届篆刻展作品

国梦”全国诗文书画大赛上，“咏伟人邓小平诗三首”获得二等奖。在2017年在“雄安撬动京津冀，大计劲掀双创潮”全国诗联大赛中，楹联获得三等奖。现为中华诗词学会会员、中国楹联学会会员、中国诗赋学会会员、天津作协会员。

彭绍阳　1987年生，是津南区文化馆美术干部，中国书法家协会会员、天津书法家协会楷书委员会委员、天津美术家协会会员。其作品获全国首届篆书展提名奖、文化部全国群星奖银奖，入选“80榜样”全国八十年代书家提名展，入展全国第六届篆刻展、天津市第六、七、八、九届书法篆刻展（在第八届获奖）。

王凤翊　1984年生，其篆刻作品多次在国内外参展并获奖。2005年在津举办四人联展，2013年在天津图书馆举办个人展并召开“王凤翊书法作品研讨会”。个人传略被收入《世纪文库·当代人物文献》。

李润生　1995年退休后进入天津老年大学学习篆刻，偶然接触到瓷刻。他专心钻研、潜心摸索瓷刻，逐渐成为瓷刻艺术的高手。20多年来，他创作瓷刻上百幅，最得意的作品是10幅毛泽东主席不同时期的肖像。2002年，担任咸水沽镇老年大学校长。

李润生与其作品（2019年12月）

摄影 剪纸

摄影 咸水沽镇的摄影艺术兴起于80年代。领军人物是景文军。目前，摄影骨干队伍发展到60余人。景文军任天津市艺术摄影学会理事，是中国艺术摄影学会会员。其于1985年开始从事专职摄影工作，先后策划“魅力津南”“美丽津南”“津南区首届美术摄影展”等大型展览，并从2002年始，组织、策划和执行全区大型文化活动100多项，参与策划100余场基层文化活动。他还培养专业人才，他们的摄影作品多次入选全国及天津市各类专业摄影展和比赛，并取得优异成绩：2009年12月，获全国第十五届“群星奖”美术书法摄影天津地区选拔赛银奖；2013年1月，获“群星璀璨·全国群众美术书法摄影优秀作品展”金奖；多次获天津市举办的摄影大赛金、银、铜奖。2012年6月，景文军被聘为新华社签约摄影师，著有《浅议如何推进津南区广场文化的健康发展》《葛沽宝辇花会初探》《对野外花卉摄影的几点思考》等。

咸水沽镇绿色屏障景色（2020年7月） 景文军 摄

尔联美（2020年5月）

剪纸　境内剪纸艺术以尔联美、杨家林为代表。剪纸艺人尔联美，女，1925 年出生于天津市宝坻县尔王庄，曾用名耳立新，后居住于咸水沽镇，是天津市民间艺术家协会会员，自幼受家庭熏陶，喜好剪纸艺术。1976 年，从天津板纸厂退休后，剪纸就成为其生活中的一部分。尔氏剪纸注重从生活中汲取灵感，取材广泛，内容丰富：或自然风景，飞鸟动物；或民间传说，民风民俗；或年节时令，重大活动。尔联美剪纸艺术受不同风格流派艺术影响，逐步形成生动逼真、清新自然、典雅大方、剪法细腻的独特艺术风格。1989 年，她在天津古文化街举办个人剪纸展览。“喜迎澳门”“澳门回归”等作品参加 1999 年天津市“99 津门百老文化之星展览”。作品多次在国内外展览中获奖，被日本、法国、意大利等国友人收藏，并入选少儿美术教材。

尔联美剪纸作品

楹联 戏剧 曲艺

楹联 咸水沽镇楹联文化发展早，很有群众基础。80 年代后期，很多人就开始有组织地集中学习写作研究楹联。2011 年 5 月 22 日，成立津南区楹联学会。是年 12 月，咸水沽第四小学成为天津市楹联教育基地，推动咸水沽镇楹联活动健康快速发展。每年春节，咸水沽镇楹联爱好者都要深入社区、企业开展送春联活动。

2012 年，在“天津精神征联赛”上，范元通、于树华、李国柱、赵厚礼、李象恒、赵若峰、韩希尧、高永智、薛恩泉、周贵麟、于树华、付玉玲、韩永礼等人的作品被征集入选优秀作品集。

国防用语作品征集，李国柱获天津市楹联一等奖，作品被推荐到全国参赛，获优秀奖，津南区楹联学会获优秀组织奖。

2013 年 6 月 8 日，在天津市楹联学会举行的 2012—2013 年度年会上，津南区咸水沽第四小学教师高永智获得“津门联坛十秀”称号。

2016 年 11 月 13 日，蔡庆发、韩希尧、赵若峰、于树华、韩永礼、范元通、李象恒、周贵麟、李国柱、王维顺、薛恩泉、付玉玲，入编《中国楹联集》（2015 年卷），这是津南区楹联学会咸水沽镇会员创作的楹联作品集，首次入编《中国楹联集》。

2017 年，范元通、于树华、李国柱、赵厚礼、李象恒、赵若峰、韩希尧、高永智、薛恩泉、周贵麟、于树华、付玉玲、韩永礼等咸水沽镇多名会员作品在《天津日报》《今晚报》《中国楹联报》等刊物上刊登。

2018 年，镇开展楹联文化进社区活动，聘请市书法家协会唐云来主席和市楹联学会会长陈伟明为顾问。为确保进社区的楹联作品具有较高的辨识度和地域人文特色，在市楹联学会和山西《对联》杂志的大力支持下，镇进行全国征联。此次征联活动得到全国各地楹联爱好者的积极响应，共收到山西、河北、广东、湖北、辽宁、四川、福建、广西及天津的585名楹联爱好者应征的800余副联。来自北京的孟广祥、江苏的徐琳等29名作者获奖。咸水沽镇筛选出近百副具有时代性和充满正能量的精品佳作，专门刻制成带有鲜明民族文化元素的大门联、楼门联、公共设施联等。

益华里社区普明南里小区被评为天津市首个楹联小区。其45栋楼门口全部悬挂楹联，小区周边围墙还制作96块传统文化灯箱，一进入小区楼栋，就能体会到楹联文化的魅力。小区大门联“普天日月明，善政弘开，百姓安居关国运；沽上社区美，德风祥聚，众邻合力建家园”和居民楼门联“邻里常思三尺巷；社区应是一家人”等，在社区内引发热议并产生强烈的反响。特别是联墨名家为社区量身定做成美轮美奂的楹联艺术品，美化了社区环境，提升了小区文化品位。

戏剧 咸水沽人爱看戏也懂戏，中华人民共和国成立前都是庙会唱戏。中华人民共和国成立后，很多村成立业余剧团，有京剧团、评剧团、河北梆子剧团，还有歌剧团、话剧团。永安京剧团《打渔杀家》、新兴村的评剧《人面兽心》、东张庄村的歌剧《梁山伯与祝英台》、李庄子村的歌剧《王贵与李香香》、三四街的话剧《李闯王》等都非常有名。评剧发展很快，建有文化馆直属的业余评剧团、新兴乡业余评剧团、下郭庄业余评剧团、东张庄业余评剧团、房建队业余评剧团。演出剧目主要有《刘巧儿》《新事新办》《谁是女婿》《中秋之夜》《走上新路》《母女俩》《多亏了共产党》等。

80年代后，有些剧团解散，但新剧团又诞生。主要有新蕾京剧团、振华国剧社、惠苑京剧团、益华里评剧团等，他们常年活动在村、社区、广场，经常参加市、区组织的各类戏曲比赛和演唱活动。

新蕾京剧团于1988年建团，剧团以青年为主。演出剧目有《女起解》《小宴》《二进宫》《凤还巢》《状元媒》。1992年，剧团被评为天津市首批优秀票房。每年参加津南区“枫叶杯”折子戏比赛和戏曲明星选拔赛。

咸水沽镇河北梆子爱好者王桂兰在第四届“京津冀”河北梆子大赛中获金奖，并被授予河北梆子大赛票友十大名票的荣誉称号。

振华国剧社，中华人民共和国成立初期建团，演出剧目有《女起解》《大保国》《二进宫》《探皇陵》等。曾在纪念抗日战争胜利50周年天津市职工文艺会演中获一等奖。1996年，加入天津市京剧票友戏迷协会。2000年，被评为天津市首届十佳京剧票房。在首届中国京剧艺术节“广厦杯”天津京剧知识竞赛中获优秀奖。2002年，天津电视台举办的天津票友京剧行当大赛，国剧社成员安毅获花脸组第一名，荣膺擂主，张树忠获青衣组第二名。2003 年 7 月 20 日，在中央电视台戏曲频道“过把瘾 · 天津行”京剧票友比赛中，振华国剧社夺得“优胜奖”。咸水沽镇已成为津南区群众性戏剧活动中心。

曲艺

韩少刚，津南区第七届政协委员，中国曲艺家协会会员，天津市戏剧家协会会员。从 1971 年始在津南区文化馆从事群众文化工作，副研究馆员。自 1988 年开始小品、曲艺等创作，从 1990 年至 2016 年，韩少刚创作的小品在全国及天津市小品大赛中，有 20 余部获奖。小品《路口》1994 年获天津市第五届“天穆杯”话剧小品比赛创作二等奖、表演三等奖，1995 年在第二届“南开杯”全国话剧小品邀请赛获表演三等奖，1996 年在中央电视台春节联欢晚会上经尚敬改编后播出，由郭东临、魏积安、赵亮表演。小品《阳台》1999 年在中央电视台《综艺大观》栏目中播出。

京东大鼓　曲艺在咸水沽镇很有群众基础。业余演员刘炳山，从小酷爱京东大鼓，最崇拜京东大鼓表演艺术家董湘昆。

2002 年，经人介绍认识了董湘昆，董湘昆认为刘炳山在嗓音、唱腔等方面基本功扎实，很有发展前途。2003 年，董湘昆正式收刘炳山为徒。刘炳山按照老师“人比钱贵、德比艺高、德艺双馨、吾辈目标”的教导，刻苦训练，在老师的调教下技艺日益精进。

2015 年，由天津市文化广播电视局、天津市津南区人民政府举办的首届“董湘昆杯”全国京东大鼓邀请赛颁奖暨汇报演出在咸水沽镇举行，共有 11 个省市 40 余名演员

刘炳山在演出（2015年）

进入决赛，刘炳山取得第一名。中国曲协的领导到场观看。2018 年，在咸水沽镇又举办第二届“董湘昆杯”全国京东大鼓邀请赛颁奖暨汇报演出，演出取得圆满成功。

文化设施 1950 年，为加快推进村农家书屋工程建设，南洋、北洋、韩城桥、李庄子、潘庄子、刘家码头、周新庄、五登房、二道桥、苑庄子、赵北庄、池家稻地、周辛庄等 13 个村建立农村书屋，共配送各类图书 19500 册，电子音像读物每村 105 种、报刊 32 种。在益华里、惠苑里两个社区建成市图书馆的流动分馆 2 个。在津重重工、广聚源纸业有限公司等企业建立了职工书屋，并配送图书 600 册。韩城桥、南洋等 9 个村建立了文化活动室，配备电子琴、吉他、二胡、笛子、卡拉 OK 等乐器及文化用品 115 件（套）。2005 年 11 月，成立镇文化广播电视服务中心，负责对全镇文体活动进行组织、服务与管理。

2015 年 6 月，咸水沽镇综合服务中心成立。各文化服务中心功能室都配有统一购置的文化设备，图书电子阅览室有电脑 10 台，图书 3000 多册，各类报纸杂志 30 余种。戏曲、乐器排练室为广大文艺爱好者配备了戏曲和民乐的各类乐器 30 余件。自镇文化中心投入使用以来，已举办广场舞、健身舞、瑜伽等培训班 20 期，书画笔会活动 15 场次，组织开展了各类文艺演出、竞赛、公益讲座等文化活动 100 场次。

2018 年，镇域内有海河教育园区图书馆、津南区图书馆、津南区新华书店、津南区文化艺术中心、周汝昌红楼梦学术馆、平凡友好画院；有文化书屋 43 个，全部实现管理的规范化、科学化，成为广大居民的“幸福屋”；有固定文体休闲场所 45 个，拥有文体艺术队伍 80 余支，文体指导员 500 余人，其中包括书画队伍 3 支，民间工艺队伍 12 支，老中青文学创作队伍 1 支，还有振华国剧社、惠苑京剧团、众合河北梆子、红星里社区评剧团、益华河北梆子、永安京剧团、四里沽评剧团等戏剧队伍 9 支，另有村、社区广场舞、模特队伍 20 支，拥有惠苑里、益华里、红星里、南洋里、众合里、金石里、解放里、宝业鑫苑、刘家码头等社区、村艺术团 9 支，拥有北洋、胜利、长乐、永乐、同善等高跷、秧歌花会队伍 18 支，拥有李贵友民乐、付宝禄萨克斯等民间器乐培训、表演队伍 4 支。

体育之乡

中华人民共和国成立前，咸水沽镇未有任何体育设施。中华人民共和国成立后，咸水沽镇群众体育活动快速发展，篮球率先发展，机关、工厂、学校及镇村都建起篮球队，每天晚饭后，很多人都要到篮球场打篮球，单位与单位之间、村与村之间经常进行比赛。足球、乒乓球也随之跟上。1980年后，篮球、足球、射击、乒乓球、象棋、田径、网球、排球、橄榄球等项目全面开展，群众体育活动更加丰富多彩。各村参加各种体育活动的农民达2000人次。体育组织健全，体育设施完善。各个项目都建有协会、俱乐部，每年组织“迎新春”镇综合运动会、“三八健康杯”系列体育竞赛、广场舞会演、手扑球大赛等活动。连续获区第五届、六届、七届全运会团体总分全区第一，多次被市政府评为群众体育工作先进镇。在2000年悉尼奥运会上，咸水沽镇运动员高静为中国夺得一块奖牌（奥运会铜牌），受到国家领导人江泽民、朱镕基等接见。2001年，咸水沽镇获评为全国群众体育先进单位。至2017年，咸水沽镇输送到国家队和天津体工大队的体育人才有50余人。

2017年5月28日至29日，咸水沽镇政府主办“迎全运　金佰大杯”金石里社区青少年足球赛。图为比赛场景

群众体育

中华人民共和国成立后，群众体育运动活跃，域内篮球运动开展得非常普遍。1956 年，镇各村及域内各行业都成立篮球队，有南郊教工篮球队、搬运工会篮球队、板纸厂篮球队、银行篮球队、政府机关篮球队。1973 年，镇成立体育工作领导小组。1977 年篮球运动达到高峰。队与队之间经常开展友谊比赛活动，还邀请域外篮球队来咸水沽镇进行友谊比赛。篮球运动除青年、壮年参加外，身体较好的中老年也都积极参加。各村之间多利用晚饭后的时间互约比赛，观看群众甚多。1982 年以后，镇组织队伍参加由区组织的长跑、棋类和各种球类比赛，都取得优异成绩。咸水沽镇足球队参加由天津市体委、天津市农民协会、天津市交通管理委员会组织承办的天津市“红绿灯杯”农民足球比赛，获亚军。

金石里分会场的柔力球（2016年2月）

抖空竹（2015年）　　梁洪斌　摄

1990 年，咸水沽镇农民体育协会

金才园小区中的篮球场（2017年6月）　李仁会　摄

丰达园居民在打乒乓球（2018年6月）

成立，各村先后建立乒乓球、象棋等俱乐部，群众体育活动更加丰富多彩。

咸水沽镇从 1993 年开始每三年举行一届农民运动会，运动会集传统体育项目、趣味运动于一体，吸引和调动广大群众的参与热情，使各村的体育热情长盛不衰。每年参加各种体育活动的居民达 2000 人次，连续多年在区组织的各项比赛中取得第一名的优异成绩。

体育场地及设施建设快速发展。自 2001 年始，15 个村和社区先后均建起 1000 平方米以上的文体休闲广场，配备了灯光篮球场、乒乓球台、单双杠、压腿机、太空漫步机等标准和示范性的多功能体育器材 25 套，计 155 件。另在 10 个社区、27 个村建立体育活动室。目前镇固定文体活动场所 55 个，大小体育活动点 200 余处。

2010 年，镇内有群众体育组织，如农民体育协会、镇太极拳协会、八极拳武术训练中心及各村的篮球、乒乓球、象棋等俱乐部。此外，还拥有广场舞、太极（拳、剑）等镇级体育骨干队伍 18 支，体育指导员 300 余人。这些团体在市组织的各项比赛中均取得好成绩。

1995 年，咸水沽镇被国家体育运动委员会评为“全国亿万农民健身活动先进乡镇”。2001 年，被国家体育运动委员会评为“全国体育先进乡镇”。1994—2001 年，被市、区体育运动委员会评为市、区农民体育工作优秀单位。2001 年 11 月，镇长乜金荣在广州接受国家领导人颁发的奖牌，并受到江泽民等国家领导人的接见。为丰富广大群众春节期间的体育文化生活，咸水沽镇于 2016 年 2 月 18 日（正月十一）上午举办“2016 年健身大拜年暨元宵节民间花会展演”大型民俗踩街活动，表演地点分别设在津沽休闲园、宝业馨苑以及金石里社区。来自咸水沽镇各村（社区）的 28 支健身和花会队伍参加了舞龙、舞狮、威风锣鼓、秧歌、高跷、竹马、旱船、腰鼓、健身舞、广场舞等 10 余个项目的表演，表演团队精彩纷呈，给广大居民献上了一道道丰盛的元宵节文化大餐，受到群众热烈欢迎。

学校体育

1948 年 12 月，咸水沽镇解放后，人民政府接管的三所旧学校均无专职体育教师。1950 年，小学每班每周设体育课 2 节。1954 年后，各校多数学生参加跑、跳、投三项活动，分为一、二、三级标准，定期测验合格者颁发“劳卫制”证章和证书。1957 年，各小学相继配备专职体育教师 6 名。

1962 年秋季，区举行第一次中小学乒乓球比赛。咸水沽第二小学代洪志获小学男子组单打第一名。同年秋举行区中小学田径运动会，咸水沽小学获小学组团体第一名。1964 年，区中小学田径运动会上咸水沽第一小学获小学组团体第一名。1971 年 4 月，

津南区第三幼儿园组织的环保运动会（2010年）

咸水沽一中学生艺术体操表演（2019年12月）　津南区教育局　提供

天津市教育局在津南区咸水沽二中操场举行全市中小学体育现场会。1974 年，天津市举行中小学乒乓球比赛，咸水沽第二小学获团体第三名。咸水沽第三小学于 1980 年被确定为南郊区足球训练点，1983 年获“四郊五县”中小学生足球小学组团体第一名。

1985 年 12 月，津南区实验小学获霍英东体育基金会的奖金 20000 元，是国家三北地区第一所获奖的学校。奖状中写道：“天津南郊咸水沽第一小学（津南区实验小学）认真贯彻党的教育方针，积极开展体育传统项目训练，成绩优异，特颁发霍英东体育基金会传统体育项目学校奖，以资鼓励。”2006 年，津南实验小学被命名为国家级传统项目学校。

实验小学在全市率先创办大课间活动。1993 年 10 月，天津市教育局在津南区实验小学召开“天津市中小学校‘曙光杯’大课间活动现场会”，向全市中小学推广津南区实验小学大课间活动的经验。

1996 年 9 月，市教育局在王家场小学召开“自力更生创建体育活动小区”现场会，向全市中小学推广。1997 年，该校在校园里建立体育活动小区，利用课上或课余时间组织学生充分使用器械，开展体育活动。2000 年，队员以咸水沽第四小学运动员为主的棒球队赴台湾参加比赛，获得“‘诸罗山和信鲸杯’国际软式棒球邀请赛”会外赛亚军。

1981 年 6 月，镇第一小学被评为天津市中小学首批检查验收《中小学体育卫生工作暂行规定》（简称两个条例）的优秀单位。咸水沽镇实验小学 1985 年成为天津市体育传统学校。1986 年，该校被评为全国优秀体育传统项目学校并获国家教委、国家体委奖金

咸水沽镇第四小学学生的跆拳道表演（2019年）　　　　津南区教育局　提供

“迎全运　金佰大杯”部分参赛小球员合影（2017年5月28日）

6000元。1990年10月“全国希望杯”业余训练活动现场会在南郊咸水沽镇举行，咸水沽实验小学为全国各省、市、自治区的领导、专家进行现场观摩课。是年，再次被评为全国先进体育传统项目学校。1991年，咸水沽实验小学和咸水沽第四小学被确定为新体育教学大纲实验校，承担1994年10月在津南区召开的全国17省市自治区落实新体育教学大纲现场会任务。1995年，咸水沽实验小学和原咸水沽第二小学被评为市级优秀体育传统项目学校。1995年12月19日，实验小学被天津市评为群众体育工作先进单位。

2002 年咸水沽第一中学（长于篮球、乒乓球、田径），咸水沽第三中学（长于田径、篮球），津南实验小学（长于田径），被命名为市级后备人才学校。2006 年，咸水沽第一中学被命名为国家级奥林匹克教育示范基地。镇有四所学校被市确定为体育传统项目学校：实验小学、咸水沽第四小学为田径体育传统项目学校；原咸水沽第二小学为乒乓球体育传统项目学校；咸水沽第三小学为足球体育传统项目学校。2011—2015 年，津南实验小学、咸水沽第三中学被命名为国家级传统项目学校。

多年来，各校积极向区业余体校输送优秀的运动员，经过体校的培养，他们中许多人进入国家队或市体工队，在国际和国内比赛中取得优异成绩，成为著名的运动员。他们当中有高静、潘玉庆、宋伟、赵子良、郑璐璐等。

竞技体育

至 2018 年，咸水沽镇获得奥运会、亚运会及其他国际比赛名次的运动员有高静、潘玉庆、赵子良、李纪皎、左明旺、王恩芳、李树香、李维、郑璐璐、韩涛、李登运、邱富海。

咸水沽镇获得国家各项比赛前三名的运动员（含射击、铁饼、柔道、举重、垒球、自行车、田径、棒球、排球、足球、空手道、乒乓球、摔跤等项）有 51 人：李国胜、王凤彦、邱富海、孙文东、李文昭、刘华丽、左明旺、韩会娥、刘蕴丽、李豫、杨柱新、包娜、周杰、贾轩（跳远）、周长明、潘玉庆、李登辉（垒球）、李登运、刘桂欣（垒球）、贾世博、张锐、潘蕊、张义伟、吴娜、李维、郑璐璐、王恩芳、宋伟、田莉、黄艳琦（棒球）、刘亚楠、胡光敏、叶东海（棒球）、张云峰（棒球）、徐昌清（棒球）、古文欣（棒球）、窦星萌、马立娟、王婷婷（足球）、孙妍（排球）、崔恩庭（棒球）、董泽志（棒球）、苏光耀（棒球）、丁宁、刘怡、刘嘉惠、李鸽、张迎旭、孙雪、叶东林（棒球）、周婷婷（足球）。

咸水沽镇输送到国家队和天津体工队等人员约50余人。

射击运动员高静参加国际级竞赛成绩表

表5

赛事名称	年份	地点	组别	项目	名次
第九届亚洲射击锦标赛	2000	马来西亚	女子组	气步枪40发	1
世界杯射击总决赛	2000	德国	女子组	气步枪40发	2
第27届悉尼奥运会	2000	悉尼市	女子组	气步枪40发	3
世界杯射击赛	2001	亚特兰大	女子组	气步枪40发	2
第十四届亚洲运动会	2002	釜山市	女子组	气步枪40发	2
世界杯射击总决赛	2002	德国	女子组	气步枪40发	3
世界杯射击系列赛（上海站）	2002	上海市	女子组	气步枪40发	1（平世界纪录）
第48届世界射击锦标赛	2002	芬兰	女子组	气步枪40发	1
第48届世界射击锦标赛	2002	芬兰	女子组	气步枪40发三人团体	1（破世界纪录）
第14届亚洲运动会	2002	釜山市	女子组	气步枪40发三人团体	1（破世界纪录）
世界杯射击总决赛	2002	德国	女子组	气步枪40发	3
世界杯射击赛	2003	曼谷市	女子组	气步枪40发	3
世界杯射击总决赛	2003	德国	女子组	气步枪40发	3
世界杯射击赛	2004	曼谷市	女子组	气步枪40发	3
第十届亚洲锦标赛	2004	马来西亚	女子组	60发卧射团体	1

柔道运动员潘玉庆、李登运参加国际级竞赛成绩表

表6

赛事名称	年份	地点	姓名	组别	名次
世界杯女子柔道比赛	1998	明斯克	潘玉庆	女子72kg级团体赛	2
世界杯女子柔道锦标赛	1999	白俄罗斯	潘玉庆	女子72kg级团体赛	2
亚洲青年女子柔道锦标赛	2002	大马士革市	李登运	女子70kg级	3
第十四届亚运会柔道赛	2002	韩国	潘玉庆	女子78kg级	3
第二十二届世界大学生运动会	2003	大邱市	潘玉庆	女子78kg级	2
世界柔道A级赛加拿大站	2004	加拿大	潘玉庆	女子78kg级	1
世界柔道A级赛美国站	2004	美国	潘玉庆	女子78kg级	2
亚洲柔道锦标赛	2008	韩国	潘玉庆	女子78kg级	1

自行车运动员郑璐璐、李维参加国际级竞赛成绩表

表7

赛事名称	年份	地点	姓名	组别	项目	名次
亚洲青年自行车锦标赛	2005	印度	郑璐璐	女子组	500米追逐赛	1
亚洲杯场地自行车赛	2006	马来西亚	郑璐璐	女子组	个人追逐赛	1
亚洲杯场地自行车赛	2006	马来西亚	郑璐璐	女子组	500米计时赛	1
亚洲杯场地自行车赛	2006	马来西亚	李维	男子组	4公里团体追逐赛	1
亚洲杯场地自行车赛	2006	马来西亚	李维	男子组	个人记分赛	2
亚洲杯场地自行车总决赛	2006	曼谷市	郑璐璐	女子组	500米计时赛	1
亚洲杯场地自行车总决赛	2006	曼谷市	郑璐璐	女子组	个人争先赛	1

续表7

赛事名称	年份	地点	姓名	组别	项目	名次
亚洲杯场地自行车总决赛	2006	曼谷市	李维	男子组	4公里团体追逐赛	1
亚洲杯场地自行车总决赛	2006	曼谷市	李维	男子组	4公里个人追逐赛	2
亚洲场地自行车锦标赛	2007	泰国	李维	男子组	4公里团体追逐赛	1
第27届亚洲自行车锦标赛	2007	泰国	郑璐璐	女子组	凯林赛	1
第27届亚洲自行车锦标赛	2007	泰国	李维	男子组	4公里团体追逐赛	1
第27届亚洲自行车锦标赛	2007	泰国	郑璐璐	女子组	凯林赛	1
第27届亚洲自行车锦标赛	2007	泰国	郑璐璐	女子组	变速赛	1
第27届亚洲自行车锦标赛	2007	泰国	郑璐璐	女子组	争先赛	2
世界自行车锦标赛	2008	英国	郑璐璐	女子组	团体变速赛	2
亚洲场地自行车锦标赛	2008	日本	郑璐璐	女子组	争先赛	1
亚洲场地自行车锦标赛	2008	日本	郑璐璐	女子组	凯林赛	1
亚洲场地自行车锦标赛	2008	日本	郑璐璐	女子组	变速赛	1
亚洲场地自行车锦标赛	2008	日本	李维	男子组	4公里团体追逐赛	1
世界杯场地自行车赛（第一站）	2008	英国	郑璐璐	女子组	争先赛	2
亚洲场地自行车锦标赛	2009	印度尼西亚	李维	男子组	4公里个人追逐赛	1
亚洲场地自行车锦标赛	2009	印度尼西亚	李维	男子组	4公里团体追逐赛	1
第十六届亚洲运动会	2010	广州市	李维	男子组	4公里个人追逐赛	3

体育名人选介

悉尼奥运会铜牌获得者高静　1976年生于津南区咸水沽镇，1990年进入津南区业余体校射击队。1991年考入天津市第二体育运动学校。1994年被选入天津市射击队。1996年获射击运动健将称号。1998年获国际级运动健将称号，是年，入选国家射击队，获全国射击小口径运动步枪3×20冠军。多次参加国际级竞赛取得优异成绩。霍英东体育基金会授予高静金质奖章一枚。中共天津市委、天津市人民政府授予高静“市级劳动模范荣誉称号”；天津市总工会、团市委、市妇联授予高静“九五”立功先进个人、新长征突击手、市级“三八红旗手”称号。2008年，进入国家射击队教练组，在清华大学射击队从事教练工作。

高静在比赛中

亚洲杯场地自行车锦标赛冠军李维　1982年生于咸水沽镇，1994年进入津南区业余体校，1998年入选天津市自行车队。在2002年全国场地自行车冠军赛（第二站）中获男子4公里追逐赛第

2008年10月18日，在第十一届全运会上，天津自行车队运动员李维（中）在男子场地自行车4公里个人追逐赛中，以4分30秒385、超出对手7秒多的绝对优势，勇夺冠军，实现了天津在全运会自行车项目上金牌的历史性突破。图为选手获奖时的情景

二名；在2003年全国场地自行车锦标赛中获男子4公里团体追逐赛第二名；2004年参加全国场地自行车冠军赛，获男子4公里团体追逐赛第一名；2006年参加全国场地自行车锦标赛，获男子4公里团体追逐赛第一名；2007年参加全国场地自行车锦标赛，获男子4公里团体追逐赛第一名，并打破全国纪录；在全国场地自行车冠军赛中获男子4公里团体追逐赛第一名；在2009年全国场地自行车冠军赛中获男子4公里团体追逐赛第一名、4公里个人追逐赛第一名，并打破全国纪录；在第十一届全国运动会场地自行车赛中获男子4公里个人追逐赛第一名。多次代表中国参加亚洲自行车锦标赛，成绩优异。

亚洲杯场地自行车锦标赛冠军郑璐璐 女，1987年1月生于咸水沽镇，小学时进入津南区业余体校，从事中长跑训练。2002年考入天津市第二体育运动学校，从事自行车运动训练，同年入选天津市自行车队，2007年2月入选国家自行车队，2007年参加“捷安特杯”全国场地自行车锦标赛，获凯林赛第一名，并打破全国纪录。多次代表中国参加亚洲及世界自行车锦标赛，取得优异成绩。

世界柔道A级赛冠军潘玉庆 女，1978年8月生于咸水沽镇，1992年进入津南区业余体校，1995年进入天津市柔道队，1998年入选国家柔道队，是津南区第一位国际级运动健将，2010年退役，曾任天津女子柔道队教练。

郑璐璐在比赛中

潘玉庆获奖时的情景

体育设施

20 世纪 50 年代至 70 年代，镇域内体育设施主要是各村修建的篮球场、乒乓球室、象棋俱乐部等。80 年代，修建了津南体育场等设施。津南体育场建有标准 400 米田径场、标准足球场，有可容纳 5000 名观众的看台；津南游泳馆的建筑面积为 2700 平方米，游泳池长 25 米、宽 16 米，泳池面积 400 平方米；津南射击场面积为 600 平方米，有 50 米靶位 12 个、25 米靶位 6 个、10 米气步枪靶位 6 个；津南网球馆设有 1300 平方米的塑胶场地；津南旱冰场面积为 1250 平方米；津南体育馆的建筑面积为 1236 平方米，使用面积为 792 平方米，内设 1 块灯光配置标准的篮球场和 20 张乒乓球台。

咸水沽第一中学、津南区实验小学也修建了体育馆。咸水沽第一中学的体育馆面积为 2418 平方米，馆内设有灯光篮球场一块，有 900 个座位，可满足学校师生健身活动

海河教育园区体育馆（2015年） 景文军 摄

需要；津南区实验小学体育馆面积为1953平方米，馆内设有灯光篮球场一块，有408个座位，可满足学校师生健身活动需要。

1999年6月，由镇、村投资100余万元修建咸水沽镇体育活动中心。活动中心占地面积25亩，建有3个网球场，2个篮球场，1个健身房，1个小足球场和健身路径等设施。健身房内有健身组合、跑步机、“健美骑士”、仰卧起坐器、哑铃、单杠等设施。室外修建200米环形跑道，并建有健身活动区，区内安放的运动器械有单双杠、篮球架、云梯、跑步机、转身器、荡桥等。2001—2017年，域内有海河教育园区体育馆、津南体育馆、游泳馆等6个运动馆，1个射击场，28个篮球场，2个标准足球场，5个乒乓球台（室），盛华桌球城设有达到国际标准的台球桌22张。修整完善农民体育协会、镇太极拳协会、八极拳武术训练中心、象棋俱乐部等处的设施。2011年，天津市海河教育园区体育馆建成，承担了2011年全国大学生运动会、2013年东亚运动会的部分赛事。

风土民情

咸水沽镇是“天津七十二沽”之一，“内河外海，舟楫交汇，人集五方，俗不统一，百货糜至，习尚奢华，贵德耻争，百姓纯良”。咸水沽是移民聚集之地，尤以明清时期为甚，大多与燕王扫北、漕运及小站练兵有关。

境内居民多来自河北、河南、山东、安徽等地，早期以制盐、捕鱼为主业。随着治水种稻的发展，从事农业的人口逐渐增多，占据多数。随着漕运的兴起，商贸业发达，有些农民转而经营漕船，有些农民营办餐饮等服务业，有些农民兼营一些手工制作等。因此，在本地的风俗习惯中，既有本地先民风俗的承袭，又有来自河北、山东、河南、安徽、东北等地风俗的渗透。经过几百年融合，八方人士聚集于此，或务农，或经商，和谐共处。其民风淳朴，民俗文化多姿多彩。20 世纪 20 年代，受大工业的影响，有的居民办起小铁工厂及粉房、修表店、马掌铺、刻字店等手工作坊。50 年代中期，乡村开始办一些小工业企业。随着改革开放及经济快速发展和社会文明的进步，域内居民多从事工商业，各地风俗也随之日益融合趋同，各族人民和睦相处，地区风俗民情特色鲜明。

元宵节灯会（2017年2月）

美食小吃

咸水沽镇历史悠久，商业繁荣，人员来往繁杂，风味小吃名气很大。非常著名的有烧鸡、蹦蹦虾（吉林督军孟恩远所发明）、蛤蜊牛、麻蚶子、油炸泥鳅、炖肥肠、炸灌肠、烧牛肉、羊回头、羊肉锅子（现涮羊肉）、牛蹄筋、羊蹄筋、馅饼、锅贴、扁食、拆骨肉、驴肉、地羊肉、炸蚂蚱、土豆辣椒炒河蟹、虾酱饼、薄饼子虾酱卷大葱、尜尜（gá ga）汤、油炸豆腐、素卷圈、盆儿糕、江米藕、糖堆儿、药糖等20余种。目前，这些风味小吃绝大多数还在流行。

咸水沽烧鸡　咸水沽人制作烧鸡的历史比较久远，有菜瓜烧鸡、李武烧鸡、吴记烧鸡、北洋（村）烧鸡等，大多在解放前或解放初期就开始经营。

菜瓜烧鸡的创始人名叫李树春，绰号小菜瓜，咸水沽人，自小聪颖，解放前曾到丹东学习制作“沟邦子”烧鸡，学成后回咸水沽开始经营烧鸡买卖。他制作的烧鸡色香味俱全，民国时期就提盒沿街叫卖。

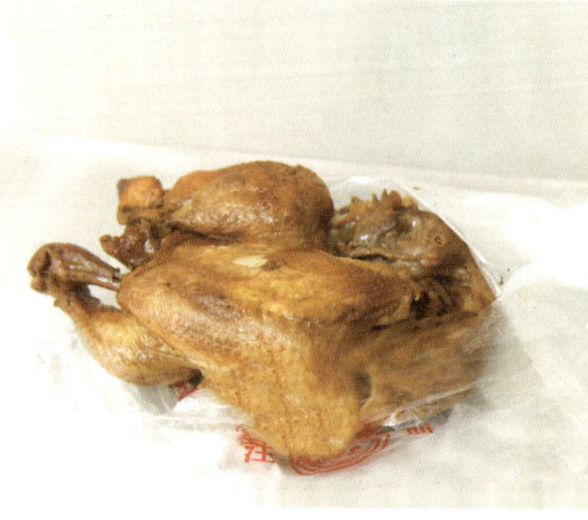

菜瓜烧鸡

北洋老味烧鸡

当时烧鸡是一种奢侈品，很多人买不起，所以就半只半只地卖。李树春不仅限于在咸水沽一带售卖，还经常徒步或骑自行车进天津城区叫卖。一来二去，菜瓜烧鸡的名气渐渐地响起来。天津有的饭店还与他签订合同，如天宝楼便长期订购他的烧鸡，每天10余只。菜瓜烧鸡名气越来越大，带动咸水沽镇及津南区烧鸡的发展。其他烧鸡品牌如李武烧鸡、老铁锁烧鸡、吴记烧鸡、刘老头烧鸡等也相继发展起来。

改革开放后，烧鸡业快速发展，菜瓜烧鸡、李武烧鸡、吴记烧鸡，都成为当地的名牌产品。

北洋烧鸡　中华人民共和国成立前，北洋村人制作的味道独特的烧鸡（“肥卤鸡”）在天津很有名气。50年代，北洋村民王世华以“肥卤鸡”为名开始创业，逐渐发展壮大。改革开放初期，于学柱、何纪芳等村民继承和发扬“肥卤鸡”的传统工艺，扩大生产规模，销售由全区逐步拓展到全市，暴奉义率先把销售延伸到北京地区，打响北洋烧鸡的名气。90年代后，班为德、周学林、崔锦港等村民的烧鸡产品兴起，产销量逐年增大。北洋村有村民1310户，总人口3700余人，从事烧鸡生产的有40余户，从业人员800余人，成为天津市第一个烧鸡村。

咸水沽药糖　咸水沽的药糖已有百余年历史，是咸水沽的特色小吃。每天大街小巷都能听到卖药糖的吆喝声。尤其在“一、四、七”赶大集的时候，时而有挑担的、推小车的、骑自行车的卖药糖小贩，吆喝声悦耳动听。

清末民初，咸水沽卖药糖最出名的人名叫一五，大人小孩都叫他“一五爷”。一五爷住在咸水沽有名的酒店天泉涌后面，在咸水沽老爷庙旁玉盛永杂货铺门口推车卖药

池建喜在卖药糖

糖，他虽然腿部有些残疾，行路不便，但是熬制的药糖在海下地区最为有名。其药糖色彩艳丽、口味清凉、芳香四溢、润喉清肺，甚受老百姓欢迎。老人们说，一五爷的药糖，各色各味。绿色的药糖，一定是薄荷的味道，黄色的一定是菊花的味道，红色的一定是月季花的味道。别人的药糖三天卖不了一锅，一五爷的药糖一天一锅，还不够卖。所以至今咸水沽的老人仍然对其念念不忘。

咸水沽镇池家稻地村的池建喜，师承药糖名师郑广成，从16岁开始潜心制作药糖，成为药糖制作传承人。他制作的药糖口味多样，配方独特，花样美观，深受百姓的喜爱，他每天走街串巷售卖，成为津南人最熟悉的卖药糖人。

土豆辣椒炒河蟹 咸水沽地区既种植水稻，又种植蔬菜，河蟹、土豆、辣椒都是本地特产。50年代至70年代，河蟹在河沟、稻田中到处都有，是百姓常吃的美味佳肴。土豆辣椒炒河蟹制作比较简单，先把河蟹洗净后，用刀把河蟹从中间剁开，再把切好的土豆、青辣椒放在锅中炒一下，把切好的螃蟹倒入锅中炒熟即可。这个菜既好吃，又省时间，是招待客人的常见菜。

薄饼子虾酱卷大葱 历史上咸水沽地区海水、河水交融，加之河汊子多，盛产多种虾，把虾做成虾酱，是古镇历史上的美食。薄饼子虾酱卷大葱中的虾酱由白芦虾、对虾头、小海蟹、麻线等制成。炸虾酱，就是把生虾酱用葱姜蒜与食油烧熟。过去人们把玉米面掺一点白面，烙成薄饼子，把炸好的虾酱用小勺舀一些放在薄饼子中间，再放点大葱卷起来吃，俗话叫薄饼子虾酱卷大葱。

虾酱饼 这个菜很简单，很有特色，是普通家庭过去和现在常吃的菜，尤其是下酒的必备好菜。原料为虾酱、鸡蛋，配料为葱末、姜末、白糖、料酒。打鸡蛋3个，放入

土豆辣椒炒河蟹

薄饼子虾酱卷大葱

两匙虾酱和配料，搅匀。油不要很多，在锅内烧热后用小勺挖入鸡蛋和虾酱搅好的糊，把糊糊放在锅的拐角处，这样摊开煎一会儿正好合在一起成半月形，将煎得半熟的饼放在平底锅的一边，继续煎下一个，依次煎好。饼两面呈金黄色出锅摆盘，咸鲜味美。

虾酱饼

汆汆汤　汆汆的做法是把玉米面用少量不太开的水稍微烫一下，用筷子搅拌，慢慢加水，絮状就行。将大葱和菜心一起剁碎，越碎越好；往加好水的玉米面中加盐，把混合好的葱和菜的碎末一并加入，揉匀，攥成团，放置于面板上整形，厚度大约 1 厘米，撒一点玉米面，切成正方形、长方形都好，不想切的话用手攥也行；西红柿去皮切块备用（百姓家多用大白菜），锅中放少量油，用葱花炝锅，炒出香味后放西红柿，把西红柿的汁水熬出来，放切成丝的菜心，直到西红柿熬烂了再加水；水开一会儿后放汆汆，改为中火，等再次开锅就好了。

汆汆汤

油炸泥鳅　泥鳅号称水中人参，在稻田和小沟中都有，是本地特产。咸水沽的大小饭店都有这道菜。做法是先把泥鳅放在盆内，用盐水浸泡，使表皮上的黏液浸出，洗净后蘸一些淀粉或面粉，放油锅中炸熟，出锅后再撒一些孜然等小料即可。

油炸泥鳅

过去的家常菜　有面汤、薄饼子、大麦薄饼子、金果仁薄饼子、烙大饼、焖饼、烩饼、炒饼、饸饹、菜团子、拍锅饼、焖干饭、咸饭、炒面、高粱饽饽、擀面条、合子、棒子面饽饽熬小鱼、大葱杀鱼溻儿、咸菜疙瘩头、虾酱、咸鱼、疙瘩汤等。

家常菜代表韭黄蚕豆瓣

土特名产

清末及民国年间，咸水沽地区盛产荸荠、玉葱（洋葱）、韭菜、菜花等。荸荠时称“葛沽荸荠”，产于葛沽、咸水沽，其个小、好吃，为市场上的零食精品；“葛沽荸荠”亦制粉，称荸荠粉；咸水沽出产的藕称果藕，脆甜，供鲜食；玉葱（洋葱）当时专供租界的西餐厅使用，后种植面积扩大，成为市场的大众菜；咸水沽的清水萝卜周身碧绿，皮光滑而薄，味甘酥脆；韭菜种植较普遍，是居民喜欢的菜品之一。另外，海河岸边的村多种植菜花，在天津也很有名气。60—70年代，秦庄子村种植的菜花以个大、色白、味美而闻名天津和北京，村民们将又大又好的菜花小心翼翼地装上汽车运往北京，并以此为荣。

小站稻 咸水沽水稻种植历史悠久，它起源于宋、辽时期，发展于明代，成名于清代。1875年，淮军著名将领周盛传率部屯驻小站练兵。经总结历代屯田种稻之得失，实

咸水沽的清水萝卜（2016年11月15日） 赵延华 摄

小站稻丰收在望（2019年）

行多项改革措施，培育成功名震中外的小站稻。小站稻米质优良，米粒微长淡绿，晶莹剔透，如玉似冰，蒸熟后银珠粒粒，芬芳四溢，庭院飘香，故而闻名中外。在全国众多的农业珍品中，小站稻是知名度很高的水稻品种。中华人民共和国成立后，小站稻作为优质米销往日本、意大利、古巴、东欧及东南亚国家。1985 年，农牧渔业部再次把小站稻列为名特产品。“小站稻”证明商标于 1999 年 7 月 28 日，经国家工商行政管理局商标局正式核准，是全国第一个粮食作物地域性证明商标，津南区农业技术推广服务中心为“小站稻”证明商标法定持有者。

青麻叶小核桃纹大白菜　元至正六年（1346）就有天津种植青麻叶小核桃纹大白菜的记载。几百年来，经菜农精心选育，逐渐形成天津特有类型，叶色油绿，叶肉密集呈核桃纹状，植株直立呈直角形，叶肉薄而脆嫩，纤维少，烹调易熟而味美，生食菜心甘爽清鲜，分大、中、小核桃纹 3 个类型，为津南区独有品种，是天津市民最喜爱的品种之一。津南区及咸水沽镇是历史上这种菜的重要种植区。中华人民共和国成立后，咸水沽镇大面积种植青麻叶核桃纹大白菜，亩产情况为大核桃纹 9000 千克、中核桃纹大白

青麻叶小核桃纹大白菜

菜7500千克、小核桃纹大白菜6000千克。部分青麻叶小核桃纹白菜销往日本等国及中国港澳地区。

津南青韭 韭菜是天津市四大名菜之一。1974年4月，郭黄庄村农民技术员郭长瑞，从西北卷毛韭菜品种中选出19株优良单株，其中一株最为突出，表现出比原品种叶鞘略粗的特点，植株高大、叶色浅绿，当年进行单株留种。1975—1980年，连续进行鉴定并利用这株自然变异单株进行扩大繁育韭菜新品种。1981年，区韭菜新品种选育试验组进行试验。1984年，经市蔬菜专家鉴定认为津南青韭是新选育的一个优良品种，特点是丰产性好，产量高，商品性好，抗逆性强，叶鞘粗大、长势强，抗涝、抗寒、抗倒伏、抗盐碱等能力强，该品种已达国内先进水平。1985年正式定名为"津南青韭"。1986年，获得天津市人民政府科技成果二等奖。1987年后，推广至西北、华北、东北等地区，1989年后出口韩国。咸水沽镇每年都有大量种植。

津南实芹一号 1973年，南马集村农民技术员王承甫、张继昌从天津市北郊区北仓大队引进白庙芹菜。1974年5月，发现一株当年不抽薹，植株高大，实心无分枝、抗病的变异单株，后进行单株种植、隔离采种。在何洪成、张继波等人的指导下进行隔离，人工辅助授粉，去杂去劣，进行芹菜新品种选育，当时定为南选一号，代号76-3。至1980年，株系扩大繁育，成为具有产量高、品质好、实心、抽薹晚、分枝

津南实芹一号

少、根系发达、植株高大粗壮等优点的新品种。1985—1987年，实芹当地品种增产在30%～50%，在露地、大中小棚、温室、阳畦栽培均长势良好，故定名为“津南实芹一号”。1988年，该品种获市级科技进步一等奖。1990年12月获得国家发明三等奖。津南实芹推广至全国30个省、市、自治区，年种植面积100多万亩，占全国芹菜种植面积的30%以上。“津南实芹一号”是咸水沽镇蔬菜种植的主要品种。

二道桥笤帚 80年代初，当地流传着一句家喻户晓的顺口溜：“北洋的鸡，南洋的蛋，二道桥的笤帚满城转。”这里面的“北洋的鸡”，是说北洋村人会做烧鸡，到处去卖；“南洋的蛋”，是说南洋村人用鸡蛋卖钱或换粮票；而“二道桥的笤帚满城转”，是说二道桥村人靠做笤帚发家致富。

中共十一届三中全会召开后，二道桥村实行了土地联产承包责任制，每家按人口分得了几亩土地。由于人多地少，该村的大量劳动力就闲下来了，有的村民奔向各处打工，有的村民搞点家庭副业。当时有几户村民做笤帚加工，因为做笤帚加工这项副业，无需特殊的技术和场地，村民在家中就可以搞起来。因为经济收入可观，所以做笤帚的家庭越来越多，人们认识到这是一项很有经济前途的事业，因此全村掀起了加工笤帚的高潮。当时二道桥村家家户户的院里院外都堆放着一垛垛的高粱穰子。笤帚经由择穰子、泡穰子、选高粱秸等程序，最后用铁丝捆绑而成，程序很简单，老人、妇女都可以干。每天下午村里都有人用自行车驮着笤帚进城进村叫卖。有的村民联系企业、机关、学校、医院等单位主动送货。可以说，当时不论在镇里还是在天津市区都能见到二道桥人卖笤帚的身影。

随着笤帚销路的拓宽，笤帚的品种也多样化了，有笤帚、炊帚、扫帚等。另外，在立秋时节，有的村民不辞辛苦，到河边揪芦苇花来加工笤帚，不仅成本低，卖得价格还高。就这样，笤帚的销量剧增，尤其对工厂、企业、机关、学校、医院等单位都是批量销售的。由于这些单位购笤帚需要开发票，村委会成立了副业服务小组，由村委会牵头与工商、税务部门协商，将发票业务由村委会副业服务小组代管，帮助村民开票、结账、办理手续。做笤帚确实给二道桥村民带来了实惠，带来了效益，大部分家庭成了万元户。几年中全村村民基本告别土坯房，建起了砖瓦房，村民生活越来越富裕。

生活习俗

生育 旧俗把生育之事看成是神灵的赐予，人们崇奉的娘娘神中就有了孙娘娘和送生娘娘。崇奉神明的旧俗中华人民共和国成立后已绝迹。孕妇须在婆家生孩子，不能在娘家生孩子。临盆叫“占房”“倒下”“坐月子”。产房门前要拴红布条儿，表示人不得随便进入。接生婆俗称“姥娘”。产后当天，丈夫去岳母家报喜。接岳母照顾产妇，俗称“侍候月子”。胎盘俗称“衣胞子”，旧俗要埋在产房庭院的窗下，埋时土坑不得有杂物，衣胞埋得纯净，婴儿不漾奶水。孕妇临盆当日要喝“生化汤”，可以化解淤血。此后要吃煮鸡蛋，喝红糖水、小米粥。产妇月子以内男人不宜夜归太晚，如不得不夜间归家，须向水缸照照影子，才能进入产房。

80年代后，此类风俗逐步消亡，取而代之的是孕妇生育全部在医院。婴儿出生第3天，称为“洗（喜）三”，近亲要在一起庆贺。婴儿出生一个月叫“满月”，接回姥姥家，叫“挪骚窝”。婴儿出生100天称“过百岁”，要在饭店摆桌，宴请亲朋好友。

祝寿 90年代后，过生日之风较历史上都要兴盛，过生日不拘长幼，皆吃面条，称作“长寿面”。同时，逢生日忌烙饼，烙饼的烙字与落同音，是涨的反意。年老者过生日俗称“做寿”，60岁生日俗称“六十大寿”。从此，年年庆，子女亲友送寿桃、食品等表示祝贺。66岁过生日是百姓非常看重的（旧俗闺女要给老人买一块熟肉，称作“六十六吃闺女一刀肉”。重量以老人能够一次吃掉为限，老人吃时要倒坐门槛上，脸朝屋外。无闺女者，由侄女、表侄女、外甥女代替买。不食肉者，老人坐席，肉由众人分享）。故此，六十六大寿，到场的人要更多一些，排场更大一些。

居住 50—80年代，以正房（北房）为主配大门楼和灶房。房梁用单不用双，视间量大小，用五、七、九根梁。建房时，以红纸画太极图贴脊檩中间，外包红布，阳鱼嘴对门口，用红色筷子两双、铜钱两串、五彩布与黑豆粒为串悬布于太极图两侧，左右配以楹联:"伏羲八卦安天下，文王六爻定乾坤""架屋欣逢黄道日，上梁巧遇紫微星"。上梁时要站在新房檐上，绕房一周燃放爆竹，上梁后不论帮工、雇工都要管饭，吃喜面。待上好苇把，压完泥后，除太极图和楹联外，余物撤掉。迁居之日，日出前先把锅移入新居，又忌移空锅，迁居者须在锅内放一张烙饼再行搬迁，饼压着锅底，不能让别人看见。搬入新居3天稳锅，请客吃面，俗称稳锅子。住房让长辈住靠近大门口的房间或东屋，称为上房，儿子娶媳妇以西屋作洞房，以示长幼辈分。90年代后，农村逐步建起楼房。进入21世纪，城市化兴起，旧村庄被拆除，建起现代化居民小区，旧居住习俗随之消亡。

婚俗（汉族婚俗）

旧婚俗 中华人民共和国成立前，长期受封建传统影响，男女婚姻不能自主，绝大多数是听父母之命，父母多听媒人之言，一经媒人撮合，由相亲到结婚之间程序琐碎。

说媒，俗称提亲。正月不说媒，因"媒"与"没"同音，俗谓：正月说媒死媒人。故出了正月，由男方托媒人到女方家中求婚，媒人往返于男女双方家。旧俗男女不能相见，只能由亲近人伺机代为相看，决定允否，古俗称"纳采"。

换帖。女方父母或兄嫂，明确应允求婚要求后，男女双方互换名字及生辰八字帖，各请算命先生合婚。八字无刑冲克害，命造和合，即可婚配。否则还帖作罢。古俗称"问名"。

定亲。双方同意婚配，男方写好龙凤帖与聘礼一起由媒人送到女方家中，带回女方龙凤帖。并设酒席招待女方家长，由族中和邻居长辈陪同喝喜酒。古俗称"纳吉""纳政"。

送日子。男方根据女方的生年，挑"行嫁月""不将日"作为结婚日，俗称"看好晌"。写成红纸柬帖由媒人送给女方择定其一，不能更动，俗谚"挪一挪，死婆婆"。古俗称"请期"。

做被褥。婚期确定后，男女双方请上有公婆、下有子女的"全科人"做被褥，以红线缝缀数串枣、栗子、花生于被褥角，谐"早立子"音，取"男女花生"意。

过嫁妆。结婚前一天，俗称"催妆"。男方派人持"四彩礼"送到女方家，即：带4根肋条的肉1块，须一刀割成，称"离娘肉"；红毛公鸡2只；粉条4把；酒4瓶。女方留一半，其余退回，并将陪嫁物品交男方人员带回，称"过嫁妆"。女方派未婚女子跟随至男方家中，挂门帘、点"长命灯"，男方女性长辈给喜钱。

迎娶。正日子清晨天不亮，男方派“全科人”带领选定的亲友和吹鼓手等随花轿到女方接新娘，有“姑不接，姨不送”之俗。去者与来者人数要男女皆成双。轿内坐一小男孩，谓“童身阳旺，可避邪祟”。轿至，女方燃放爆竹，给抬轿、压轿者喜钱。如以轿车接，给驾车人喜钱，称“拴马头”。新娘离家要掉眼泪，俗称掉“金豆子”。以红布遮头脸，脚不沾地，由家兄背着上轿。接送人员同时随往。轿至婆家，鞭炮鼓号齐鸣。有“关门蹲性”俗，关门拦住新娘片刻，然后放入。轿下铺红毡，新娘踏红毡步行，两块红毡轮流前铺，称“导毡”，直至入屋。男方给伴送新娘人员中背桶子、端饺子的人喜钱。

拜堂，俗称拜天地。堂前供天地牌，置红纸包裹的弓箭、粮斗，合称“弓箭斗”。“弓箭斗”代表男子，含祈盼生子意。上香燃烛后，新郎、新娘照“唱礼官”吩咐叩拜天地、父母，对拜，入洞房。新娘盘腿坐于炕头，新郎以杆秤之钩挑去新娘“盖头”，露出面容。煮饺子，众人吃。新娘咬 4 个饺子角吐于炕席下，有人隔窗问新人生熟，新人答“生”，借吉音以示传宗接代，故称“子孙饺子”。

坐席。女方送新娘者称“官戚”，男方以较高规格和严格程序招待，既显示文化修养、文明程度，又表示对其尊重。进门落座，先摆茶点，后上酒席，以资历相当辈分之人相陪。席间新人敬酒，“官戚”依辈分上见面礼钱。宴后观看新房，与新娘面谈，男方回避。最后用专车送返。贺喜者进门道喜要以钱物上礼账。酒席间，新人由嫂子或已婚姐姐带领逐桌逐人拜认，称“躬桌”。此时，要上受拜礼钱。晚上，择好菜少量，于洞房设酒席，俗称“半桌席”，“半”谐伴音，新人夫妇吃团圆饭。

闹洞房。新郎的父母亲手点燃一对红蜡烛，放在洞房内窗台上，不准吹灭。晚饭后，弟弟、侄子辈聚集洞房，戏耍新郎新娘，称“三天没大小”。人散后撒枣、栗子、花生于洞房炕上，任晚辈孩童滚爬嬉戏，称“滚炕席”。睡前，请“全科人”铺床，边铺边念喜歌，多为祝福新人早生贵子，且带挑逗之词。新婚之夜新郎新娘不说话，免被窗外人偷听取笑。

严家礼。新婚第三天论大小，按辈分大小，新娘与婆家人互认互拜。从此，小辈对新娘要以家规相待，不得再有戏耍之举；回门，有回四或回六之俗。新娘婚后第一次携新郎回娘家，新郎持礼品拜见岳父母及各房亲戚，长辈给新郎见面礼钱。接受酒席款待后，当天日落前返回婆家。

住家。结婚满 1 个月后，女方家方能接闺女住娘家。不满 1 个月，女方家不能接，新郎也不能外宿，谓“一月不空房”。第一次住10天，第二次住9天，俗谚“前十后九，越过越有”。以后天数不拘。

新婚风尚　中华人民共和国成立后，国家制定了《中华人民共和国婚姻法》（简称《婚姻法》）。依据《婚姻法》，双方自由恋爱，共同到当地政府登记领取结婚证。废除许多旧的习俗，诸如换帖、合婚问卜之类陋俗。但一些旧的习俗仍在流行，如说媒、定亲、送日子、过嫁妆、迎娶、拜堂、闹洞房、回门、住家等，但有些内容过程改变了许多。如说媒期间双方可见面，迎娶时不再用花轿，而改用马车，拜堂不再供天地牌等。

50—60年代，婚房可以租房或借房，新房布置以整洁为目的，糊墙壁用白纸、花纸，甚至报纸。70年代，结婚要盖新房（时多为土坯房）。80年代，结婚须盖砖房。90年代后，结婚大多要置楼房。进入21世纪，则要求更具现代化特点的楼房。

50年代的聘礼比较简单，有几件衣服足矣。70年代、80年代聘礼趋于豪华，由老四大件（自行车、手表、缝纫机、半导体）变为新四大件（洗衣机、彩电、电冰箱、音响），并附带一些礼金。进入21世纪，聘礼规格越来越高，由整套高档家电，转向小汽车；聘金由几千元，上升至几万元甚至几十万元。

结婚用车也由50年代的大马车、60年代的拖拉机、70年代的私家小汽车，发展到礼仪婚庆公司安排的高级小轿车，并配有录像、光盘等。旅行结婚、外出度蜜月的越来越多。

津南区供销社供应的自行车（1956年）　　区供销社　提供

50年代，贺婚礼是3～5角钱，或多户买1件礼品，诸如脸盆、热水瓶、镜子、花瓶等。后逐步升级，由2元到4～8元，再到5～10元，再到50～100元、100～200元、500～1000元；受礼人家也由清茶待客、块儿糖待客、在家搭棚摆桌待客变为到饭店大摆酒席，少则几桌多则几十桌。

丧俗 历史上兴土葬，圈坟地，丧仪复杂。合寿木、置寿衣是丧事的第一事。老人垂暮之年，提前预备寿木、寿衣。病人咽气称“倒头”，倒头前必须迅速为其擦洗身体。穿好寿衣搭上灵床，叫做“停床”。病人初终，要在胸前压铜钱，并烧“买路钱”和“倒头轿”。亲人依辈分排列床侧进行“初哭”。

死者停床后，其用过的被褥要置房顶之上，丧家门前立挑钱，灵床前点长明灯，焚香上供烧纸钱。室内镜子都要翻过来背朝外，镜面朝墙，门上贴白纸叫“封门”，并用白纸书“恕报不周”贴于门外墙上。

丧家按亲戚远近，穿白或戴白，孝子全身孝服还要披麻，称“披麻戴孝”。“封白”后即行“报庙”（由治丧人提桅灯一盏，点着，灯上裹一白纸钱，头前引路，由长子持引魂幡，其他男孝子尾随哭号至土地庙烧纸，为死者向土地神报到，以避免成为游魂野鬼）。报庙后孝子要趴灵，向前来吊丧者叩头谢罪，并跪为男人送孝帽孝带、为女人送孝箍，谓之“破孝”。

入殓也叫“成殓”，即把遗体从灵床移入棺材。入殓不得使遗体曝于阳光之下，起遗体之前要“开光”。棺椁事先要裱糊内壁，挂红绸或红布，并用七枚铜钱穿麻纰摆在棺内，男摆“勺”，女摆“瓢”，状若北斗七星。遗体移出，要踹倒灵床，燃放鞭炮。入殓后遗体四周填以灰包，即用毛头纸包好草木灰。遗体上覆盖的白布单要扯下部分，表示死者留福给后人。棺钉4枚各钉一角（但须是亡灵先已丧偶的，如配偶在世，则只用棺钉3枚）。入殓时一律不准哭，钉棺后全家举哀，吹鼓手奏乐。入殓后题柩，由民间画师在棺头写扁宋体白字，写明年号、姓名、年龄，在棺盖、棺侧等处画上龙、凤、松鹤、八仙、荷花等图案。其后，孝子日夜守灵。

出殡前夜要给死者“送路”，吹鼓手在前奏乐，后随全体孝子、亲故友好，携纸糊扎彩，如金山、银山、轿子、轿夫、童男、童女、纸牛、纸马等，行至土地庙或空旷场地设供桌，以“牌位”代表死者，亲友以辈分大小为序拜祭，拜罢焚烧全部扎彩，一同返回。

出殡俗称“出堂”。长子或长孙扛写有“西方接引”的引魂幡，余皆持哭丧棒，为亡灵开路，起灵之时，执幡孝子摔碎瓦盆，将棺材安放调摆端正，提前打好坟坑，到达坟地后，孝子孝妇先向坟坑内抛钱币、碎馒头，然后捧土领葬，众人动土攒坟。坟头攒起，出殡队伍即告回程。队伍进院门后，每人都要拿馒头，俗谓“抓锅”，谁抓得多谁的日子好过。出殡后 3 日圆坟，烧纸摆供谢土地神。以后每 7 日到坟前烧纸 1 次，直至“五七”。孝子百日内不理发。春节期间，亡者子女不外出拜年，近亲者家中春节不贴福字窗花。每逢祭日，均焚烧纸钱祭奠亡灵。

中华人民共和国成立后，提倡移风易俗、破除迷信，旧陋习被破除。丧事由村委会组织简办，不误农活。80 年代后期，推行火葬，火化遂成为新规，但丧事大操大办之风有所回潮。

春节（中华人民共和国成立前及初期）

咸水沽镇一带的年味从农历腊月初八开始浓起来。这天有熬腊八粥的习俗。把稻米、小米、芸豆、高粱米、花生仁、小枣等拌合在一起熬粥，庆贺一年五谷丰登。还要把大蒜剥成瓣，用醋浸泡，这种醋被称为“腊八醋”，待除夕夜蘸饺子吃。

腊月二十三祭灶，有“二十三灶王爷上天”一说。把锅台上方供的灶王爷神像请下来烧掉，再换上新的灶王爷神像。有的家还用筛面的箩子，谐音骡，让灶王爷骑着骡子上天。

居民挂中国结迎新春（2011年1月30日）

二十四扫房子，称之“扫年”，是一种驱除病疫的宗教仪式。

二十五窟窿堵，主要是糊窗户。旧时窗户为纸糊，把发了黑的旧窗纸换成新白纸，使屋内明亮。

二十六炖猪肉，二十七宰公鸡，二十八白面发，指年前买年货，准备年夜饭的一系列活动。

二十九贴“道酉”。“道酉”是一种用黄纸砸成的钱币状物件。

最热闹的庆典活动，在除夕这一天。天亮之前，男人们要下坟地祭祖，请祖先回家过年。女人们在家准备年饭。这天一般是两顿饭。第一顿是肉馅包子或饺子，第二顿是米饭，晚饭前一家喝团圆酒。

天黑了，点上灯，点燃蜡烛烧香上供。一家人坐在炕头上包素馅饺子守岁。小孩们放鞭炮，打小灯笼串门玩耍。人们不能说不吉利的话，不能打破器皿，如失手摔破，赶紧说：岁（碎）岁平安。除夕夜不准扫地，不准脱衣睡觉。地上放几棵芦苇，叫做“踩碎（岁）”。孩童们从杂货铺买来财神像，入户串送。午夜子时，要上香举行“发纸”仪式。鞭炮齐鸣，全家煮饺子吃。晚辈要给长辈磕头拜年，长辈还要给晚辈压岁钱。

初一大拜年。天一亮，男人要互相拜年祝福，往往从第一家拜年开始，串联成队，所谓“小庄子拜年，全来了”的歇后语就是指这种情况。

初二迎财神。一般要在天亮前打开大门，燃放鞭炮。这天，姑爷要买礼物，带上媳妇，到岳父家拜年。

“初一饺子初二面，初三的合子往家转。”这是指每天的吃食。初五包饺子称作“捏小人嘴”。

正月十五元宵节。咸水沽人把正月十五称为“小年”。人们纷纷出门看各商家和百姓家挂的灯笼，所谓“灯节”。

2018年正月十四的民间花会场景

正月十六“烤百病”。晚上，男女老少，携儿带女，走出家门，相伴过桥，称“度厄”。人们还“偷”来柴草点燃烤火，最好是姓宋家的柴草，而刘姓家的柴草是无人问津的。晚上还要看盒子灯。

正月二十五“填仓”。人们撒灰于院内，名曰打囤。这囤内放些杂粮，为企盼五谷丰登之意。这天要吃干饭、面汤，俗称“填仓，填仓，干饭面汤”。

以上春节习俗，有些现在仍存在。

庙会文化 咸水沽镇的文化形式多样，寺庙文化则是最早的文化表现形式，它反映了人们祈求富裕、平安、养生和娱乐的愿望。咸水沽最早的寺庙是明代期间所建的关帝庙、观音庙、娘娘庙、玉皇庙。逢庙会，百姓在寺庙前敲锣打鼓，耍起自编自演的龙会，祈盼风调雨顺，五谷丰登。至解放前，全镇共有庙宇12座，即：老姆庙、关帝庙、玉皇庙、狐仙爷庙、北洋码头村的三圣庙、下郭庄村的关帝庙、吴家稻地村的土地爷庙、下郭庄武圣庙、上刘庄武圣庙、秦庄子观音庙（娘娘庙）、四里沽武圣庙、孙庄子武圣庙。还有清真东寺、清真西寺两座清真寺和咸水沽天主教堂。

咸水沽的民俗文化是积极向上的。寺庙文化与农耕文化、鱼盐文化、漕运文化相融合，成就了咸水沽的独特文化色彩。咸水沽的大船大都以“外号”代替正式船号，广为流传，如“大酒楼”“东洋鬼”“大摆渡”“铁锤”“六和顺”“画”“楠木底”“二篮子”“五百担”“双梯子”“大新”“烟牛”等，都有自身的故事。养船人家大都在自家院内竖一根杆子，上绑用红布条扎成的“笤帚”并挂一红灯，还有的用杆子高高挑起一红镶兰的长方小旗，或置以“闹鱼”。“闹鱼”是木雕龙头，系红布作龙身、尾，随风飘摇摆动，以图吉利和观测风向。

每年大船出海，都要过了农历二月十九（一说观音娘娘的生日，此时也常常闹天气）。启航前，都要张灯结彩、吹奏乐曲，鞭炮齐鸣，花会耍起，船家要奉祀海神天后圣母。行至咸水沽东头观音庙时，要举行参拜仪式，祈求菩萨保佑大船出海平安。到了农历八月十五，丰收季节来临，咸水沽又热闹起来，各种花会同上场，庆贺农业丰收。漕运还与外地文化互相交流，咸水沽大船在静海独流停泊，学习当地的花会“渔家乐”，后经过改编，创出了咸水沽的旱船“渔家乐”。海下同善文武高跷、北洋海下文武高跷等，也都吸取了各地文化精华。每逢正月庙会，耍龙灯（夜间出会龙身上有蜡烛点燃）、高跷（下郭庄、田嘴、北洋、同乐、长乐、同善）、旱船、渔家乐、灯亭、表亭、影亭、少林会、佛乐吹奏会，王家场的落子，会耍到正月十六的后半夜，还要在田家坟广场燃放盒子灯。农历四月二十药王大驾出巡，法鼓、铙钹及各出会要到四月二十八。咸水沽因有乾隆赐予的大龙旗，所以咸水沽进头股香，然后其他会再按次序进香，因此，就产生了大庙在西郊，庙会在咸水沽的惯例。

宗教

佛教

咸水沽观音庙 也称老姆庙，位于原咸水沽东门南侧，始建于明代。咸水沽观音庙坐南朝北，为四合院式建筑，面积为 800 平方米，以院中心点为轴，东西配殿各三间。南为月台，正大殿三间，供奉观音菩萨，背面山门。庙中除供着观音菩萨外，还供着四大金刚，这些木雕的神像都很大。据传有些神像装有“消息儿”，触发“消息儿”有些木雕的神像就会舞刀弄剑地“活”起来，曾有人被吓到昏了过去，后来就把这些“消息儿”拆除了。清代该庙重建，另有东西配殿各一间，进深一间，建筑结构具清代风格。中华人民共和国成立后，粮食部门曾在这儿收购粮食办公。

在 2012 年《津南区第三次全国文物普查不可移动文物名录》中，咸水沽镇老姆庙上榜。该庙被移至双桥河镇，名华盛寺。

秦庄子观音庙 民间称娘娘庙，建立于明永乐年间。最初是阁（gǎo），就是建立在高台上的简易小庙，里面供奉观音菩萨等佛像。随着生产的发展，村内的富贾巨商和养船户捐款捐物，多次扩建庙宇。目前保留下来的砖木结构大殿是明万历年间兴建，已有 450 余年历史。秦庄子观音庙与天津娘娘宫属同一时期。从小阁至今已有 600 多年。秦庄子观音庙经过几代人多次扩建，成为在“海下”（海下是对海河下游一带的统称）一带久负盛名的庙宇。

秦庄子观音庙，建在村子的东北方向，周围有很多的树。庙内有回音壁，有人从远处大声喊一声，庙宇内会形成多次回声，绕梁震响，半天才逐渐消失。庙正面有大殿，两侧有偏殿，东西有厢房，院内有一座高大牌坊。庙宇坐北朝南，南面有三个大门，中间正门上方镶青石板匾额一块，上书“观音庙”三个大字。庙的前面是一空地，也称庙台，台上两侧有上马石、下马石、拴马桩。庙台下面是一条土路，村民们习惯地叫“庙道”，庙道两侧的水沟长满芦苇，两行柳树形成一条林荫大道。

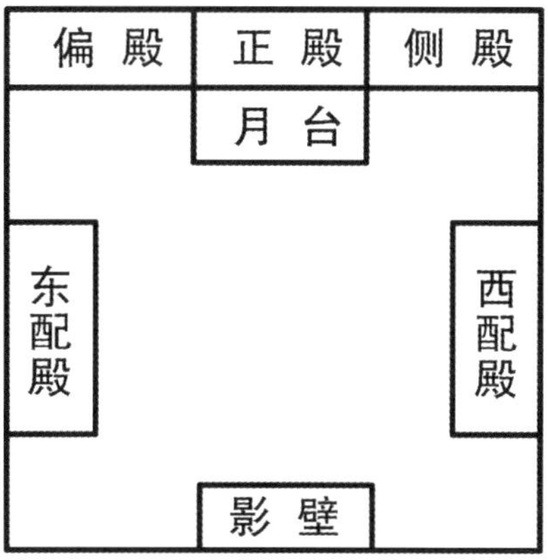

明代咸水沽观音庙平面示意图

庙内的牌坊雕梁画栋，四角拱梁飞檐，四个铜铃铛挂在四个飞檐下，风一吹，响叮当。走过牌坊两侧是旗杆，与旗杆遥相呼应的是两棵古老的槐树，根深叶茂。正殿为四梁八柱的结构，青砖青瓦、飞檐拱梁，横梁之上各种彩绘图案。大殿房檐下，高悬一块匾额，上书四个苍劲有力的大字“慈航普度”，黑底金字，闪闪发光。传说是道光十一年（1831）朝廷的一位名人所书，与天津挂甲寺的匾额相同。大殿的正面是一排朱红漆的百叶折叠门，每逢初一、十五和庙会的日子，前面的几扇门可以折叠敞开，各位菩萨的佛像一览无余。

中华人民共和国成立前，每逢大年初一，庙里热闹非凡，人们穿着过年的新衣服来到庙里相互拜年。最独特的是“摆香塔”活动，就是养船的、经商的、做工的，把成捆的香抬进庙里，由村内有名望的人主持把成捆的香摆在地上，形成一个圆形，直径有5米，然后一层层地往上插香，最高处达一丈有余，上面形成聚宝盆状，然后由主持人“烧表”点香，火在香塔的上面燃着，人们开始磕头跪拜，咸水沽镇的“摆香塔”这一特色文化活动，在天津周边区域可谓独树一帜。

秦庄子庙会一年两次，正月十六和四月初八。特别是四月初八，正值立夏前后，也是三夏农忙季节前最悠闲的一段日子。当时的交通以水路为主，十里八村的人们都乘船来秦庄子赶庙会。庙会上，人流涌动，有烧香的、还愿的，还有在庙会上购买一些生活用品和日常农具等物品的，熙熙攘攘，好不热闹。

2007年，在村委会的支持下，薛春泽出资，对大殿进行修缮。秦庄子观音庙内最具文物价值的宝物，是大殿门直对的上方横梁构件（千秋带）——描金彩绘凸起二龙戏珠和麒麟及汉龙纹饰，在华北地区只此一件。2007年，王金城在刘长泰和秦凤全的配合下，按照修旧如旧的原则，精描细画恢复了千秋带的容颜。2008 年，秦庄子观音庙被确定为津南区的不可移动文物保护单位。

2018 年，津南区和咸水沽镇又进行了修缮，第一期投入了 200 万元，把观音大殿外墙重新用仿古大青砖垒砌，庙台用石板铺设。院内地面用水泥固化。新建的院墙和侧门仿古修建，式样一新。第二期工程准备恢复大殿两侧的文昌殿和药王殿及山门。

秦庄子观音庙中的古树（2017年）
李仁会 摄

道教 津南道教都是子承父业、娶妻生子的火居道，分太上门、混元门和天地门等不同宗派。天地门与清初反清复明的天地会诸多相似，以天地为崇奉对象，供奉“天地君亲师”。天地门承传体系为 5 个字“敬、学、怕、吃、求”。每个字的内涵又翻 5 个字：“敬天地君亲师；学仁义礼智信；怕三老病事苦；吃金木水火土；求平安吉是福。”天地门从山东商河县董家林村人董老师傅处传来，其坟穴在山东董家林，门人称为南林；津南开山始祖为马兆麟师傅，坟穴在五登房村域内，门人称为北林；过去黄骅县滕庄村人郝二师傅（女），坟穴在滕庄，门人称为西林，三人统称“三林”。

伊斯兰教 镇内信奉伊斯兰教的群众主要为回族。1991 年 6 月，咸水沽镇有回族人口 934 人，其中男 462 人，女 472 人，多集中在东张庄村，该村有回族 604 人。2010 年，咸水沽镇有回族 1084 人，其中男 580 人，女 504 人，东张庄村有回族 246 人。1991 年 3 月 8 日，东张庄村被市民政部门批准为民族村。回族群众信奉伊斯兰教，有团结、爽直、助人、爱清洁的特点，有不食自死之物、不食不反刍的兽类的习俗。遇有喜庆、丧葬和民族节日，大多数人家炸“油香”分亲送友，生孩子后要请阿訇起“经名”，结婚时，要请阿訇证婚，丧葬保持着土葬。

中华人民共和国成立前，咸水沽镇有两座清真寺，均在东张庄村，分别为清真东寺、清真西寺。东寺占地 3426 平方米，建筑面积 895 平方米；西寺占地 800 平方米，

东张庄清真寺（2019年）

建筑面积 212.6 平方米。东寺在 1964 年被生产大队拆除，西寺因多年失修倒塌。1981 年，修建了一个小型伊斯兰教宗教活动专用场所。1990 年 4 月，重建清真寺，位于东张庄村津沽路北侧（原西寺、原东寺合一），占地 3 亩，1992 年落成使用，是咸水沽镇唯一一处伊斯兰教宗教活动场所。该寺因城镇化建设于 2017 年搬迁，新寺于 2018 年建成，位置在原寺位置北侧 40 米，占地 5.15 亩，建筑面积 2219 平方米。新寺按照现代化标准，结合穆斯林群众的宗教活动需求规划，建有大殿、男殿、女殿、食堂、厨房、男女洗浴、男女厕所、净身房及办公室、会议室等，满足了镇域内及周边穆斯林群众的宗教活动要求。

咸水沽镇清真寺的阿訇为王和平，副主任为张树起，委员有张金铭、刘春山、张庄端，经济顾问为何广瑞。

天主教　1906 年天主教传入津南区。1907 年兴建咸水沽天主教堂，隶属于天津西开教堂，是津南地区重要的宗教场所。自 1907 年至 1949 年，有 7 名中外籍神职人员到此管理教务。第一位是比利时传教士雷鸣远，后又有埃及传教士汤高达（又名汤若旺）、德国传教士金宝明等相继传教。1946 年至 1947 年中国人马国贤、1947 年至 1949 年中国人王化民在此传教。

原咸水沽天主教堂坐落在现新兴路上，占地 5 亩，为西式风格，其中主要的建筑物为教徒进行宗教活动的大礼堂。高耸的东山墙是大门，山墙上边安放着十字架。建有平房 24 间，院内有砖木结构礼堂，长 30 米、宽 25 米，总建筑面积 600 多平方米。其布局呈正方形，除东侧外，其余三面均有围墙。教堂由望弥撒大堂、神职人员起居住房、学堂、附属房、厕所和庭院构成。教堂建筑全部采用青砖青瓦，白灰膏作缝，基础坚固，做工精细。在咸水沽，教堂是一处环境幽静、布局匀称、占地面积最大的西洋建筑风格庭院。

咸水沽一带的教友数量变化较大。1939 年天津发大水前，咸水沽本堂含小站、南付营、高庄子、北闸口等地，共有教友 64 户，323 人。其中男性 166 人，女性 157 人。大水后，许多教友相继离开津南到市内居住，教友大为减少。逢瞻礼或主日望弥撒的仅剩 60 人左右。后经教会努力，教友数量有较大增加。1966 年，有教友 167 户，757 人。其中男性 383 人，女性 374 人。

基督教 咸水沽镇的基督教会于 1976 年开始聚会活动。聚会点设在建国大街一处房屋内，2008 年又迁至津沽大街坐北朝南的新居。2019 年教会发展到了 400 余人，下设两个分聚会点。聚会时间为礼拜二、礼拜四、礼拜六和礼拜日。聚会的主要内容为祷告、读经。

基督教咸水沽镇聚会点（2019年）

方言

语音　咸水沽镇处在冀鲁官话区的三个方言带上，属冀鲁官话区保唐片定霸小片，多数村与天津市静海区话很相似。

方音分四个声调调类，阴平调半高略降（调值 43），去声中降（调值 31）。特点是四个声调中阴平调值比天津话高而又低于普通话，去声调值中降齿音字较多。声母（包括零声母在内）有 22 个：b[p] 巴别布、p[p'] 怕盘普、m[m] 门埋木、f[f] 飞房服、(零声母）弯问瓦、d [t] 低到夺、t [t'] 铁太同、n [n] 牛怒、l [l] 来吕路、z [ʦ] 资争祖、c[ʦ'] 慈茶粗、s[s] 丝生苏、zh[tʂ] 知郑主、ch[tʂ'] 迟昌除、sh[ʂ] 石声书、r[ʐ] 日忍、j[tɕ] 杰精举、q[tɕ'] 旗秋趣、x[ɕ] 西休虚、g[k] 各甘共、k[k'] 刻开葵、h[x] 黑海红、(零声母）言云。

镇东北部的南洋、北洋、田嘴等村稍有些天津市区语音。中南部的二道桥、周辛庄、头道沟、新兴等村与天津市静海区话很相似。镇内的老人还偏重于家乡方言。多年来受推广普通话的影响，境内方言正逐渐向普通话靠拢，特别是受学校教育的中小学学生更为明显。另外，各类人员与天津市区的交往频繁，故天津话在镇内也有一定的影响。

语汇　由于历史、地理的特殊性，使咸水沽成为重要的水旱码头，多数村民为移民，主要来自河北、山东、安徽等地，导致境内语音比较杂乱差异大。在口语表达上，虽然近年来出现与普通话和天津话相近或相似的趋势，但土话仍占主要成分，区别于普通话。

例：

土音	读音	含义
拔闯	bá chuàng	替人打抱不平
把角儿	bā jiǎo	角落

白乎	bāi hù	瞎说或闲聊
波力盖儿	bō lī gā er	膝盖
毛包儿	máo bāo er	做事不沉着
肤囊	fū nāng	因浸泡而发胖
打八杈	dā bā chà	无正式职业干零杂活
踮脚儿	diān jiāo er	腿脚有残疾，走路时颠簸
糖堆儿	táng duī er	糖葫芦
吃挂落儿	chī guā lào	受连累
二唬	ēr hū	愣头愣脑，不知深浅
窝脖儿	wō bó er	让人碰钉子或难堪

劳动号子

挠秧号子 几百年来，该地区广种水稻，尤其是小站稻培育成功后，挠秧号子非常流行，形成津南地区独有的风格。它是农工自创的一种劳动歌声。

挠秧号子的节奏不一，既有婉转舒缓的慢板，也有节奏跳脱的快板。歌词大都是人们日常生活中的趣事或来自戏文、说书的唱词。

挠秧号子

领：挠秧呀剔稗子儿。

合：嘿呀，嘿呀，嘿嘿。

领：猫腰呀撅腚呀，累死大活人。

合：嘹咳嘿，嘿呀嘿嘿。

麻雀打食

领：一个麻雀来打食呀，
一个小头一个尾。
两张翅膀两条腿儿，
两个小眼儿，一呀嘛一张嘴儿。
合：哎呜哇，呜哇嘿嘿，
哎呜哇，呜畦嘿嘿，
海棠花儿开啦。

日没昆仑

领：日没哇，哎嗨嗨，昆呀那个仑呀，
合：哎嗨哎嗨哟，嘹嗨呀呼咳咳。
领：黑呀了天啦。
合：嘹嗨嘹嗨呀呼嗨，嘹嚎呀呼嗨。
领：打柴呀，哎嗨嗨，樵呀夫呀。
合：哎嗨哎嗨哟，嘹嗨呀呼嗨。
领：下了高山啦。
合：嘹嗨嘹嗨呀呼嗨，嚎呀呼嗨。

盖新房喜歌　中华人民共和国成立前即有盖新房喜歌，中华人民共和国成立后长期流行。唱时主人图个吉利，又博众人一笑，念喜之人得到赏赐，皆大欢喜吉祥如意。

帽：太阳一出红似火，念喜歌的就是我。
一进宝庄用目观，猫腰施礼拜鲁班。
各位师傅停停手，听我学徒进几言。
正念喜，喜气祥，××主家盖新房。
亲朋好友来聚会，各位师傅来帮忙。
正文：老师傅瓦刀七寸长，老君炉里加过钢。
瓦刀落在老师傅手，盖了一堂又一堂。
这正房盖的阁老府，南房盖的祖先堂。
东房盖的金银库，西房又盖万年仓。
阁老府中常摆宴，祖先堂里不断香。
金银库里有财宝，万年仓里有余粮。
北房通着道，南房通着场。
哪年都种千顷地，哪年都打无数的粮。
南京又开绸缎铺，北京又干杂粮行。
概数船排了无其数，大火轮排了一百多双。
西洋回回来进宝，金刚钻进了八抬筐。
主家好乐打了几班戏，西皮二黄梆子腔。
南洼还有块房身地，又修文武练学堂。

文学堂内念孔孟，武学堂里练洋枪。
各国督军来聚会，五彩旗立在当央。
富贵荣华，金玉满堂。
正念喜，喜气祥，四梁八柱按中央。
四块宝石托着玉柱，四根玉柱架着金梁。
这梁好梁，这木好木，
出在何处？长在何方？
生在云南贵州，长在卧龙岗上。
树根扎进东洋大海，树梢能遮空中的太阳。
老师傅所过看这棵树好些个贵样，
回去同主家商量。
主家银钱忒广，将树买妥，发去大小车辆。
根梢盘去搭在车上，
把式抄鞭“得儿，我呵”拉在作坊。
老师傅迎头放线，众师傅一起帮忙。
只听锛凿锯斧噼啪乱响，砍了一个单凤朝阳。
大刨子成对，小刨子成双，
一来一往刮了一个八宝紫金梁。
这大梁好像檀香木，二梁好像木檀香。
三梁好像一条龙，身披八卦摇头摆尾它往上行。
行在空中它不动，亲戚朋友来挂红。
挂红挂在九龙头，文中状元武封侯。
挂红挂在九龙腰。主家辈辈出阁老。
挂龙挂在九龙尾，为官明如镜来清如水。
正念喜，抬头观，空中来了福禄寿三仙。
增福财神头引路，后跟刘海撒金钱。
一撒金来二撒银，三撒一个聚宝盆。
金钱撒在宝梁上，富贵荣华万万年。

白：给主家道喜啦！

土语

天文地理

日头——太阳
月亮地儿——月光照着的地方
贼星——流星
刮拉——霹雳
噇雨——暴雨
露湿——露水
饭巴拉子——霰雪
风圈——月晕
火烧云——晚霞
闹天儿——下雨、下雪
暴土——尘土
电车路——柏油路
洋灰道——柏油路
咸沽——咸水沽
南洋木头——南洋码头
双井——双港
辛嘴儿——辛庄

时间　节气

晌火——中午
晌火头儿——中午
后半晌儿——下午
抹眨眼儿——傍晚
擦黑儿——傍晚
后儿上——晚上
白现——白天
黑现——黑夜
今儿个——今天
夜儿个——昨天
赶明儿——明天
大五更——半夜
赶后儿——后天
初头儿——月初
年五更——除夕之夜

农事　植物

下地——到田里干活
掘地——翻土

捌高粱——用小镰刀割高粱穗
拉秧——瓜、薯等收获完后除掉秧蔓
摒场——轧空场
描肥——给农作物追化肥
耧谷——用耧撒谷种
落扬——打第二遍场
干草——谷草
圪欧——①碎的豆秸草；②地痞无赖
麦花秸——麦秸
长虫枕子——车前子
棒子骨抡子——剥了皮的玉米
棒子瓤子——玉米轴
十八豆儿——白豇豆
柳条儿青——青豇豆
米大麦——大麦
芒大麦——带长芒的大麦
转节莲——向日葵
抹埂——用泥加固稻田田埂
耨秧——给稻田秧除草
剃稗子——拔掉稻田中的稗子草
拉水——用水车给稻田灌水
捋稻子——用电力转动把稻秆上的谷粒打下来
稻槽子——稻谷
晒铺——晒稻子
土碾——竹泥制的土磨
扇车子——风车（去糠用的）
穴子——窄席
打囤——围起窄席成粮囤
早指花儿——凤仙花
马居菜——马齿苋
婆婆儿丁——蒲公英
刺儿菜——大蓟
曲曲菜——小蓟
杜梨子树——杜树

动物

儿马——公马
儿马蛋子——小公马
骒马——母马
叫驴——公驴
草驴——母驴
老改秋——老母猪
牙狗——公狗
郎猫——公猫
羯子——公羊（阉过的）
啄啄木——啄木鸟
遭遭鸪——布谷鸟
老等——苍鹭
老鸹——乌鸦
家雀儿——麻雀
大家贼——麻雀
圆巴虎儿——蝙蝠
仓钩儿——田鼠
蝎里虎子——壁虎
蚂螂——蜻蜓
伏天伏了儿——秋蝉
刀螂——螳螂
波罗牛儿——蜗牛

地里蛆——蚯蚓

房舍 器物

当屋子——堂屋
外节屋——套间的外屋
套里间儿——套间的里屋
影背——影壁墙
泥板——抹子
喇叭——唢呐
水筲——木制水桶
斗锅——深的蒸锅
水舀子——带柄的筒状舀水器（区别于“瓢”）
杌子——小凳子
家什——家具

称谓 人品

家喽——称妻子
老娘——接生婆
一担子挑——连襟儿
当家子——同族的人，本家
带犊子——母亲改嫁带到大家的孩子
犟眼子——倔强的人
丧邦子——说话生硬的人
肉头——软弱无能的人

身体 疾病

鼻等——鼻涕
屁乎蛋子——臀部
熬分——外伤发炎
热着啦——中暑
冻着啦——受凉感冒
掉叠肚——脱肛

服饰 饮食

手巴掌儿——手套
锅鼻儿——一种油饼，薄而脆
粑拉子——蒸熟的颗粒
大英果儿——花生
果仁——花生仁
果油——花生油

婚丧等

走道儿——改嫁
出门子——出嫁
落草儿——出生
并骨——夫妇合葬

动作 行为

呲打——斥责，责备
扒斥——说人短处
切跟——埋怨人
改人——讽刺挖苦人
打镲——开玩笑
翻呲——翻脸

破闷儿——猜谜语

出离——滑动

打兑——抵消

懈咧——精神懈怠

耐乎——忍耐，凑合

卷子啦——失败，处境窘迫

熬心——令人厌恶

捏咕——暗中拨弄，暗中摆布

顾啾——蠕动

澥咧——糊状物因水与黏糊分离而变稀

折溜——缠磨人

咕咕丢——搅和出坏主意

卷边啦——失败，处境窘迫

性质　情状

顺溜——长条形物体平直无扭曲或整齐有序，也指人长得好看

板生——挺括，平整

撅咧——条状物或板状物变形失去平整

格净——整齐干净

耙嚓——道路泥泞难走

故登——聪明，有能耐

烧包儿——得意时忘乎所以

艮巴儿——有毅力能吃苦

格铮——孤僻不合群

架架楞楞——难于胜任，十分为难的样子

扯拉巴叽——说话任性，不考虑场合后果

罗罗缸——事情复杂麻烦难办

掐捏——不宽裕，没有余量

行（含）胡——粗心大意，模棱两可

胎孩——舒服安逸，满足

古登玩气儿——无用，毫无价值

怡子——性格固执

铲子匠——对别人做好事进行讽刺打击

起腻——纠缠、没完没了

格色——做事不合乎常理和人情

抠抠索索——拿出钱物不大方

尖头——刻薄、吝啬

郎当——自由散漫，做事不负责任

屁屁——说谎吹牛

瞎白——胡说八道

大拿——主事或主事人

不着调——对工作不负责，靠不住

死性——办事不灵活

差壶了——弄错、误会

其他

介（这）个——这个

大约模儿——大概，大约

敢则——敢情

杠着——注定，该着

楞巴睁——突然

恁么——怎么

老鼻子——很多，很大

约摸着——大概或估计

归其根儿——归根到底

刚前儿——刚才

雪（些）微——稍微，略微

歇后语

赵老二扛房梁——顶这儿了

卖烧饼果子不带干粮——吃货

锯锅匠戴眼镜——找碴儿

卖水的看大河——这都是钱

耗子啃四书——咬文嚼字

二十一天不出鸡——坏蛋

二小吃烩饼——不叫（觉）焖（闷）

水筲没把——饭桶

凉锅贴饼子——溜了

买鱼的不带篮子——钩嘴

癞蛤蟆钻杂草——想露一鼻子

苍蝇尥蹶子——小踢蹬

鸡不尿尿——有一便（变）

扎彩人掉河里——人死架子不倒
黑布裤褂 —— 一身青（清，轻）
爷俩赶集—— 一大一小
吹鼓手抱公鸡——嘀嘀咕咕
嘴上抹石灰——白吃
三十儿黑下（夜）吃饺子——没外人
卖元宵的喝汤——引逗人
小偷打灯笼——明着干
打架扔票子——拿钱砍
狗尾巴拴棒槌——里勾拉勾
旅店的臭虫——吃客
娶媳妇打幡——热闹出了圈儿
屎壳郎钻灶膛——拱火
腊月的孩子——冻（动）手冻（动）脚
倒碾子砸磨——石（实）对石（实）
碌碡砸石头——硬碰硬
王八驮西瓜——连滚带爬
卖大油的上街——炼（练）出来了
黄花鱼的脑袋——穷头
马勺的苍蝇——混粥喝
小虾米游西湖——连边儿也挨不上
港梭鱼——净肠儿的
马家园的高跷——点儿来了（下雨）（本地区一自然村耍高跷技艺精湛，鼓点儿节奏快）
窑后头的高跷——玩儿闪儿
吃冰棍拉冰棍——没化（话）
王胖子的裤腰带——稀松二五眼
下雨不戴草帽——湿（失）眼啦
一百斤面蒸了个大寿桃——废物点心
一张纸画了个鼻子——好大的脸

热面汤——总端着
切糕换粽子—— 一路货
阴天张跟头——没影子
阎王爷贴告示——鬼话连篇
唱戏的拿鞭子——走人
老虎拉车——谁赶（敢）
买切糕的撩沾布——瞧枣（趁早）
立柜没拉手——抠门
八里台的警察——管得宽
扒了茅房盖楼房——臭底子
皮带没眼——系（记）不住
戴草帽亲嘴——差远了
不懂耍会的规矩——别乱抄旗杆
鸡蛋炒螃蟹——滚蛋爬出
担担钩（一种昆虫）戴笔帽——双料尖头
秦庄子卖鱼——好大的想头

附：歇后语“秦庄子卖鱼——好大的想头”的故事来源

传说，从前有一个卖鱼的人，头戴草帽，脚蹬草鞋，上身穿一粗布汗衫，下身穿一条裕裤，高挽裤脚，推一辆木轮手推车，车上有两筐鱼。卖鱼的在“十三庄”弯弯曲曲的土道和庄子里沿街叫卖。不一会儿来到秦家庄。这时街边阴凉之处有一老妇左手拿锥子，右手拿鞋底，穿针引线正在纳鞋底。

卖鱼的随口吆喝道：“卖鱼喽！老太太您看看，这活蹦乱跳的大鲫鱼，多鲜亮啊？”老太太随手把活计放到一边来到车前，两手在筐中挑鱼。正在这时，老妇家中的门洞中走出一位少妇，手中端着木盆，准备出来泼水。这少妇上身穿一件可身的花衣服，下面穿一丝绸绣花裙，大眼睛、柳叶眉、粉面桃花，嫣然一笑，两个酒窝挂在脸上。看到外面有陌生人，少妇将身后退几步，隐藏在门洞里，花衣服随风飘扬，在大门口摇摇摆摆。从少妇走出门口到退回门洞，这一切被卖鱼的看得真真切切，目不转睛，两眼直勾勾地看着这上下摆动的花衣服和漂亮的少妇，真是丢了三魂，没了五魄。

老妇把挑好的鱼放到秤盘子上，卖鱼的心不在焉地拿起秤说“整三斤，给两个大子儿吧”，老妇说：“嘛三斤，你都不看秤，分量够吗？”“够！”老妇说：“分量不够！”卖鱼的说：“够！”就这样双方僵持重复了好几句。最后卖鱼的看着门洞口的花衣服，说了一句：“老太太，分量要是不够的话，我是你儿！”老妇听后没解其意。这时在门洞中的少妇听出了弦外之音，随口答道：“好大的想头！”少妇话音刚落快步走出门洞，两手用力一扬，将一盆脏水泼在了卖鱼的身上，这时老妇也反应过来，弯腰拿起做活的锥子，向卖鱼的比画着，卖鱼的人自知占了人家的便宜理亏，随手胡撸了两把脸上的水，推起小车一溜烟跑得比兔子还快，一会儿工夫消失在海河岸边。

从此，“秦庄子卖鱼——好大的想头！”这句脍炙人口的歇后语，在海河岸边广泛流传至今。

歌谣 儿童歌谣来自民间，有的是儿童自编，有的是大人们拟作。咸水沽镇歌谣非常丰富，流行很广，大都简单易懂，易于传唱，流传极快。很多歌谣都依存于生活，且与形势相连。往往又从谐音中悟出一些道理。这里摘录了几首。

哄小孩儿睡觉时，大人一面用手轻拍孩子，一边嘴里哼唱：

狼来了，虎来了，
老和尚背着鼓来了。
哪儿藏，庙里藏，
一藏藏出个小二郎。
二郎二郎你别怕，
俺上南山摘个瓜。
我吃瓤你吃皮，
剩下麸子喂小驴儿。

哄小孩玩耍时，大人和小孩坐在炕头上，手拉手，大人唱道：

打箩箩缸呀，买鲜姜呀。
鲜姜辣呀，买琵琶呀，
琵琶弦呀，买个船呀。

船没头呀，买头牛呀。

牛没爪呀，买匹马呀。

马没鞍呀，买泰山呀。

泰山路呀，买匹布呀。

布儿稀呀，买只鸡呀。

鸡不叫呀，买挂炮呀。

炮不响呀，丫头小子一齐抢呀。

丫头抢朵花，小子抢个炮呀，

老爷子抢个破毡帽，

没羞的老奶子抢个裹脚条呀。

哄小孩玩耍时还有其他歌谣，如：

打缸缸，拉锯锯

打缸缸，拉锯锯

请了××（小孩的名字）姥家看戏去。

看的嘛戏？梆子腔。

吃的嘛饭？汆汆汤。

嘛就的儿？大公鸡。

吃一口太腥气。

往后不吃姥家的好东西。

另有一种唱法：

看的嘛戏？梆子腔、二黄调，

要看文的《三上轿》，

要看武的《八蜡庙》。

拍豆角儿

拍呀拍呀拍豆角儿，

豆角儿青呀，

谁跟××（小孩子的名字）过一冬呀？

××盖着床花棉被，

他们盖着个狗皮睡。
××戴着个好镯子，
他们戴着个破箩子。
××戴着个好簪子。
他们戴着个席米儿签子。

小老姑儿

小老姑儿，推面子粗。
贴饽饽大，烙饼糊。

小秃儿卖豆腐

小秃儿小秃儿卖豆腐，
一卖卖到大娘房后头。
大娘大娘快开门儿呀，
你家小狗咬了俺的肚脐呀。

小板凳儿

小板凳儿，四条腿儿，
我给奶奶嗑瓜子儿。
奶奶嫌我脏，我给奶奶擀面汤儿。
奶奶嫌我没搁油，
我给奶奶磕个头。

俗语

天气俗语

早看东南，晚看西北。（如有云就预示着降雨）
火烧云（晚霞），明天晒死人。
天河调角（星星），要穿棉袄。
大寒小寒，对头一年。
大昴（星名）出来二昴赶，三昴出来白瞪眼（天亮）。

春冷冻死牛。

七月看巧云。（云彩多变）

五九半，冰凌散。

先下牛毛没雨下，后下牛毛不晴天。

东虹云彩，西虹雨，南虹北虹下涝雨。

雾阴雾晴，十雾九无雨。

天上鱼鳞斑，明日晒谷不用翻。

初雪早，大雨少不了。

过了清明别欢喜，还有十天冷天气。

日落三条箭，转天雨就见。

天上有块扫帚云，不出三天大雨淋。

旱了东风不下雨，涝了东风不晴天。

燕子不吃落地儿的，鸽子不吃喘气儿的。

短五月，长十月，不长不短二八月。

七月半，蚊子嘴像钢钻。

八月八，蚊子嘴开花。

九月九，蚊子出来扭一扭。

农事俗语

七九不种麦，八九没土盖。

今春麦盖三层被（雪），明年枕着馒头睡。

种蒜不出九，出九长独头。

清明吹了坟前土，庄稼百姓白受苦。

谷雨不上水，麦子活见鬼。

清明高粱，谷雨谷。

谷雨前后，种瓜点豆。

立夏麦龇牙。

小满芝麻，芒种黍。

芒种三天见麦茬。

五月不种地，六月干生气（晚了）。

大旱不过五月十三。

七月十五定旱涝，八月十五定收成。

头伏萝卜二伏菜，三伏里头种荞麦。

夜间下雨白天晴，打的粮食没处盛。

霜降不刨葱，必定落场空。

立冬不砍菜，提防受霜害。

涝瓜水，旱瓜甜。

种地不上粪，一年瞎胡混。

生活俗语

好话别解音，解音没好话。

宁走十步远，不走一步险。

丰年要当歉年过，遇到歉年不挨饿。

老人安，合家欢。

一儿一女一枝花，多儿多女多冤家。

六亲不富不算富，六亲不穷不算穷。

船破有底，底破有帮。

家有万贯，带毛的不算。

指亲不富，看嘴不饱。

一顿省一把，十年买匹马。

有钱不置半年闲。

节约好比燕衔泥，浪费好比水推砂。

没找到铜碗，别砸碎瓷碗。

有人就有财。

不能靠天吃饭，全凭两手动弹。

冻死懒人，饿死馋人。

外有耧钱耙，内有装钱匣，不怕耙掉齿儿，就怕匣掉底儿。

妻贤夫祸少。

若要富，贤内助。

多洗多晒，起居安泰。

窗明几净，神清气正。

脑怕不用，身怕不动。

若得一身安，淡食胜灵丹。

人从脚下老，寒从脚下生。

人衰在腿，树败在根。

饱不剪头，饿不洗澡。

出汗不迎风，走路不跳坑。

在家敬父母，何必远烧香。

老猫尿房檐，辈辈往下传。

人家的东西不爱，自个儿的东西不扔。

家里有好饭，地里不用看。

农活、行当的方言表达

农活、行当（音译）

种地相关：耕地、耙地、平地、耧地、掘地、打沟、哗啦沟、秧芽子、起芽子、插秧、挠秧、割稻子、挑稻子、落稻子、扬场、栽菜、摘菜、下菜、水车摇水、挑大沟、脱大坯、挑河工、夹风障、秧畦、暖棚。

打鱼相关：淘鱼、逮鱼、下鱼箔、溜鱼箔、插草标、捞泥鳅、吊螃蟹、赶网、蹋网、推网、地龙、绝户网、线网、抬网、拉网。

赶大车相关：辕子、梢子、边套、驾辕、英子、夹板、鞍子、套、肚带、绞子、箍嘴、打眼、尥蹶子、儿马、骒马、驴骡、马骡、鞭梢儿、捂眼、粪兜。

木工活：箍梢、箍桶、打门窗、打家具、修理耠子、耧耙、搬车、水车、蹄子、板子、水车头、木闸子、拢材、放大样儿。

泥水活：盖土房、泥房、活泥、箍檐吊膘、粘房山、粘高粱穰子、穿鞋戴帽、剔碱、做碱、床箱、床土、上檩、上柁、扎把子、要子、贴固泥、锅台、盘炕、炕沿、念喜歌。

漕运相关：撑船、捻船、修船、桅杆、篷帆、橹、掉、舵、挽枪子、竹篙、锚、对槽、溜冰、撑凌排子、凿凌口眼、掀凌板、凌锥子、冰窖、冰胡儿、跳板、小火轮、缆绳。

生活类：打帘子、打苇箔、打藁（gǎo）荐、织席、苇席、编筐、拐小磨子、烧大锅、打夹子、鞋帮子、纳鞋底、缝衣服、补补丁、锔锅、锔碗、锔大缸、二等、蹬二等、大铁驴、熏窗花、剪窗花、花样子、鞋样子、刺绣花、挣子、打麻绳、拧麻绳、陀子、縩袜子板、凫水、讠水、狗刨、光屁溜、扎猛子、茶壶套、沙绷子、土簸箕、笤帚、烧火、风锅、打烟筒、烧煤子。

游戏类：打尜、打台（tái）、弹球、扇毛子片、玩纸牌、织八陆、牌九、跳皮筋、追人、进城、丢手绢、藏闷闷儿。

农具类：耠子、耧、耙、丁耙、三齿、四齿、华拉子、锄、手锄、抹子、铁锨、薄铣（除铣）、镐、洋镐、翘、翘杠、大锤、大镰、小镰、锼子、耙子、抬筐、挑筐、泥兜子、篮子、背筐（粪积子）、扁担、木杠、丁耙、木铣、木耙、刮板、簸箕、斗、升、石磨、石碾（碾子）、小磨子、筛子、漏子、莆子（浅子）。

民间传说故事

咸水沽与孔子　相传春秋战国时期，孔子周游列国。一次他取道现在的津南一带，到燕国进行游说。

由于长途跋涉，孔子觉得口干舌燥，正巧经过一个小村庄，孔子忙问弟子们：“此是何处？”颜回在一旁忙答道：“此地名叫甜水井。”孔子听了，正中下怀，忙命子路取水止渴，以为这里的水一定很甜，师徒们可以痛饮一下了，谁知取水一尝，竟又苦又涩，实在难以下咽。无法，师徒们只得忍着干渴。孔子叹了口气，望着北方：“不知前面更有何处？”颜回忙说：“恩师，听说还有个地方名叫咸水沽。”孔子听了，不禁愕然，以手加额曰：“‘甜井’之水尚且如此，况‘咸水”之‘沽’乎？”于是命颜回掉转马头，驾车往别国去了。

（李仲义）

月牙河的传说 早年间，李鸿章的部将周盛传率淮军在小站地区开河屯田功业赫赫。在工程浩大的马厂减河通浚之后，为了沟通海河的航运，进一步扩大灌溉，又开凿小站到咸水沽 18 里的笔直河道。这样一来，小站、咸水沽和葛沽三镇便被三条河流围在一个三角中，这一地区水运通达，灌溉便利十分富庶。

相传，李鸿章到此巡视之后，诡称这里 18 里笔直的河道于马场减河、海河相圈成一条玉带（即指蟒袍玉带），此地必出“真命天子”。他回京启奏老佛爷，慈禧太后闻听便问他如何破法。李鸿章献上一计：把小站附近的河道填死，另改挖一段月牙形的河道，就可以把玉带变成假玉带（即指唱戏的蟒袍玉带）。慈禧听后甚悦，遂令改挖小站附近一段河道成月牙形，月牙河由此得名。

狐仙爷庙传说 旧时咸水沽镇的狐仙爷庙，坐落在咸水沽土围子河外，距离海大道几十米的地方。据父辈们传说，狐仙爷是经千年修行得道的狐狸，让神枪黄金榜打伤了一条腿，就在咸水沽南面一个叫荒坨子的地方调息养伤。狐仙爷非常灵验，有求必应，周边村民有个头疼脑热的，到狐仙爷坨子烧香祷告一番，再取些香灰服下，保管药到病除。

为求得狐仙爷给老百姓消灾祛病，1940 年左右，由咸水沽李姓士绅，在狐仙爷坨子上建成狐仙爷庙。虽说庙的规模不大，但大殿却是雕梁画栋、气势不凡。庙门朝北，由三面是砖砌筑的花格院墙围绕。西侧紧挨着赤龙河，河上是一座造型别致的木结构带栏杆的桥，桥与庙门咫尺之遥。庙西桥旁有一棵大杜梨树，茂盛的树冠如华盖般十分壮观。

说起那棵杜梨树，人们还心存畏惧，大人们告诫小孩千万不要上那棵树，否则狐仙爷会不高兴。庙前是一座高丈余、用青砖砌筑四方形塔状的小亭子，在亭子上有四个相同的窗口，里面可以烧香。大殿里供奉着形象化的狐仙爷画像。每逢农历初一、十五庙门开放，接待烧香还愿的香客。

狐仙爷庙与别的庙有一不同处，谁家有个红白喜事需要锅碗瓢勺的，只需上些供品，烧香祷告一番，在纸上写明需要物品，明天就可以到庙里取了。时间久了，有些贪小便宜的人，只借不还，将东西据为己有。有传言说狐仙爷怪人们不守信用，从此，再也借不出来了。

后来，人们问看庙的王三爷，他笑道：“哪有狐仙爷借什么东西啊。其实，人们借的东西都是我准备的，我是掌勺炒菜的，家中的盘碗筷子平时搁置无用，这样给大家行个方便，我可得点供品嘛。”一下子破解了狐仙爷的传说。

50 年代，狐仙爷庙的小亭子被拆除。

（王义林）

风水宝地有金牛　传说早年咸水沽东南地区有一块荒地，外围树木高大茂密，地里长满又长又密的野草，远远望去草荆莽莽、林木森森。周围寂静时，有时还可隐隐听到林中细微的乐曲声，相传为仙人所奏，非同凡响。当地人都说这是块风水宝地，里面栖息着一头金牛，因此这块地被称为卧牛原。

据说金牛很神秘，平时隐而不见，到了夜深人静，无任何惊扰时，它便出现在卧牛原南部一块草地上，或立或卧，或漫步吃草。它周身金光灿烂，双目炯炯，放射出光芒，两角各挂一只红灯笼，烛光异常明亮。它一出现，便映照得卧牛原南半个天空上下通亮。金牛常向着卧牛原南方相隔数里的村庄张望，因此该村人气兴旺，家家平安幸福。

卧牛原西面，相距约一里处有个水塘，通过一侧的大豁口与旁边的河流相通，塘水常满常新。塘边长了一匝芦苇，形成天然帷帐，防止风浪搅浑塘水，又筛挡了垃圾杂物被风吹入塘内，浑水流入塘内，很快就被澄清，所以塘水始终清澈洁净。芦苇丛中有一种鸟，人们称它“芦呱呱儿”，叫声清脆响亮，悦耳动听。塘中时有水鸟栖息，给苇塘平添了情趣。塘岸生长多株柳树，柳枝轻柔，随风摇曳，婀娜生姿。有几棵树上喜鹊筑巢而居，时常喳喳鸣叫，似向人报喜。金牛专门到这里饮水，“饮牛塘”因此得名。一条平整的道路连接卧牛原与饮牛塘，专供金牛通行。金牛饮水时，光芒四射，充满“帷帐”内的空间。

传说金牛风姿、林中仙乐只有德高福大的人才有可能看到和听到。平时人们都注重修养自身，不干有违道德的事，养成了朴厚纯正的民风。人们从不刻意寻机窥视金牛，也从不进入金牛的栖息地活动，以免冒犯金牛，都自觉为金牛做有益的事，或修补道路，维护饮水平台，或清理外围环境等。每隔一两年人们还聚集一起，为水塘清污。

金牛也以神力惠人，人或体内体外有点毛病，饮一点或用塘水洗一洗就会好转；赶车人把自家牲口牵到金牛道上走一趟再使，就会保全年人畜平安……塘内蓄满水，旱季村庄农田会免遭或减受灾困；水塘盛产鱼虾，人们适时打捞，或卖或自食，却也打捞不尽；平日里人们累了，到塘边坐一坐，就会疲劳顿消，体力顿时恢复。

那一年，有几户人家从远方迁居此地，他们不知金牛的传说，把饮牛塘填平做了农田，金牛被断了饮水水源。一天深夜，人们在酣睡中忽然听到牛长长的一声哀吼，急忙起身出门到卧牛原前卧牛塘边探看，只见到处都黑洞洞、凄森森的，死寂可怖。挨到天亮，人们看到卧牛原朝村庄的一边，有一块横长的被牛踏平的地儿——推测夜里金牛在这里徘徊了很久。此后，再也没见到过金牛！后来，附近靠塘水灌溉的农田常闹旱灾，难以经营；被金牛张望的村庄日益贫穷，终至破败不堪；由填塘而成的农田也不见收益，年年荒芜。最终农田、村庄与卧牛原一起融入了那大片未开发的野地，被莽莽草地淹没。

时至今日，这则民间传说仍有现实意义，它启发我们在当前农村城市化建设中，一定要做到各方面的和谐，保证环境的优美。

（锡文柱）

咸水沽的庙戏习俗 中华人民共和国成立前，咸水沽人特别喜欢看梆子演出。这一习惯源于当地的庙戏。咸水沽及周边的村庄庙宇多，村民百姓为求吉利、讨平安，不光是对每尊神佛焚香膜拜，每座庙宇还要在固定日子，请戏班在庙台唱戏敬神。正月初三至初五的三官庙庙戏，正月十五、七月十五、八月十九的玉皇阁庙戏，正月二十五的火神庙庙戏，二月十五的老爷庙庙戏，三月十三的官老爷圣诞戏，六月初一的河神庙庙戏，九月十五的龙王庙庙戏等，都是约定俗成的唱戏日子，每年到期必办，所以称之为死日子戏。每逢庙戏日子，先是“写戏人”提前多日跟戏班签订文书字据，称之为“写戏”。所谓“写戏人”，是专门替戏班联系演出台口、替想看戏的村庄联系戏班的中间人。在咸水沽负责与戏班联系“写戏人”的是林老板。文书是一次一订，内容包括演戏日期、场次、剧目、主角姓名、报酬多少以及双方的责任和义务之类。演出期间，艺人们的伙食由邀请方负责，通常以米面、猪肉、粉条款待艺人。林老板善于辞令，灵活变通。他虽然不是演员，却在天津学过戏，对戏班的内部组织与艺人的表演水平一清二楚。林老板为从中多谋一点儿中介费，一方面向请戏的雇主多争取戏价，一方面压低付给戏班的报酬。

民国初年，季金亭和银达子合作领衔的梆子戏班，每年总有多次被林老板请到咸水沽演庙戏。咸水沽及附近的村庄“写戏”，每个台口一写就是三天。头一天为“起”，第二天为“正”，第三天为“末”。唱戏三天，每天必演三场，上午九点开演，中午一点开演，晚上七点开演，每场三个半小时，演员辛苦程度不言而喻。民间所谓的“一天三开箱”即由此而来。梆子艺人无奈地自嘲：“爱听则听爱看则看，听看自取两便；说好就好说歹就歹，好歹唱三天。”

人们在神庙对面筑台，俗称庙台，各种庙戏都在戏台上唱，因此，庙台又叫戏台。庙戏开演前，由庙上的执事率领一班艺人，先到庙里上香敬表，并由一名化了妆的演员唱三段“领神词”，意思是将神仙请出殿堂看戏。第一段唱词：“级级高，级级高，级级高上搭仙桥。人人都从桥上过，不知桥上牢不牢。”第二段唱词：“神仙出洞来，红花遍地开。”第三段唱词：“眼观南山一清泉，青石板盖得严。有人饮了泉中水不成佛来便成仙。”唱罢“领神词”，演员回到戏台，正戏这才开演。

演庙戏，既敬神又娱人，比平时演戏显得隆重。雇主们对请来的戏班，也比对一般演戏人款待周到。请戏的花费，一般都是当地有头有脸的人家合伙担负，穷苦百姓跟着凑热闹，并不出资。

（甄光俊）

水狼的传说 早在百年前，海河流经咸水沽镇。镇东有个百余户的村庄叫东张庄。清末民初，有一刘姓，排行老四，族人称他四爷，中等身材，浓眉狐眼，练就了一身武功，性格豪爽耿直，好打抱不平。他跺脚可跃上房脊，特别是水性尤其了得，踩水可露肚脐眼儿，潜水可行一二里远。人们给他起了个绰号叫“水狼”。

俗话说靠山吃山，靠水吃水。“水狼”专吃水路，经常在夜间骚扰大商船，从不祸害穷苦百姓，每夜出动劫取货物，知谁家困难，就悄悄放在谁家门口，自己从不多留。日子长了，他备受乡亲们的爱戴。“水狼”的所作所为引起了官府的注意。一次，“水狼”被捕围在咸水沽东大桥处。“水狼”见状不妙，一头扎进海河水中，一猛子潜水一里多地，逃出包围圈。又一次，“水狼”被公差围在稻地里，正在给稻地上水的“水狼”，潜在水沟里逃遁。民国初年，“水狼”被巡警围追至海大道南的芦苇塘内，当时他穿的是长裤，在水草丛中跑不利落，在他脱裤时，被一巡警从后身拦腰抱住被俘。在牢中，虽经历严刑拷打，“水狼”仍没吐半句口供。最终，“水狼”被活活折磨死了，死时仅 40 岁，至死无半字口供。由于“水狼”终生未娶，孤身一人。族人与乡亲们为他收尸埋葬。

（李仲义）

青龙的传说 早年间，海河又称为沽河、沽水，虽不像黄河那样九曲十八弯，但也是宽阔蜿蜒，逶迤入海，流传着一段关于青龙的传说。

在海河边有一个庄子，住着一家李姓的农户，他家养着一头大黄牛，是李老汉外出归来时，在野地里意外发现的。刚牵回家里的时候，黄牛尚小，与一般耕牛无异，可是，过了两三年，这头黄牛便显得奇特而出众，蹄至背八尺有余，头到尾一丈有余，双角儿粗粝，神俊威武。驾车载盐数千斤，“哞”的一声，它拉起来便走，四蹄生风；上套拉犁，更是行走如飞，不见丝毫费力，李老汉喜欢得犹如亲子一般。当时，海河水灾频繁，天气反常得特殊，龙卷风、雷阵雨时有发生，海船翻沉，晒盐场被冲，河两岸倒塌毁坏的房屋、庄稼更是无数。每当大风起时，人们总会看到入海处乌云漫卷，隐隐约约一条黑色大蟒从那里腾起。李家那头大黄牛此时总是瞪得两眼发红，双角儿不停地摇来晃去，喉中“哞哞”声不绝，好似龙吟，四蹄狂蹬乱踹，奈何鼻绳牢牢拴在木桩上，神情极是不甘。这天半夜，为大黄牛添完草料，李老汉摸摸大黄牛的头，正自转身离去。“主人且慢！”这一声，把李老汉惊得浑身一抖，四下里瞅瞅，并不见他人，战战兢兢颤声问道：“牛啊，可是你在说话？”“主人休怕，正是黄牛说话。”“你……你怎会说人话？”李老汉颤声问道。“主人有所不知，我并非一般耕牛，乃青龙转世而来……”这青龙原本南海龙王大太子，宋抗金年间，青龙为牛皋坐骑乌骓马，北上抗金，它奔跑如飞，勇猛异常。蜃华江一战，岳家军大破乌龙阵，完颜兀术败退江边，那牛皋紧追不舍，一番大战，乌骓马见牛皋堪堪难抵，一抖神威将敌手坐骑蹬倒，牛皋乘势骑到完颜兀术身上，完颜兀术气极而死，牛皋大笑而终。完颜兀术坐骑见主子已亡，化作一条黑色大蟒潜入江中逃走，青龙便自回到南海去了。且说青龙久在海中，闲来无事，一日，踏云出来游玩，却见凡间烈日炎炎，田里禾苗枯黄似擦一下火镰便可点燃，诸多民众跪地求雨，甚是可怜。青龙见状动了恻隐之心，便呼风喷水降起雨来。不料遭到暗算，惹出祸端。当年，那条大蟒潜回海里，受到惩罚，对青龙怀恨在心，一直伺机报复。此时听得动静偷眼观瞧，奸笑一声，暗中施法，这雨便下过量了，海水、河水暴涨，淹没了海滨好几个村庄，许多民众溺死。城隍土地禀奏天庭，东海龙王也前来奏本，告那青龙擅自降雨，违背天条。玉帝闻言大怒，将青龙即刻打下凡间，投胎为牛，赎罪三世。大黄牛这番话语，听得李老汉惊呆半晌，忙作揖，言道：“不知你乃青龙下界，多有冒犯，尚乞宽恕。”“主人哪里话来。”大黄牛应道。“犁田耙地，你不曾斥我半声、打我一鞭，每夜深更，给我添草加料，从未怠慢。”说到此，黄牛双眼垂泪，继续言道："今儿我要和主人分别，恐再难为主人耕耙效力。"原来，青龙已知晓水灾频频是那大蟒所为，便决心与那厮殊死一搏，为民剪除祸端。奈何三世难期未到，难以复得龙身，胜败难料，故与老汉道别。说话间已是东方破晓，突然，狂风骤起，大雨倾盆，一团乌云气势汹汹朝这里扑来。大黄牛见状忙道："主人快快将我鼻绳松开，回屋躲避。"却说那大蟒暗算青龙得手，心中窃喜，得知青龙被贬人世投胎为牛，欲置青龙于死地，便追踪而来。好个大黄牛，前腿弯曲，跪别主人，长啸一声"哞"，腾身而起，怒睁通红的双眼，向大蟒冲去。霎时间，与大蟒战成一团。大蟒张开巨口狠狠朝牛颈咬来，大黄牛敏捷闪身，挺犄角儿向蟒腹刺去，只见河里浪涛飞溅，一牛一蟒忽上忽下，从河里斗到岸上又从岸上拼到河里。大黄牛虽不能腾云，但道行犹在，加之决死一拼，更增添了几分神勇，几十个回合下来，大黄牛身上多处伤痕，那大蟒也鳞甲飞落、浑身是血了。此时，风更狂，雨更大，河水流向海里，海水倒灌回来，大黄牛沾了海水，伤处一阵剧痛，显出了龙身，一声龙吟，升到半空，抖擞神威与大蟒战在一起。雷鸣电闪中，一龙一蟒，一青一黑在半空盘旋缠斗。青龙复身，那大蟒已不是对手，被青龙打得节节败退，招架不住，一头扎进河里逃遁，青龙哪肯放过紧紧追踪而去……那大蟒被青龙擒住受到严惩，青龙三世难期已满，玉帝准许复归南海。从此，海河风平浪静。

（吕志福）

海河故事

鲤鱼跳龙门 海河自古盛产鲤鱼。鲤鱼在海河两岸人民的心目中有着不可替代的地位。它是一种吉利的象征，春节，无论是窗户上贴的剪纸，还是门上贴的年画，都有鲤鱼的形象，水缸上鲤鱼图案更是不可缺少。不仅寻常百姓家如此，商家大户对鲤鱼更是崇拜。每年的正月初二，有一项盛大而隆重的仪式，每家商户都张灯结彩，用大红布从商铺门前铺到海河边，在河里凿出个冰窟窿，然后，鞭炮齐鸣，由事先挑选好的帅气的店伙计，手托着红色的大托盘，托盘上放着从海河里打上来的红色大鲤鱼，伙计踩着红布铺就的路，从商铺径直走到河里，来到冰窟窿前，商家掌柜的在岸上高声喊："鲤鱼跳龙门了吗？"伙计在河里用夸张的动作将鲤鱼送到冰窟窿里，然后直起身高呼道："鲤鱼跳龙门喽！"掌柜的转身对着岸上的人群连喊三遍"鲤鱼跳龙门喽！"这样，就预示着今年有一个好的头彩，财源滚滚涌入自家的大门。海河两岸的商铺每年都对鲤鱼跳龙门的活动乐此不疲，商家高兴，伙计也高兴，因为他可得到一笔赏钱。当然最高兴的应该是鲤鱼了，因为它又获得了新生。

秋收故事 海河两岸之所以被称为鱼米之乡，那是因为河两岸只要有绿色，那就是稻秧，凡是有水的地方就有鱼虾。中秋节刚过，田地里稻谷已成熟。蓝天白云下，无边无际黄灿灿的稻浪在享受着阳光的照射，这就是人们常说的稻粒“晒米”的时候，也是人们最高兴的时候。庄稼等待收割，家家都准备了四五把镰刀，把刀磨得飞快，揪下一根头发，放在镰刀上用嘴一吹，头发就断。屋里院里制作了盛稻谷的用苇帘子编的粮囤。渐渐地，稻穗的脖子酸了，稻秧累弯了腰。此时海河里的水不再灌溉稻田，反而将稻田里的水回放，小河大沟的水倒流汇集，然后一起又回到了海河母亲的怀抱。河水倒流形成一个落差，根据这一特点，用一根木棍搭起苇帘，苇帘的一头平插入硬泥里，上面用一块小木板安在硬泥的上边，这就叫“下溜泊”。河沟里的水流经过木板，透过苇帘，注入深沟大河汇集到海。这时候也是孩子们最快乐与“繁忙”的时候，选好合适的位置，插上几个“溜泊”，早晨，天刚放亮，手提着自家用苇帘子编的鱼篓准备收获鲜鱼。顺着田埂奔向稻田的下游，由于身材矮小，稻秧齐腰或齐胸高，晶莹剔透的露珠吊在黄色的叶子上十分耀眼，像星星落在了人间，真不忍心碰它。可是，又挡不住鱼虾的诱惑，于是，就轻轻地拨开稻秧，小心走过，尽管如此，露珠还是抖落了一身，打湿了衣服。鱼虾在水的流动中很惬意地顺流而下，不承想苇帘拦住了它们的去路。它们很不服气，竭尽全力地想挣脱出来奔向海河。人还没走近“溜泊”，远远地就能听见里边噼里啪啦地响个不停，冲到跟前一看，哇！白花花的、鲜活鲜活的鱼虾上下翻飞、争相跳跃，来不及多想，一双小手不停地往鱼篓里装鱼，装完了这条沟里的鱼，又奔向了下一条沟，一个早晨能收获十几斤鱼虾。如果说海河水滋养了万亩水稻，使小站稻米蜚声国内外，那么河里的鱼虾就是海河对沿岸人民的又一馈赠。

（赵立清）

月牙河畔的美丽景色（2013年9月）

城镇建设

20 世纪 50 年代至 60 年代，农民建房以土坯房为主，房屋布局多为 3 间房，一明两暗，起脊出檐，苇把做顶，院中加盖杂用小屋 1 至 2 间，自成院落。70 年代后期，农村出现多建房、建好房的趋势，宅院布局有所改变，建筑结构由土坯转变为砖混结构，近 40% 建成平顶檐式。房屋布局更贴近于现代生活，客厅与卧室分离，专设厨房。以上时期，由于经济还比较薄弱，生活的环境较差。

80 年代至 90 年代，农村建房日益增多，土坯房、砖混结构房逐步被淘汰，建起砖瓦房。一些先富起来的农民开始建起二层或三层楼房，一些富裕村还集中建起四至六层的住宅楼小区，农民的居住观念发生很大变化。进入 21 世纪，现代化小城镇建设兴起。咸水沽镇被市政府确定为天津卫星城之一，2006 年，咸水沽镇作为天津市小城镇建设示范镇，城镇化建设全面展开，一座座造型各异、美丽壮观的高楼拔地而起。2017 年，天津市规划建设绿色生态屏障工程，其中津南区面积最大，为 330 平方千米，约占天津市总面积的 50%。而咸水沽镇则处于核心的重要位置。镇党委、镇政府抓住机遇，努力把咸水沽镇打造成环境优美、群众安居乐业的绿色森林城市，再现林、田、湖交相辉映，乔灌木高低搭配、错落有致的自然生态景观。2018 年，咸水沽镇居民全部住进了水、电、

咸水沽和园（2019年）

天然气全供应，电梯、网络等生活设施齐全，幼儿园、学校、医院、文体娱乐设施、超市、饭店、停车场等功能配套完善，绿地、公园完备，环境优美的住宅小区，咸水沽成为名副其实的现代化宜居名镇。

天津生态屏障核心区（2019年8月）

咸水沽新城小区（2019年）

城镇规划

建设规划 1978年前，建设规划比较薄弱，村庄建设基本处于村各自为政、自发建设阶段。80年代，区把城镇化规划纳入规范化轨道，实行高起点规划、高水平建设、高效能管理、高质量服务的要求。咸水沽镇从1985年开始，就镇区规划进行调查、收集、整理工作。1987年8月，南郊区人民政府组织编制咸水沽镇总体规划初审稿完成。1987年10月，总体规划方案定稿。1988年7月，南郊区人民政府将《咸水沽镇总体规划方案》呈报天津市人民政府审批。12月6日，天津市人民政府批准同意《咸水沽镇总体规划方案》。

依据天津市城市总体规划对咸水沽镇卫星城的要求，确定“将咸水沽镇建设成为轻纺、仪表工业为主的卫星城镇和津南区政治、经济、文化中心”。咸水沽镇的规划期限

咸水沽镇总体规划方案图（2008年12月）

为 1986—2000 年。咸水沽镇的规划范围为：东至华欣毛纺厂，西至南洋五眼闸，北至老海河，南至南边路。规划用地规模为 10 平方千米，规划人口规模为 10 万人。

1994 年 11 月 28 日，津南区政府决定，进一步补充、完善咸水沽镇总体规划，重点是原咸水沽镇总体规划“南移西扩”。规划期限至 2010 年，用地规模 15 平方千米，规划人口 12 万人。

南洋乡于 1993 年 12 月完成南洋乡总体规划。规划期限为 1993 年至 2010 年；乡域用地规模 24.5 平方千米，规划乡人口 3.39 万人；城区总体规划用地规模 3.07 平方千米，规划城区人口 2.98 万人。

环境规划 绿化。小区、道路两旁有绿地、草坪、树木、花草，有的小区建有游园、假山、喷泉，便道上建有园林小品，做到四季常绿三季有花。

蓝天。2000 年，按照区委、区政府要求，咸水沽镇实施“蓝天工程”。从二道桥沿体育场路到原政府东院，再沿津沽路向西折至西大桥后转向南，沿津歧公路到二道桥，这样一个 1.1 平方千米的区域内，建立无燃煤区。

夜景。首先在津沽路地段，建设长期、固定、高档次的夜景灯光体系。又以津沽大街和体育场路繁华地区为重点，以大型公共建筑为基本骨架，光点、光团、光带簇拥的灯光夜景体系，建 20 栋建筑的灯光。2007 年，在咸水沽镇红旗路、南环路两侧的公建楼和津沽路、津歧路、体育场路的部分公建楼共 31 处，实施夜景照明设施安装工程。

生活废弃物无害化处理。1997 年开始，在咸水沽镇实施居民生活垃圾袋装试点工作。2019 年 8 月，在此基础上，把居民生活垃圾袋装工作推广至全区。

晨练（2016年） 于宝忠 摄

民居巨变

平房改造 1987 年，启动平房改造，主要在镇内进行。1987—1995 年，拆迁平房 12968 间 138660 平方米。拆迁后新建 50 万平方米的楼房，1047 户迁入新居，干部、教师和职工住房得到改善。1996—1999 年，拆迁 3224 间 118860 平方米。

2003 年 1 月 8 日，津南区最大的平改工程同泽园小区竣工，小区建筑面积 10 万平方米，总投资 8000 万元，建成住宅楼 18 栋。首批 420 户平改户领到住房钥匙。至 2005 年，第一期平房改造工程基本完成，共拆迁约 2800 户，拆迁面积 25.25 万平方米。2007 年 10 月，对镇内胜利花园、建国大街北、惠安花园、惠丰花园、众合里（二期）进行平房改造，拆迁面积 27.23 万平方米。其中，住宅面积 22.69 万平方米，非住宅总面积 4.54 万平方米，拆迁 3693 户 10483 人。2010 年，全部被拆迁居民入住新居，总人口 10483 人。2011 年，启动镇区惠苑里、惠裕里、红霞里、永安里等片平房改造工程。

90年代的老胡同

土地整合

房屋拆迁 为把房屋拆迁工作做好，让群众满意，镇党委、镇政府按照市区的精神，于 2009 年 5 月 27 日，制定了相关政策规定，保证旧村整合拆迁的顺

韩城桥村村民在拆迁（2009年9月）

利进行，如《关于咸水沽镇北洋园土地征收规定》《咸水沽镇北洋园土地征收房屋拆迁补偿安置方案》《咸水沽镇北洋园土地整合征地补偿安置办法》《北洋园农业拆迁补偿方案》等。

咸水沽镇旧村大规模拆迁始于2007年5月，主要有四大工程即津南新城（2007年启动）、天津大道（2008年启动）、海河故道公园（2008年启动）、天津海河教育园（2009年启动）的建设，涉及的村有上刘庄村、下郭庄村、王家场村、东张庄村、新兴村、胜利村、池家稻地村、南洋村、田嘴村、秦庄子村、韩城桥村、二道桥村、五登房村、四里沽村、苑庄子村、头道沟村、秦庄子村、赵北村、北洋村及胜利花园平改、建国大街北片整合、惠安花园（三期）建设、惠丰花园平改、众合里二期工程建设、津沽酒厂片拆迁、津沽路景观改造、新兴村改建、金丰里二期胜利村改建、金石里平改等需要整合拆迁。

至2010年，镇拆迁涉及25个项目，总拆迁面积272.71万平方米，拆迁16395户，其中，住宅15022户，非住宅1373户。

基础设施 镇内道路1956年以前皆为碴石路、土路，后开始铺柏油路面。1975年，镇内道路建设快速发展。咸水沽镇城区，原先是以建国大街为主干道。80年代后，政府各机关单位及金融、服务业，由建国大街移建到津沽公路及体育场路的两侧。1996—2001年，对咸水沽镇原有的12条道路进行改造，同时又修建17条新路。改造和新修道路的总长为16.46千米，总面积为164524.50平方米。2010年，镇内支路街坊路共计71条，

咸水沽污水处理厂（2019年）

道路全长39.88千米，道路面积64.57万平方米，其中车行道47.82万平方米，人行道16.75万平方米。镇内主要公路有津沽路（镇内段）、体育场路、体育场北路、大件路、红旗路、南华路、建国大街、丰收路、新兴路、花园路、新兴南路、紫江路、东沽路。

2017年，镇城区主要道路有32条，其中城市主干路3条、次干路17条、支路12条。路面长度35347米，其中城市主干路5232米、次干路24388米、支路5727米。路面面积911944平方米，其中车行道670683平方米，人行道241261平方米。

70年代，已建有地下排水设施。至2009年年底，境内有排污和雨水泵站10座，机组台数29台，装机容量1965千瓦，排水能力23.43立方米每秒。排水管网57230米，检查井1425座。2017年，镇区域内排水管道有41处点位，管道长度120819米，其中支管合计23073米，干管合计97746米。检查井2946座，收水井2488座。有排水泵站12座，其中污水4座、雨水6座、合建泵站2座。泵站机组台数62台，装机容量4147千瓦，排水能力平均60立方米每秒。

镇区供热。80年代后期，有部分单位用自己的锅炉供热。1995年，镇开始启动集中供热建设，建成光明楼供热站，实现4.50万平方米631户的集中供热。1996年，建设区农林局供热站，供热面积1.09万平方米。1997年，建成普明里供热站，供热面积5.49万平方米。1998年，建成益华里供热站，供热面积3.38万平方米。

2000年，按照市政府关于“逐步取消10吨以下燃煤锅炉”的要求，建设普明里大型供热站，实现该站的供热并网。2003年始，分别建设新兴、米兰、博雅三个大型供热

居民温暖过冬，益华里居民李家有（左）夫妇在家中为花喷水（2008年12月21日）　刘海峰　摄

站，实现咸水沽镇各小区上百家小厂锅炉的并网，管网铺设全部采用地下直埋。此时，天津军粮城发电厂电供热管网进入津南区，在咸水沽镇博雅供热站安装一台 100 吨大型锅炉。2014 年，供热面积 254 万平方米。2018 年，咸水沽镇供热面积 844 万平方米，其中公建供热面积 176 万平方米，民居供热面积 668 万平方米（93000 户）。咸水沽镇已无燃煤供热，清洁取暖率达 100%。

居民小区　80 年代，咸水沽镇建住宅楼一般是 3 ～ 4 层的单元楼。进入 90 年代，镇区平房改造和房地产开发兴起。1991—2001 年，镇区建住宅楼 259 栋，别墅 187 栋，建成住宅小区 40 余个，建筑面积 108 万平方米。新建住宅楼为砖混结构，多为 6 层，外墙涂有各色涂料。新建小区实行物业管理。

镇区外的村，农民的土坯房被砖瓦房代替，经济条件优越的盖起两层楼房或别墅。1999 年区委、政府提出“三个一”工程，镇党委、政府积极组织实施，各村创造条件认真落实。

2005 年后，咸水沽镇城市化建设步伐加快，多为高层框架结构，有良好的供水、供电、供气和供暖设施，全部实行物业管理。2010 年，咸水沽镇累计建成金华园南、金华园北、紫江馨苑、宝业馨苑、米兰、金丰里、光明楼、育才里、红霞里、益华里、凤明里、祥福里、南华里、普明里、照明南里、北斗公寓、富源里别墅、睦安公寓、博雅花园、名邸、惠丰花园、沽上江南等 89 个居民小区。

2016 年，咸水沽镇启动建国大街以北旧城区房屋征收工作，共签约 514 户，启动

紫江馨苑全景（2010年） 景文军 摄

沽上江南小区（2015年9月） 梁洪斌 摄

新兴村崔家台拆迁预签约工作，做好四里沽村整合拆迁准备工作，做好王家村、池家稻地等村滞留户“清零”工作；办理头道沟、周辛庄、四里沽村回迁入住手续；解决东张庄、吴家稻地等10个拆迁村遗留问题，签订回迁协议214户；办理紫江馨苑、宝业馨苑小区房地产权证工作，完成房地证录入信息2939户。是年，做好天津示范镇和海河教育园区回迁房建设，累计在施面积92.29万平方米。16个房地产项目加快建设进程，年度投资28.06亿元，新开工47.73万平方米，竣工69.7万平方米。

2010—2016年，建设金华园南区、金华园北区、博雅时尚小区、新兴安置区、金丰里安置区、宝业鑫苑小区、紫江馨苑小区、鑫洋园小区、东旺家园小区等，城镇建设完成总建筑面积4007804平方米，其中住宅面积2766659平方米，住宅套数31176套；公建面积455335平方米；其他面积785810平方米。2017年，有居民小区104个，总人口25万人，居民都住上了有花园、娱乐场所，路边有树木花草，有幼儿园、学校、医院、文体活动场所、超市、银行、饭店、停车场等，辅助配套设施完备的现代化居民小区。

镇区商品房建设和销售快速增长。1991—2010年，镇区共建住宅楼671栋，其中别墅187栋，高层127栋，多为商品房。1999年商品房销售5.88万平方米，2005年59.17万平方米，2009年达168.93万平方米。2017年，商品房开发项目有13个，建筑面积293.67万平方米，总投资212亿元，商品房销售55.7万平方米，销售额77.9亿元。

园林新景

月牙河公园 该园是以健康为主题的公园。坐落于月牙河二道桥西岸，坐北面南，采用仿古牌楼式，仿古不复古，格调古色古香。始建于1989年，占地面积39306平方米，1991年10月建成开放。2001年后，公园进行4次改扩建。2001年改造工程面积为13786平方米，其中硬化面积2731平方米，绿化面积11055平方米，修建400平方米旱喷泉一座，花岗岩坐凳104.4延米，庭院灯具50余套；2003年9月扩建1.03公顷；2005年新建公园侧大门；2006年增加旧大门前面积3441平方米，其中硬化面积1441平方米，绿化面积2000平方米。改造后园中建有“名人苑”“仙来亭”“和春亭”“文来阁”等楼台亭阁。设有刻着名人诗词的碑林，共有260余块，并修建“儿童乐园”和喷泉、广场。园中小路以路面结构分为花岗岩路、鹅卵石路、草砖路、碎拼路等，路边安放天然石座椅和石桌，供游人休息。园中种植构树、泡桐、迎客松、侧柏、碧桃、苦楝等树木，卫矛、紫薇、女贞等乔木，栽植草皮和各种花卉。园内小河环绕，河面上建造

月牙河公园（2017年） 李玲 摄

津沽休闲园（2019年）

拱桥，水边建造水榭，备有脚踏船，泛舟其上更为惬意。公园四周围有工艺铸铁护栏，园中设有庭院灯、草坪灯、艺术灯。整个公园景色优美，树木葱郁，是游人休息、游玩的理想佳境。

津沽休闲园 2004年建成，坐落于津沽路咸水沽镇中心区北面，第四小学东侧。占地面积约为13000平方米，其中，绿化面积为5760平方米，铺装面积为7000余平方米，三是津南区具代表性的中心休闲广场，是市民休憩盘桓之胜地。广场以铺装与绿化相结合，中心轴线上依次设广场标志物、带形喷泉及圆形旱地喷泉，将静态之水变为或奔腾，或叠落，或喷涌的动态水景。内设巨幅液晶显示屏，供游人在休闲娱乐时关注各类新闻及时事快讯。山石驳岸、花岗岩台阶、大理石坐凳、种植池等环绕喷泉四周而建，

全红桥音乐喷泉绿地广场（2019年）

普明园（2019年）

绿茵花丛，错落期间。突出园林式、群众性、开放性，为百姓休闲、健身提供一片广阔天地。

全红桥音乐喷泉绿地广场 建于1998年8月，坐落在月牙河全红桥西侧，与咸水沽第一中学比邻，占地1.53万平方米，绿地面积1.48万平方米。广场中建有大型蒲公英造型依音乐律动变化而造型的喷泉、仿真仙人掌、球植株、供游人休息的大理石石凳、甬道用鹅卵石铺砌而成，园内种植雪松、法桐、连翘、紫薇等数十种乔木花灌木，突出绿化与硬化的完美结合。最具特色的要数园内由10根古罗马柱组成的柱廊，雕刻精细，图像生动，欧式风格使得广场颇具异国情调。古罗马柱长廊前广场建有灯光音乐喷泉，喷出的水柱随音乐旋律的变化，编织出各种美丽的图案；入夜，在彩灯的照射下更加绚丽多彩。广场西北角设有红蓝相间的尖顶鸽房，数百只鸽子徜徉在草坪上 ，给人一种舒适、静谧、祥和的感觉，令人心旷神怡。该广场的布局构思精巧，为津南区为数不多的欧式园林广场。

普明园 该园是以廉洁为主题的公园，建于 2000 年 8 月，位于普明里、普明南里周边，故取名普明园。该园占地 5717 平方米，绿化面积 4920 平方米，水面 580 平方米，植草皮 4000 平方米，种植各种花木 5353 株。总体风格是传统古典园林形式，并融当代人的生活方式和审美情趣为一体，兼顾游览、休憩之需要。公园正门建有花岗岩雕刻的石牌坊，牌坊上刻有两副楹联分别为：“天聚祥光普照明辉梓裡”“地拔新宇咸集水上霞光”，“日杲观普明”“月朗拂和风”，匾额上书写园名“普明园”。公园入口处是平地挖造的人工湖，湖中种有荷花。园内绿化疏密有致，树木繁茂，曲水回环。沿湖以垂柳为主，水中栽藕植莲，林荫道种植银杏、桧柏、合欢、槐树等乔木以及紫薇、紫藤、萱草等多种花灌木。初春时节，园内玉兰绽放，香绕满园；夏天，荷叶挨挨挤挤，荷花绽放，亭亭玉立；数千条红色观赏鱼畅游期间。深冬，这里有蜡梅傲雪，暗香袭人，四季有景。湖水映衬着启明舫、馨邃洞屋及玉盘亭；左面为人造假山，有石阶供人攀登，山坡设有凉亭，山上一泓泉水飞奔而下，形成一道小巧的瀑布；后面和右侧建有仿古建筑“天旭榭”和“启明坊”，山后有“红枫屿”。园中绿茵小路蜿蜒曲折，小溪潺潺，其上架有石桥。园内还建有周汝昌学术纪念馆，为普明园增添了浓厚的文化氛围。该园为津南区首座“精品公园”。

海河故道公园 海河故道公园建于 2009 年。公园西起咸水沽镇月牙河至津南环路，长度 3.5 千米，南北平均宽度约 200 米，占地约 75 万平方米，其中水面面积 21 万平方米，陆地面积为 54 万平方米，绿化面积 35.65 平方米。园区建设充分利用海河的知名度，挖掘自然、历史和人文等方面的素材，以生态文化为纽带，串联码头商埠文化、运河风情文化和名人文化，从时间和空间上再现天津独特的地域文化特征和深厚的历史沉淀。

公园包括滨水游憩区、沽水花洲、雅石趣园、沽水篝花、船舫美食区、综合娱乐区、水上商娱区、水鸟湿地区及以红学专家周汝昌命名的汝昌路等。

滨水游憩区。该区体现天津因运河而生的所谓“十里鱼盐新泽国，二分烟月小扬州”的风雅生活。

沽水花洲。清代诗人查昌业的诗《即景》“寻芳步步踏青来，柳外何人筑钓台？

海河故道公园（2011年）　　景文军　摄

七十二沽春水活，午景声里野桃开”勾勒出“七十二沽沽水阔，一般风味小江南”的北国江南风俗画。

雅石趣园。游客在游览过程中总可以感受到中华文化的博大精深，达到陶冶情操、提升审美能力、展示地域文化的目的。

沽水篁花。这是亲水、近水、嬉水、日光浴的生态区域。在海河故道中放养绿头野鸭 130 只、非洲雁 20 只，供游人观赏。

船舫美食区。漕运带来人气，带动商业，富有的盐商带动了天津的餐饮业。

综合娱乐区。该区域堪称历史文化、生态文化的汇聚之地，新旧城区的碰撞之处，商业繁荣之所，百姓安居之地。

水上商娱区。该区域利用原有鱼塘洼地形成四面临水的长堤，以桥、岛、堤、栈道等景观元素，丰富水面景观，提供多层次多角度的景观视点。

水鸟湿地区。类似的生态基地是现代生活品质的保证。

西大桥绿地广场　建于 1999 年，位于西大桥津沽路与津歧路相交处，占地 5000 平方米，绿地面积 4500 平方米，其中草皮 3000 平方米，花卉 1000 平方米，常绿植物 12

株，月季花 1000 株，草坪中矗立雕塑一座，在紫红色的基座上三只不锈钢制作的海鸥围绕一起，在海浪上搏击、盘旋、向上，象征着津南人民团结向上、拼搏奋进的精神，成为津南区亮丽的窗口。

环境优美

水环境 2001 年，月牙河两岸的护坡工程完工后，政府在河坡两岸植树栽花，在津歧路一侧建绿化带，架球形路灯。绿化带内健身路上的石雕羊、鹿，有的呈低头觅食状，有的作昂首状，与游人的闲情逸致相辉映。两岸整齐的护坡石面与两岸的绿景相互映衬，与周边的公园、绿地、广场形成一幅大的画卷。河坡自身的美融于附近的绿地、广场、花卉之中，形成一道完美的绿色景点。1996 年后改造老海河，建成老海河二级河

咸水沽镇郊野景色（2018年）

米兰小区花园（2018年10月）

道和老海河水库 。2008 年实施海河故道治理，次年建设海河故道公园。2009 年整理胜利河，保证海河教育园区的水质达标。

城镇绿化 住宅小区绿化。1996 年后，小区的绿化建设和管理均由物业公司负责，小区的绿化不论在数量上还是在质量上都有大的提高。益华里小区绿化面积 20500 平方米，栽种各种树木花卉 31131 株。光明楼小区到 2001 年，绿化面积为 3103 平方米，树木 3329 株。照明南里小区有绿化面积 3530 平方米，栽种各种花木 3332 株。普明南里小区有绿化面积 1314 平方米。种植花木 1957 株。

实行绿化的小区还有“照明里小区”“新建里小区”“祥福里小区”等近 10 处，总绿化面积 1700 余平方米，种植花木近 3000 株。2016 年，新建提升绿化面积 33.6 万平方米，镇域绿化面积累计达 1053.6 公顷，城市面貌和生态环境发生显著变化。

建设绿色生态屏障工程有序推进 514 公顷，种植工程完成绿化 411.67 公顷，种植各类树木 23 万株。

天津市绿色生态屏障工程 2018 年，天津市规划建设绿色生态屏障工程，其中津南区面积最大。在津南区“一核、三片区、七廊道、九节点”的空间结构布局中，东至双桥河、老海河，南至天津大道，西至卫津河，北至海河的区域是绿色生态屏障的起步区；咸水沽镇辖区内 7710 亩是起步区内最核心的部分，也是最早施工的区域。2018 年年初在全市率先启动建设，从平整土地、上土、选苗、栽种只用 100 天左右的时间，完成 3200 亩春季造林绿化工程任务。

天津市绿色生态屏障工程咸水沽核心段（2020年）

镇内的津歧路（2019年）

按照“宜林则林、宜水则水、宜田则田、宜草则草”的原则，咸水沽镇全力在起步区打造一个林中有湖、湖边有草、路边有花、稻田交错的新兴自然绿色空间。林地面积4740亩，以打造植树纪念林区方向，栽植既有意义又耐盐适生的国槐、白蜡等天津地区乡土树种，兼种植矮接金叶榆等灌木作物，形成高低相依、错落有致的绿色环境氛围。水面纵横交错，湿地面积达到1435亩（含带状公园面积）。滨水带状公园，总占地面积655亩，其中水域面积520亩，景观道路15亩，两侧广泛种植格桑花、蛇莓等花草，打造四季有景的风光体验式花田景观。

至2019年，起步区内已种植各类苗木40余万株。起步区已成为津南群众踏青休闲、赏花观景的重要去处。咸水沽镇的生态格局基本成型，城市蔓延得到有效控制，生态质量和服务功能显著提高，人与自然和谐共生的负荷生态系统初步构建。

公路绿化 津沽路（镇内段）上，1989年，草皮、月季种植面积为7000平方米。1999年分车带内所栽草坪面积为2000平方米。至2003年，津沽路总绿化面积达44185平方米，草皮面积19520平方米，种植的花卉、乔木数为54326株。体育场路，1985年

咸水沽镇夜景（2015年8月） 李龙震 摄

绿化长度为1180米，路两侧种有行道树，路中间隔离带种植桧柏和西府海棠、草皮等，绿化面积3528平方米。1988年，沿途便道上建有园林小品。1998年，在分车带内新栽草坪面积为2436平方米。红旗路绿化面积为330平方米。1999年，在高便道建花坛栽草坪1089平方米，安装侧石890米。

1999年，南华路隔离带建绿地2667平方米，植草坪2550平方米，种乔木294株，常绿98株。在南华路与津歧路交口处新建绿地3003平方米，栽草坪2905平方米，植树425株。在康业门前建绿地4201平方米，均栽种草皮。2000年，在南华路新建绿地3551平方米。2001年，在月牙河河边的绿化带镶草砖218平方米，铺种草皮3045平方米。

天津海河科技园区绿化 2009年园区企业绿化面积约为9.25公顷。2010年园区企业新增绿化面积约为2.75公顷。2011年园区企业新增绿化面积约为4.59公顷。2012年园区企业新增绿化面积约为2.01公顷。2013年园区企业新增绿化面积约为2.21公顷。2014年园区企业新增绿化面积约为3.5公顷。2015年园区企业新增绿化面积约为0.78公顷。2016年园区企业新增绿化面积约为1.4公顷。至2016年，园区企业绿化面积约达26.5公顷。

蓝天 按照区委、区政府要求，咸水沽镇实施“蓝天工程”。从2000年始，各单位、部门齐心协力，紧密配合，在一个1.1平方千米的区域内（从二道桥沿体育场路到政府东院，再沿津沽路向西折至西大桥后转向南，沿津歧公路到二道桥），建立无燃煤区。

郊野生态林中的小道（2020年8月）

域内居民和单位，统一入网集中供热。项目实施后，减少烟尘排放 195 吨，减少二氧化硫排放 62.4 吨，改善咸水沽镇的大气环境质量，为津南区今后建设“无燃煤区”奠定基础。2018 年，咸水沽镇已建成无烟煤区。

夜景 2004 年，政府聘请专家和经验丰富的施工队在津沽路地段建成长期、固定、高档次夜景灯光，夜景灯光建设告别“串灯时代”。在津沽大街和体育场路繁华地区组成光点、光团、光带簇拥的灯光夜景体系，20 余栋建筑的灯光均在 2004 年国庆节前建设完成，使津歧路与月牙河水相映一色，宛若夜间闪亮的丝带嵌在月牙河畔。2007 年，咸水沽镇红旗路、南环路两侧的公建楼和津沽路、津歧路、体育场路的部分公建楼等 31 处位置实施夜景照明设施安装工程，古镇路灯建设实现巨变。自 1 月开始，津沽休闲园内的 LED 全彩电子显示屏开始进行建设施工，5 月份，显示屏建设工程投入使用。

生活废弃物无害化处理 1998 年津南区制发《津南区生活垃圾袋装管理工作的安排意见》。咸水沽镇在津沽路、津歧路、体育场路、红旗路两侧沿线的机关企事业单位、学校、驻区机构及已实行物业管理的照明南里、照明北里、同发里等小区实行垃圾袋装。1999 年，永安里、红霞里、益华里等新建居民小区及津沽大街、体育场路两侧的 265 户单位均设置垃圾箱，全部实行垃圾袋装化管理。2000 年生活垃圾袋装工作在全区推行。2003 年，咸水沽镇的主干道两侧单位、物业管理居民小区、集贸市场 100% 实行垃圾袋装，非物业管理居民小区 50% 实行垃圾袋装，实行后密闭收集运输。2005 年，镇探索居民生活垃圾收集运输处理的新方法，购置配备环卫专业运输车辆，每个村建立一处较为完善的垃圾收集点，确保生活垃圾密闭收运。2008 年，镇内建设缩式垃圾转运站，生活垃圾 95% 以上运送至大韩庄垃圾填埋场和双港垃圾焚烧发电厂进行无害化处理。

“四清一绿” 按照市委、市政府要求，咸水沽镇全面推进“四清一绿”工作。2016 年，严格履行属地责任，完成 6 项清新空气行动项目，17 台燃煤锅炉改燃并网；开展清洁村庄行动，改善未整合村的环境面貌；落实清洁社区行动，做好镇城内 63 个非物业小区垃圾外运和卫生保洁，完成对广建里、育才里等 7 个老旧小区的综合改造提升，全方位治理违章棚亭、乱堆乱放、违章广告等现象，拆除违规广告牌匾 110 处；绿化美化行动，治理 24.2 万平方米裸露地块、150 户“三小”散煤；空气质量综合指数排名居全区前列；水环境综合评定名列全区首位；新建提升绿化面积 33.6 万平方米，镇域绿化面积累计达 1053.6 公顷。

民生设施

社区服务中心 咸水沽镇于 1999 年成立社区服务中心，为居民提供房屋买卖、租赁、职业介绍和婚姻介绍服务，仅 2000 年待业求职登记就有 600 余人次，近 300 人的就业问题得以解决。2000 年 11 月，又成立第二家社区服务中心，待业求职登记 182 人次。为满足群众的特殊需要，镇三产办与富江家政合作，创办富江家政服务部，为居民提供家庭病房、计时工与保姆介绍、旧物调换、劳务输出、出国咨询、家庭清洁、送物搬迁等多项服务。服务部还开设家庭小饭桌，为镇区几所小学的 60 多名学生解决中午用餐问题。对双职工不便为老人做饭的家庭，服务部则用专车把饭送到老人家中。

劳动保障服务中心 成立于 2003 年 6 月，主要负责全镇群众的就业、创业、培训、社会保障等工作，下设 27 个村级劳动保障工作服务站、20 个社区劳动保障工作服务站，先后获得咸水沽镇“三八红旗集体”、津南区“青年文明号”、“巾帼文明岗”、天津市“三八红旗集体”等荣誉称号。

办理天津市城乡居民养老保险参保、申报退休和死亡退费手续的情况：2009 年 9 月至 2017 年 10 月，参保 3879 人，（失地）参保 6029 人，退休 1561 人，死亡退费 267 人。

办理老年人生活补助新增、减少手续的情况：2009 年 1 月至 2017 年 10 月新增 4753 人，减少 1325 人。

办理未整合村老年人生活补贴新增、减少、发放手续的情况：2014 年 1 月至 2017 年 11 月，新增 1431 人，减少 235 人，发放金额 7382100 元。

为居民办理城乡居民基本医疗保险参保录入手续，累计参保量 188396 人次 。

城乡医疗全额垫付费用报销业务情况：① 3424 人次发生城乡医疗、生育垫付费用（2011—2017 年），报销 1318.52 万元；申报城乡生育垫付费用 108 人次，报销 41.61 万元。②城乡医疗补助（2011—2017 年）333 人，报销 131.13 万元。

城镇保险业务情况：① 2010—2018 年 6 月，为 4695 人办理城镇职工退休。② 2014—2018 年 6 月，为 1057 人办理向前补缴城镇职工养老保险。③ 2012—2018 年 6 月，认证审核 604 名异地退休人员的资格并通过认证。④ 2012—2018 年 6 月，为 121 名领取丧葬费、丧葬补助费、救济费条件的退休人员进行办理。

2013—2017 年 11 月，办理创业担保贷款业务 3649 万元。

各类培训业务的情况：① 2013—2018 年 6 月，完成 236 个班的技能培训，培训课程包括创业、营养配餐、维修电工、焊工、插花、化妆、美甲、面点、育婴员、保育员、叉车、美容、美发等，共 10896 人。②在津南区职业技能竞赛中，2015 年度、2016 年度、2017 年度咸水沽镇参赛选手均获前三名。

困难群体就业援助业务情况：①办理就业失业登记证 347 人次。 ②办理失业登记 1022 人次。③申报自谋职业补贴 43 人次。④援助困难群体就业 2517 人次。⑤为灵活就业困难群体办理保险补贴 2224 人次。⑥为保险补贴三年期满人员申报继续享受，完成 609 人次的申报。⑦为保险补贴人员申报退出，完成 629 人次的申报。

劳动保障监察业务介绍及成果：①组织辖区内各类用人单位参加劳动保障书面审查，累计 6000 余户次。②推动镇域内企业保险扩面工作，至 2018 年 7 月，企业参保人员达到 17634 人。

社会保障卡办理业务情况：至 2018 年 7 月，为居民办理社会保障卡 42238 人次。

失业人员领取失业保险金业务情况：至2018年7月，累计办理失业金签领手续4.5万人次。

征地保险业务情况：征地参保21593人，为6672人办理一次性安置补助，为15985人退保，为27187人发放一次性生活过渡费，涉及补贴资金21.7907亿元。

职业介绍、业务介绍及成果：为企业与求职者搭建供需平台，共接待企业1600余家，接待求职者3800余人；举办招聘会57场，提供岗位数34425个；推荐就业42847人次，达成就业意向12185人次。

企业核查业务情况：对镇域内的企业进行日常巡查，规范企业用工，杜绝企业非法用工和各类违法犯罪案件发生。至2018年7月，达2052户次。

咸水沽镇综合便民服务中心（2019年10月）

名人与咸水沽

鎮

历史名人

刘霸道 清乾隆年间，浙江人汪沆应聘修《天津府志》，他曾到过咸水沽，有诗为证:“豆子䴚边夜射鱼，潮痕初上柳风疏。千年刘格芠（珊）夷后，金镞犹耕出废墟。”汪诗描绘了当年咸水沽的先民春初捕鱼的情景。刘即刘霸道，格即格谦。宋司马光的《资治通鉴·隋纪七》记载:“平原东有豆子䴚，负海带河，地形深阻，自高齐以来，群盗多匿其中。有刘霸道者，家于其旁，累世仕宦，资产富厚。霸道喜游侠，食客常数百人，及群盗起，远近多往依之，有众十余万，号‘阿舅贼’。”据史料记载，隋代全国人口有四千五百多万，由于杨广修建运河，建造豪华行宫，三征辽东高句丽等，大量征用民工，耗费大量资财，使得人丁锐减。老百姓饥饿冻馁，“死者相枕，臭秽盈路”，纷纷揭竿而起，刘霸道就是其中之一。

格谦 隋大业十二年（616），《资治通鉴》对格谦有这样记载，河间郡人（时咸水沽隶属河间郡），拥有部众十余万人，占据豆子䴚（咸水沽），自称燕王。隋炀帝命王世充率兵讨伐，并将他杀死。格谦的部将渤海人高开道收其余部，侵掠燕地，起义军又振兴起来。

汪沆在题咏咸水沽的一首七绝“豆子䴚边夜射鱼，潮痕初上柳风疏。千年刘格芠夷后，金镞犹耕出废墟”即指刘霸道、格谦被朝廷消灭后，后人耕地时曾发现古时作战使用的箭头。

铁胳膊雷五（1864—1900） 祖居咸水沽镇东大窑雷家台，弟兄七个，排行老五，字雷富。雷五自幼拜津西大南河李镖师门下，练就一身软硬功夫，手使一对双钩，很勇猛。雷五与师傅参加义和团，抗击八国联军的侵略。一天在天津黑牛城一带遭遇从塘沽登陆的八国联军，虽经奋力抵抗，终因八国联军有洋枪洋炮，雷五等人被围困在纪庄子（黑牛城纪家庄）一家屋内。雷五用双钩拨开屋顶的房苇把子，让战友先从屋顶逃走。

雷五蹿上房后，不幸被洋鬼子开枪击中。由于伤势过重，不治逝世。

陈其昌（？—1855） 字星辅，号杏圃，世居咸水沽镇四里沽村。陈其昌早年丧父，孤苦伶仃，刻苦读书，16岁应童子试，补诸生，成为有学之士，旋食廪饩（由官家供给银两和食、用之物，俗称吃皇粮），道光二年（1822）乡考中举人，道光十五年（1835）大挑一等（清朝科举考试后从若干录用人中，分出一等二等，以知县、教职用），先后任广东省历权、阳春、新宁等县知县，后调任广东省德庆州知州，又调任赴仁化州，咸丰五年（1855）再调任赴澄迈，未到任即病故。陈其昌为官清正自励，所任多施仁政，长于司法，善于听断，每评议狱罪，从不妄断。陈其昌为官清廉，从不鱼肉百姓，时而救济难民，为官近二十载，“卒后家境萧然，无几已归其丧，一时称廉吏焉。”

韩印符（生卒年不详） 字丽生，男，汉族，咸水沽人，祖籍山东兖州，清末贡生，捐官户部郎中，后改度支部郎中，热心教育改革，曾上奏朝廷《陈请资政院颁行官话简字说帖》，倡导推行官话，后弃官回乡，于光绪三十二年（1906），捐25间房屋，开办咸水沽民立二十一小学，1917年，在韩城桥村开办韩氏国民小学和韩氏第一女子小学，1919年，开办韩氏第二女子小学。韩印符办学之初就将祖上所遗和自置地产悉数报至天津县，所有办学费用按进项提成。1920年3月，韩印符将家产编制成册，以备日后捐助为办学之用。此事遂经省长报请总统予以褒奖。民立二十一小学在韩印符的资助下，发展为初、高两等小学堂。韩印符除办学外，还响应政府提倡的造林活动。

周景颐（1876—1952） 字幼章，咸水沽人，清末秀才，祖上为海河船户，其父周铜（字印章）清末捐同知衔，曾热心关注、倡导、支持地方文化教育发展及民间艺术活动，平生酷爱戏剧、音乐、书画、文物，自创小型园林，为地方特例。周景颐从小接受传统教育，在文化艺术的熏陶下成长。

周景颐膝下五子，震昌、祚昌、泽昌、祜昌、汝昌，其幼子周汝昌为中国著名红学家。

周景颐为人和善，在民众中有很高的威望。1912年，地方土豪劣绅贿选镇长，假报选票，引起咸水沽商民义愤，推翻假选而拥戴周景颐为镇长，后为商会会长。在任职期间，得到咸水沽数百家商号全力支持，他始终以减轻民众负担为怀，极力支持镇民反抗苛捐杂税，曾亲率民众“打牙税”，把上面派来的收税官员逼得落荒而走。他还曾写信密告天津县长劣迹，多次呈文抗驳县里的各种摊派，全力支持镇内唯一的私立小学办学，经常为校产收入经营设计，殚精竭虑 。

当时津南地区土匪猖獗，多股匪枭骚扰咸水沽。周景颐给上级写呈子，请来二十九军一个排，保护镇民不受土匪扰乱。

1931 年，自称“东北队”的散兵，把周景颐等数人拘往小站交给土匪做人质，后经其周旋和沽上士绅买通，周景颐被“赎”回，其他被绑架者也免于枉死。事后，周景颐发动镇民集资划地，在咸水沽东西南三面建起土围子（北面是海河）。土围子全长 4 千米，是外陡里坡带城垛口的土墙。高一丈有余，顶宽七八尺。上边能巡逻，能架枪，居高临下抵御来犯之敌。镇东西有两座大门，称东营门、西营门。大胡同以南设有小营门，供过往行人进出，东大桥摆渡口有小营门一座。

咸水沽镇有了这土围子，多次击退土匪进攻，得以保护镇民生命财产。故咸水沽人倍感周景颐之功德，群起自发为周家挂匾，由津门书法家肖赓庭书写“硕果苞桑”四个大字，并同时送银盾一件，刻写“智深勇沉”四个银光闪烁的大字，对他保护地方平安表示感谢。

王伯新（1896—1976） 咸水沽镇秦庄子村人，津沽名医，一生清贫，生前为咸水沽镇人大代表。王伯新自幼刻苦攻读医书，多方请教名医家，自学成才，擅长汤剂针灸，还专治疑难病症，不仅中医中药处方有独到之处，对针灸亦有较高的造诣。日伪时期，有一年霍乱流行，患者无数，死者累累。日伪人员得知后，以防止传染为名，对患者或活埋、或焚烧，乡民人人自危。王伯新急患者之急，带上银针，不分昼夜，往来于咸水沽周围 10 余个村庄，为患者治疗，一个多月不入家门，治愈者数以千计，当地群众无不称赞。王伯新医德高尚，医术颇深，为乡里父老所爱戴，晚年积劳成疾，病躺床头仍手不释卷。

他在天津市也广有影响。天津市中药百年老店“达仁堂”曾派人请王伯新坐堂行医。市第一中心医院中医科主任于东川，请其到中医学院任教授，但因其年老体衰故土难离未能成行。

王伯新自幼喜爱书画艺术，不断潜心研习，对名帖、碑版拓片字画收藏甚广，直到晚年仍酷爱书法艺术，其作品功力深厚，笔墨清丽，潇洒脱俗，所绘竹兰清雅俊逸，洒脱不凡，书法宗颜，尤喜追摹何绍基楷行。其作品广受欢迎，乡人竞相求索。

王郅隆（1868—1923） 字祝山，咸水沽镇苑庄子村人，近代企业家，少时入粮行做学徒，曾任外柜兜揽生意，后自己开办元庆木行。清末，他捐得候补道，历任黑龙江、湖北和安徽等省盐务榷运局总办，拥资甚丰，1911 年，被倪嗣冲委为安武军后路局总办，与倪嗣冲、段芝贵经营盐务，组织天津长顺盐业公司。1916 年，王郅隆接手《大公报》。是年，他在天津小刘庄购地 17.47 公顷，于 1917 年建成裕元纱厂，是当时天津资本雄厚、纱锭最多、获利最丰的纱厂。1917 年，与倪嗣冲合办裕庆公银号。5 月，与交通银行芜湖分行经理周作民等人发起成立金城银行，在华北地区与中国银行、交通银行和盐业银行并驾齐驱。11 月，安福俱乐部成立，王郅隆任常务干事兼会计课主任。1918 年 8 月，安福国会产生，王郅隆被选为参议院议员。倪嗣冲曾竭力向段祺瑞推荐王郅隆任财政总长，但由于安福系内部多数人反对未果。1919 年，王郅隆以段祺瑞政府参战处名义开设荣庆米行，获厚利，是年，与徐树铮在大津创办边业银行，又相继办裕兴面粉公司、义生源米庄，至 1920 年拥有资产四五百万银圆，人称“安福财神”。7 月，直皖战争中皖系失败，王郅隆被吴佩孚通缉，经青岛逃到日本避难。1923 年，去日本与日本大仓商行洽谈借款事宜，时逢关东地震，遇难身亡。

田宝善（1902—1964） 咸水沽镇人，名医。多年开设“天德堂”中药铺，医术全面。不仅行医治病，参考前人药方，还以自己临床经验，精心配制各种丸散膏丹，所制药物质量好、疗效高，在津沽一带很有名气。

田宝善医德高尚，为群众看病诚心尽意，随请随到。日伪时期，东泥沽村一贫苦人家，深夜胃病发作，痛不欲生，其子连夜求到门上，他二话没说，冒着被土匪绑票的危险（当时咸水沽一代土匪出没频繁），来到东泥沽村，诊断后，服以丸药，当夜病人转危为安。病人家贫，求其记账，当即应允，并说，治病要紧。病人连续服用他配的药，多年胃病好了。秋后收成不好，田宝善允其缓还，并对医药同仁说，能证明这个药方有疗效，比给钱还重要。

1945 年 7 月，静海县邱姓父子，途经咸水沽住店后，父病发，子背父到“天德堂”求医，田宝善为其诊治处方，并主动为其煎药，邱姓父子深为感激。田宝善的高尚医德和高超医术在津南地区广受群众赞誉。

徐宗尧（1905—1990） 咸水沽镇池家稻地村人。1924 年，在第二次直奉战争期间，徐宗尧参加东北军陆军步兵二十七旅，任司令部参谋处文书中士，后由中士升至少校军需官，“九一八”事变后，由军佐转为军官，转战东北、内蒙古、华北各地抗日，从上校团长升至热河先遣军暂编步兵第五旅少将旅长；1941 年，加入国民党军统局，先后任军统局五原办事处少将直属通讯员，冀、热、辽等地情报组长、华北特别站少将站长；

1945年10月，任保定市警察局局长；1948年春，任“冀、热、辽、察边区特别站”少将站长；1948年12月，被任命为保密局北平站少将站长。在爱国民主人士池峰城帮助下，他主动联系中共地下党组织，参加北平和平起义。按照中共党组织要求，他保护档案，保护北平监狱内在押的100多位中共党员和革命志士。北平和平解放后，徐宗尧立即向北平市公安局交出保密局北平站名册、档案、钥匙和他知道的所有特务名单，并配合公安部门侦破前国民党北平站站长王蒲臣最后布置的一批潜伏特务组织，同时交出军统局25本密码、8部秘密电台和66支手枪，帮助北平市公安部门顺利完成清理敌特工作，为和平解放北平做出贡献。1949年2月，他自发到北平市公安局登记自首，进入北平公安局“清河大队”进行劳动改造，后转至汉沽茶淀“北京市清河农场”，至1962年回归社会，先后任北京市政协三、四、五、六届委员。1990年10月18日，徐宗尧在京因病逝世，在八宝山火化，享年85岁。1993年，根据其遗愿，徐宗尧夫妇遗骨迁葬于咸水沽镇池家稻地村。

魏庆珍（1919—1989） 新兴村人，因其五岁时患眼疾，时家贫无钱医治造成失明。为生存，其父母只能让他拜咸水沽的盲人算命先生孙先生为师。魏庆珍跟孙先生学徒，背易经，练掐指，还研习横笛三弦等乐器。他虽然双目失明，却不仅能吹拉弹唱，还心灵手巧，能做锅盖、木质风葫芦等。中华人民共和国成立后，他刻苦学习民间偏方，用食疗法为人们治病疗伤，治疗从不收钱。由于他医术高超，不但在津南地区颇有名气，很多外省市的患者也慕名而来，请魏庆珍看病，每天他的小院里人来人往。魏庆珍一生利用食疗偏方治愈很多病人，堪称民间神医。

李超群（1937—2016） 1937年出生在河南省南乐县，后移居咸水沽镇，1956年3月参军入伍。1958年，中国成立地空导弹部队。同年12月，李超群被分配到该部队二营，为技术保障连修理所导弹修理工，后为发射连装填导弹火药柱。1959年10月7日，李超群和他的战友击落美蒋Rb-57D高空侦察机一架。1960年，李超群成为装配技师。1962年9月9日，李超群所在部在湖南省南昌市向塘击落美蒋U-2侦察机一架，在这次战斗中，李超群立功受奖，晋衔技术中尉。同年，李超群加入中国共产党。1963年11月1日，在江西上饶，该部又

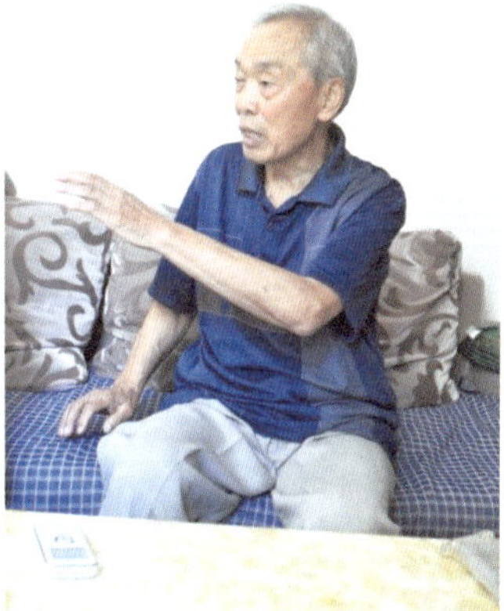
李超群

击落美蒋 U-2 侦察机一架，李超群在战斗中立功受奖，晋级为副连级，到北京开庆功会。1964 年 7 月 7 日，李超群所在营在漳州击落第三架美蒋 U-2 侦察机，李超群立功受奖，晋衔为上尉。同年 7 月 23 日，李超群和其他立功人员在北京受到毛泽东、周恩来、朱德等中央领导接见。1968 年 3 月 22 日，李超群所在营在广西宁明地区击落 1 架美制高空无人机。1970 年，李超群任副营长；1979 年，任团部后勤处副处长；1982 年病退。2016 年 1 月，李超群在病中立下遗嘱，去世后捐献遗体。是年 2 月 5 日，李超群病逝，遗体捐献给国家，他的战斗事迹和高尚风格感动了无数人。

天津市遗体捐赠证书

名人履痕

清乾隆帝赐咸水沽“大龙旗” 清乾隆某年四月二十日，咸水沽麦粟丰收在望，又逢庙会，三里长街、庙前头及东昌、同和茶棚为过会撂场。门面中设神座、香供桌。海下两岸进香者乘船在咸水沽东码头上岸往西走咸水沽全街。街道幡旗林立，鼓乐喧天，各道花会，竞相表现，“大驾”老会一派新装，进行一年一度踩街娱乐活动。这一天，清乾隆帝前往大沽口巡视，乘龙舟沿海河而下路过咸水沽。乾隆在龙舟上听到锣鼓喧天，不知何为，举目四看，观赏到岸边人头攒动，隐约还有高跷，一顶彩轿夹在其间，高出人头，很抢眼。乾隆问随行官员：“此处何名？为何锣鼓喧天？”随行官员回禀：“此处属卫南河间府静海县管辖，此地为板桥沽（今咸水沽）。”乾隆好奇，急命停龙舟看个究竟。落蓬顺岸下锚后，命探子打探。这时正好“大驾”老会在此地方撂场。这探子上岸后，向一位长者询问，长者回答道：“这是大驾老会，接驾出巡，进庙上香。”探子回龙舟如实叩奏。乾隆一愣，忙问大臣：“难道朕出巡阅海竟走漏消息，否则百姓怎会接驾？”随行官员一听，知道是皇上误会了，忙奏道：“圣上出巡，只近臣知晓，未曾通知沿途府县。圣上乃真命天子，国泰民安乐，平民百姓自愿接驾，实为天意所使也。”乾隆一听高兴地说：“当地民风淳朴，诚实可嘉，朕要封赏，以谢民意。”乾隆帝派人拿出一面龙旗，并附一枚龙票进行赏赐。乾隆所赐龙旗，除有飞龙图案外，还盖有“受命于天 既寿永昌”的传国玉玺大印。太监急忙取出御带龙票，盖上大印，并带圣旨、龙票，下龙舟宣旨。咸水沽乡民知此消息，急忙偃旗息鼓，跪地听宣旨，之后叩头谢恩，高呼万岁。人们见旗上绣龙栩栩如生，角盖着“受命于天 既寿永昌”传国御玺朱砂印，各会争睹龙旗龙票。从此以后，“大驾”老会就更名为“大驾”皇会。

咸水沽“大驾”老会创办于明万历年间。每年农历四月为庙会，以药王、天后为主，有“小庙”“大庙”之分。四月十六日，先过娘娘庙，称小庙。至下旬过药王庙，是大庙。小庙虽开庙进香，娘娘神像不出巡，而于大庙期间与药王双驾出巡，其场面仪型最为隆重雍容。从四月二十抬药王出会，直到四月二十七药王“大驾”，“大驾”皇会从咸水沽出发到辛庄打尖住一宿，第二天一大早起身，扮好妆，乘车前往药王庙，沿途各村，都要撂场，等到了梨园头村（西青区）望见峰山庙时，就下车开始抬着“大驾”徐徐而进。自从咸水沽“大驾”老会受到清乾隆帝皇封，卫西峰山庙主持送来请柬，约定“大驾”皇会在四月二十八封山门前赶到，进上头炷香，其他会才能按序进香。此定规一直延续到现在。

周盛传开挖月牙河修建大桥 周盛传（1833—1885）字薪姑，晚年号北海老农，安徽合肥周家圩人，淮军著名将领。清光绪元年（1875）周盛传奉李鸿章之命，率盛字军到小站练兵。周盛传二十余年小站练兵历程取得很大成果。一是修建新城炮台，抵御外侵，构成梯次之势，在大沽与天津之间，竖起一道屏障。二是兴办水利，培育成功著名的小站稻。三是改进装备，西法练兵。盛军到达小站后，用西方武器装备部分部队，并聘请德国教习，实行西法练兵。四是设立商贸街，建立小站镇，使小站镇成为近代军事文化名镇。五是建议办校，开办学堂，李鸿章采纳周盛传建议在天津创设中国第一所正规的军事学校——天津武备学堂。六是救助灾民。盛军在小站屯营19年，有6年时间致力于赈灾，而多数经费靠集资，仅1883年10月，赈灾共420个村。周盛传亲自组织指挥开挖月牙河（初名咸水沽引河）。该河是连接海河与马厂减河的一条引河，全长

16.2千米。这条河穿咸水沽镇而过，过境长8.96千米，解决了咸水沽小站稻的种植和部分百姓的饮水问题。周盛传还在月牙河上修筑著名的西大桥和二道桥。该河对咸水沽镇乃至津南区经济发展至关重要。1885年，其母病故，周盛传请假回籍奔丧，“入门抚棺长恸，声泪俱竭”，于是“遍体皆裂”，由于长途奔丧劳累，加之悲痛过度，于6月14日病逝，终年52岁。其周氏第十九世周本传于1932年7月10日居住咸水沽镇，至今周氏第二十二世仍居住在咸水沽镇。

袁世凯聘请咸水沽赵艳生任新建陆军武术教练 袁世凯（1859—1916）字慰庭，河南省项城县人，1913年任中华民国大总统。清光绪二十一年（1895），袁世凯奉命到天津小站编练新军。一到小站，他查遍全部18座营房。他非常注重搞好部队野外拉练，多次从小站出发，在咸水沽镇附近进行拉练。他对北闸口、咸水沽一带水稻田赞不绝口，要求在训练中不践踏庄稼。时咸水沽有位著名的武术人士，名叫赵艳生，咸水沽镇周辛庄人，出身武术世家，其父人称“把式王”。赵艳生从小就跟父亲学武艺。当年民国总统曹锟少年时也在家乡天津大沽（今属天津滨海新区）习武，常与葛沽一带的混混刘德胜打架斗殴，被“把式王”制服，从此“把式王”声名鹊起。袁世凯小站练兵时得知后很高兴，认为新建陆军中正缺乏这样的人才，即命人把赵艳生招入新建陆军，任新建陆军武术教练。赵艳生在新军中教练武术非常成功，还教出许多徒弟，分到各军中当教练。袁世凯很高兴，对他多次进行嘉奖。

孟恩远在咸水沽开买卖 孟恩远（1858—1933），字曙村，家距咸水沽镇不远，在镇东边8里外的双桥河镇西泥沽村，清光绪二十一年（1895年）入小站新建陆军，1916年任吉林督军。由于清末时的咸水沽比较繁华，孟恩远青少年时经常到咸水沽，或是把捕来的鱼蟹弄到咸水沽市场卖掉，或是到咸水沽赶大集。他还把自己发明的小吃“蹦蹦跳”传到咸水沽，成为咸水沽镇的一种美食。30来岁时，清政府派周盛传率淮军到小站练兵，他知道后跑到小站当了淮军，后又在胡燏棻的定武军当兵。1895年，袁世凯奉命到小站接替胡燏棻编练新军，称新建陆军，他又转到袁世凯的部队。由于他表现出色，由低级小官，一直升至吉林督军，名震一时。1919年8月13日，孟思远辞职回津隐居租界。回津后，他在家乡西泥沽村修建校舍，创办新式学校——惠威小学。他看到咸水沽商贸繁荣，就在咸水沽繁华地段开办庆昌当铺。这个当铺当时在津南三大镇（咸水沽镇、葛沽镇、小站镇）规模最大。由于有孟恩远的庇护，军、政、匪都不敢骚扰。所以，在那个兵荒马乱的年代，当铺反而生意兴隆，财运亨通，开业仅几年，就成了咸水沽商界最大的暴发户。孟恩远非常喜好书法，其“一笔虎”在当时很有名望。

华世奎与咸水沽的亲情渊源 华世奎，清末著名书法家，他与咸水沽有着深厚的情义。清光绪三十三年（1907）高庄子村著名绅士李德清捐款创办“天津县李氏私立小学堂”。该学堂仿造天津南开中学建造，是天津县当时最早的一所新式学堂，校名为袁世凯所题写。过堂门厅上方悬挂一樟木大匾，三尺见方四个大字“师资永赖”，为华世奎所书。华世奎的母亲田氏，是咸水沽镇田家嘴人，生于清道光二十二年（1842），卒于1919年。由于儿子在朝廷官至二品，她也得以显贵，被“敕封孺人、覃恩诰封宜人、恭人、夫人……”甚至“恩赏一品封典、诰封一品夫人”。然而，她始终以一个乡间妇人的质朴性情倾注全部心血关爱教哺华世奎这个独生子。这使他受益终身，以至母亲去世，悲恸之余，还在老人灵柩前挥泪书写“祭母孝幛”，抒发母慈子孝之情，其中书列“喜则心与俱喜，戚则心与俱戚，息则心与俱息，游则心与俱游，溯自学而仕，仕而归，总似孩提褓褓……最是孤儿……忽忽焉椿萱萎尽，晨昏乐境此生无”。华世奎一生多次陪同母亲回乡省亲，其舅父田维周是咸水沽一带乡绅，田家嘴村田家大院也是当地望族。母亲不改乡音，时常将1900年之夏“闹庚子”时八国联军进犯天津的情形讲给他听。华世奎继承母亲爱憎分明、嫉恨如仇的个性。他一生践行自己的座右铭“居身勿使白玉玷，立志宜与青云齐”。

名人与天津振华造纸厂 宋子文（祖籍海南，1894生于上海，1971年因病去世。民国时期的政治家、外交家、金融家，其姐妹胞弟分别是宋霭龄、宋庆龄、宋美龄、宋子良、宋子安）、孔祥熙（祖籍山东曲阜，1880年生于山西省太谷县，孔子的第75世孙，1967年因病去世。民国南京国民政府行政院长，兼财政部长。孔祥熙的妻子为宋霭龄）二人得知天津振华造纸厂遇有资金困难时，及时伸手相助，使企业得以正常运转。

天津振华造纸厂三位投资人之一宁钰亭，受安徽巨商孙多鑫委派到上海创办中国第一家面粉厂——阜丰面粉厂，任厂长，并聘请两位美籍工程师和一位美国留学生宋嘉树（宋子文的父亲）做翻译。后来宋嘉树因事离职，介绍其妻弟倪锡纯继任。倪锡纯与宁钰亭成了莫逆之交。1919年宁钰亭因病，迁居北京疗养。时倪锡纯在上海从事房地产行业，成为巨富，与孔祥熙、宋子文有经济来往。倪锡纯到北京常住在宁家，向宁钰亭表示在北方投资建厂的意愿，希望与宁钰亭合作。宁钰亭病愈后，就和天津成发粮栈李蔼臣谈及此事。李蔼臣系宁钰亭的挚友，经过一年多调研，认为建一个板纸厂最合适，取名振华造纸厂，取“振兴中华事业”之意。李蔼臣系北洋码头人，对津南一带情况熟悉，他与宁钰亭商定公司设在天津市河东粮店前街，工厂设在天津县咸水沽，宁钰亭为董事长兼总经理。工厂专门生产各种板纸，商标定为“马头牌”。该企业是当时全国第二大造纸厂，主要产品有黄板纸、灰板纸、火车票纸等。由于原料充足且质量好，产品很快行销全国并打入香港市场。当时，天津纸张为日本所垄断，他们为了保住市场，采取跌价的办法，从每吨 200 元的价格跌至 80 元。只一年时间，振华造纸厂资金便难以周转，企业不得已两度出租，维持运转。1945 年冬，振华大股东倪锡纯之子倪吉明由美国归国，1947 年担任振华造纸厂经理。宋子文、孔祥熙与倪吉明是亲戚关系，对于企业的现状，倪吉明向宋子文、孔祥熙作了说明，并有意请二人予以支持。在详细了解企业和咸水沽地区水稻生产、交通等情况后，宋子文和孔祥熙决定向振华造纸厂投资入股，帮企业缓解了困难，保证企业正常运转。中华人民共和国成立后，振华造纸厂成为国营企业，对天津市津南区工业经济发展做出过重要贡献。“马头牌”商标是旧中国最早的注册商标之一，2012 年获得“津门老字号”称号。

“银达子”两到咸水沽 “银达子”（1895—1959）原名王庆林，津南区八里台镇大孙庄人，是著名河北梆子表演艺术家。王庆林童年在地头陪妈妈干农活，12 岁时随父母到天津谋生，虽说他未上过学，但聪明伶俐，到一家裁缝店做学徒，手艺很快学到了手，因买不起缝纫机只能另找门路。由于嗓音好，后来经同姓人王振邦介绍，进入刘玉琦的戏班学戏，并拜“老达子红”（魏连升）为师。从此，开始唱河北梆子的艺术生涯。

成名后的“银达子”，始终不忘家乡的父老乡亲，经常回大孙庄探亲。1948 年 12 月和 1954 年的秋天，他两次到咸水沽镇探访本家兄弟王庆云。他爱吃家乡的手擀面、汆汆汤。他身着中山服，说话彬彬有礼，谦虚和蔼的言谈举止，给人们留下深刻的印象。当得知家乡的人们都加入初级社时，高兴地说好、好、好。他知道，人们终于有活干，有地种，不再过那穷日子了。由于河北梆子在咸水沽镇非常受欢迎，他每次来咸水沽，只要有人站出来要求他唱几口，他都毫不犹豫唱上两段：“这一件蟒龙袍，真正可体，这本是你丈母娘，亲手儿做来的……”

马三立、骆玉笙到咸水沽镇演出 1954 年 11 月 7 日，建成津南影院。影院坐落在咸水沽建国大街。为庆祝影院的建成，区镇特邀著名相声表演艺术家马三立来咸水沽演出，马三立先生欣然允诺。演出的那天，场内座无虚席，热闹非凡，欢笑声、掌声不断。1955 年，京韵大鼓著名表演艺术家骆玉笙当选南郊区人民代表大会代表，她非常高兴，也非常感谢津南人民对她的信任，特在津南影院作专场演出，受到咸水沽百姓的热烈欢迎。

田连元与咸水沽的情缘 著名评书表演艺术家田连元，1941 年出生于吉林省长春市，童年时随父母浪迹江湖，1948 年定居咸水沽镇七街园田里，后在咸水沽中心小学读书。在校时，他学习刻苦认真，和同学相处甚好，由于成绩优异，1951 年还获得模范儿童称号，小学 5 年后，辍学从艺。田连元初次登台说长篇评书是在津南区小站镇，书名为《粉妆楼》；1960 年，入辽宁本溪市曲艺团，1976 年任本溪市歌舞团副团长，几十年来，创作演出长、中、短篇评书百余部，出版长篇评书《刘秀传》《杨家将》《孙膑演义》等一百余万字，并有多部在中央人民广播电台和全国各省、市电台播放。他把长篇评书首次搬上电视荧屏在全国各地播出。田连元多次参加国庆庆典、中央电视台春节联欢晚会等国家级大型文艺演出。1991 年，他被文化部、人事部授予全国文化系统先进工作者称号。

田连元应邀回咸水沽参加《海河柳》杂志联谊会时，与阔别 60 年的小学老师、同学见面，当看到 80 多岁的老师王俊礼及老师送给他 1951 年在校时的照片时，激动万分，潸然泪下。他深有感触地说：“此时只要真情在，不容渲染自动情。”

李平凡把“平凡友好画院”建在咸水沽 咸水沽镇南华路区少年宫与津南第一幼儿园之间，有座造型别致的小楼，是“平凡友好画院”。它是曾任中国版画家协会副主席的李平凡为培育美术人才、对外文化交流开辟的窗口。

李平凡（1922—2011），其家在距咸水沽镇不远的高庄子村。青年的李平凡学习刻苦，成绩突出，一个偶然的机会，他被日本神户华侨学校聘用并送到日本神户学习，时年 22 岁。在日本，他积极倡导和秘密组织“神户华侨新集体版画协会”。日本投降后，他积极开展中日文化交流活动，组建“日本新集体版画协会”，并在 1946 年创刊中日两种文字的《版画文化》报，为日本人民了解中国和中国文化开辟了明亮的窗口。中华全国木刻理事会于 1948 年做出决定，授权李平凡在日本成立该会联络站。李平凡积极筹办全日本中国木刻流动展，展出历时一年，在日本城乡展出 105 次。展出次数之多、参观人数之众，均创中日美术交流史上的纪录。1945—1950 年，他在日本举办中国版画展 405 次，日本报刊介绍中国版画文章达百余篇。

已经加入日本共产党的李平凡，于 1950 年受组织委托，回国举办纪念日本共产党成立 20 周年展览——“日本人民反帝斗争图片、木刻作品展”。就在这次展览会上，他有幸见到了政务院总理周恩来。周总理称赞他的名字“平凡”起得不错，又问他的岁数，由于极度的紧张和慌乱，使他把 28 说成了 82，引得总理哈哈大笑，而后鼓励说：“不要紧张嘛，小李！你很年轻，今后要好好工作……”

他的许多作品，被日本美术馆和收藏家珍藏，日本已出版他的 4 本画册；版画《我们要和平》于 1959 年获莱比锡国际版画大赛银质奖章，是中国最早在国际上获奖的作品之一。1987 年日本艺术界在中国驻日使馆和人民大会堂分别授予他“日中美术交流特别贡献金奖”和“版画交流特别金奖”。

80 代末到 90 年代初，李平凡曾多次来咸水沽，主要为两件事：一是遴选汇集津南区的书画作品，赴日本进行巡回展出；二是他身为津南区高庄子村人，离乡多年，思乡情切，很想为家乡做点事。

他怎么会到咸水沽来呢？当年在文化馆工作的刘虎臣听《天津日报》记者刘伟说，李平凡正在塘沽区、大港区、汉沽区挑选版画，组织去日本展出。刘虎臣问明李平凡的住处，立马给他写了封信。没想到，很快接到回信，没过两天李平凡就亲自来了。

李平凡温文尔雅，谦虚坦诚，很容易接近。刘虎臣提出能否让自己家乡的书画也漂洋过海见见世面（李平凡要的是版画，津南区主要是书画）。他寻思片刻，说，“好啊，我也正有此意。”二人一拍即合。

刘虎臣到北京送书画，发现他的画室极小，只一间屋，还被书刊画册装得满满。画幅稍大，他就将其摊于地上，自己匍匐上面反复查看。最后终于选出 50 余幅，在日本几个城市巡回展出近 3 个月。 这是津南区书画第一次出国展出。

李平凡在日本有位挚友，也是其学生，叫久保茂，为“报谢师恩”，有次在别离宴会上提出，他要个人出资在中国建一座平凡画院。不料，1980 年，久保茂患急病逝世。但亲友们没忘他的遗愿，发动了一个募集资金活动。有位 82 岁孤寡贫穷的老太太，捐了 3 万日元（合 1200 元人民币）。一位台湾省籍的乡土版画家林智信，主动捐出 1500 美元，还有许多日本友人，捐赠自鲁迅先生倡导新兴版画运动 60 余年来，中日文化交流活动的照片、出版物、报刊资料、录像、影片、书信、讲学、信息等大量资料。

筹建期间，李平凡多次赴日，凑齐了全部费用，而且多次抱病亲赴咸水沽镇指导监督，言辞恳切地婉拒宴请赠予。平凡友好画院建成后，每年举办各种艺术展 20 余次。

艺文

很多古代诗人，用诗词赞美咸水沽的盛景。流传数百年的谱牒、民间传说故事展现着古镇的历史沧桑。80 年代后，诗词、楹联、散文、曲艺等得到快速发展。进入 21 世纪，多位作者创作小说、诗歌、楹联、散文等作品发表。在历届由天津市文化局主办的全国“文化杯”小说、散文、诗歌、楹联等大赛中，他们的作品频频获奖。2010 年 1 月，沽帆诗社成立，诗社得到红学家周汝昌赞许和支持。为发扬祖国的传统文化，提高居民整体素质 ，结合小区环境整治、形象提升，2017 年、2018 年、2019 年咸水沽镇开展楹联文化进社区活动，提升了社区文化品位。益华里社区普明南里小区荣获“天津市楹联文化第一社区”称号。

“天津市第一家楹联文化社区”授牌仪式（2019年1月19日）

碑文　诗词

碑文

新开卫津河碑记

天津为众水交汇之区，群流入海之道，地当尾闾，《禹贡》“……九河，同为逆河入海”，即今直沽地。每伏秋间，川谷涨溢，宣泄不及，势必汜溢四乡，其受害最巨者，南乡尤甚，续邑志已详言之，兹不具述。

夫邑，犹身也。河，血脉也。血脉壅则身病，河壅则邑病，不壅不病也。按邑城东南，地势洼下，以故时雨暴涨，直漫平铺，伤稼极多，迄无乐岁。而光绪庚寅夏，运河漫溢，奔注下流，兼之积潦霪霖，更有漂庐舍、鱼人民之患。制军合肥李伯相，住节津门，恻然轸念，洞悉本源，以为民以天惟食，民食所出，惟是土田种莳水旱无虞。倘非因势利导，亟开支河以达于海，虽频年浚防，为目前补苴计，徒劳无益也。顾兴作自官，工匠率多冒滥，而窳惰易滋，驱使以民，闾阎未睹乐成，而劳怨辄起。伯相爰于辛卯仲春，特下创开河渠之令，檄总统淮军盛营卫军门汝贵，专董斯役。

军门固甚乐为民去害而即利者也，不惮驰驱，躬往相视，督率幕僚，度土功、慎财用，分派勇弁，更番操作，以均其劳。于是，畚运锹飞，莫不勇往从事，下于洋码头，设三孔大闸一座，上由八里台以达卫南波水、柳殿、秋麦港等洼，开挖正河，计五十余里，并于白塘口、双港、八里台、聚宝庄各等村共通支河八道，统计正河、支河一百三十余里，桥十一座。今岁五月而全功告竣。河成，伯相赐名曰“卫津”。

斯役也，悉出公帑，兼资勇力，不费民间半缗，俾蚩蚩者氓，不识不知，既得免漂没之害，且长享灌溉之利。伯相之赐，岂有津涯乎？

我伯相恫瘝在抱，大得涵濡，其为畿辅蒸民造福、惠溥无穷之善政，枚举莫罄！即此，除津邑南乡百余年之水病，详审利害，不撼摇于浮议，独断独行。抑且知人善任，告厥成功。其仁智迥越寻常矣！

静北津南，两邑耆老，共戴伯相之德，相与刻石记之，以垂永久。

徐士銮撰　华世奎正书

清光绪十八年立

碑佚，文见 1931 年所修《天津县新志》。

吴、胡观察德政碑记

天津地处下游，众河环绕，三省尾闾之区，群流汇归之所，每至伏秋，川谷涨溢，氾滥为灾，各村淹没田庐，居民频年饥溺，而南乡百余里地尤洼，下雨水稍多，遍成泽国，村民流离失所，不堪言状。

制府合肥李伯相，恻然忧之，遂下创开卫津河之令，檄委胡观察燏棻、吴观察廷斌，协同总统盛军卫军门汝贵，查勘地势，周历河干，遍访周谘，筹书备至，是皆轸念民生，以兴利除弊为己任，即如海河罢改道之议，两观察统筹全局，下体舆情，其爱民如子之心也，概可想见。

适光绪庚寅夏，洪水横流，禾稼漂没，万民嗷嗷待哺，胡观察不忍视其饥饿殍亡，筹赈款以济民艰，设粥厂以苏民困。复于十七年春，虑于种养无资也，普赈粮种以补不足，而民姓转危为安，由此，西南诸方尽获保全者，胥赖乎此。至历年善政，不可枚举。创立稽古书院，以加惠士林为念，严惩匪类，以安良除莠为心，固锡类推恩，无微不至矣。

吴观察壬辰夏下车伊始，适值阴雨连绵，河水暴涨，洋溢奔流，河渠涨漫，野屋坍塌，贫民逃亡，合郡绅民，动魄惊心，有防不胜防之虑，而吴观察蒿目时艰，为民请命，因而轻车简从，查勘险要，御河、海河，相距百余里之遥，闻警即至，书夜不遑，随即督率员弁，招募乡民，极力防护，其御灾捍患之时，诚不遗余力矣！并赏赐村民钱米，慰劳劝勉，民皆感奋向前，又于临河堤岸，多备木材，加筑高深，数十万生灵，始能化险为夷，安堵无恐。秋后，河流顺轨，得庆安澜，而南乡各村，借资耕种，渐获秋成，嗣后生全安养，皆由观察经营筹划之所致也。是以合郡绅民感戴两观察之德于不衰，相与刻石记功，以垂不朽。

广东候补知府、前任赤溪、直隶军民府天津冯向华撰

四品衔光禄寺珍馐置正、廉典簿厅行走天津刘景云书

清光绪十九年岁次癸巳季春之日建 武清县张兴顺刻石

该碑由天津冯向华撰文，天津刘景云书写，武清县张兴顺刻石。刻写的时间为清光绪十九年（1893）。

该碑在南洋村卫津河五眼闸处出土。保存较好，字迹清晰。

商贾贸易碑记

本沽买卖油斤或车装或船载，向无对账，不满油行。偶到各铺家央恳借贷，聊为照料而已。记忆不等，不堪宠倖，始则为情，继则成立。于同治十二年间，在天津城之油行牟学伸视，为帮助外讹索钱文。经合沽并葛沽两村铺商等家，赴海防府署下公禀。蒙恩赏发晓谕，并给札饬水免帮贴，不准油行讹索，有案可查。而伊事后仍蹈前辙。在本府宪辕下单，将葛沽刘岱忠、张悦控告实属有干众怒。转年春，令本沽绅商及葛沽等家，赴道宪辕下公同具禀。蒙□恩札饬□本府提查，留县卷集讯真情，禀公酌断等谕，又蒙马公祖遵奉□道札提集讯明，俯念油行情同无赖，复因众累讼不休，从中斧断。嗣后无论油行有无学差，香油灯油每年各村帮贴油行津钱十吊，由县交领，永不许油行节外生枝，各取具甘结存卷完案。此与斗行俱系相连之案，故附于碑以并志之。愿后之继起者，永远遵行，是所厚望焉。

查咸水沽，原系邻近海河村庄，非城市可比。自我朝开国以来，至今二百余年之久，所有四乡□□及远近商贾在此贸易者，升合大小，一准于城市规格，由来贸易无不平允。向未有牙行把持贻害商民情□突。于同治十年四月间，有李盛春即李亦绍、李义成等，希图渔利，创立官斗，蒙混担保，请示冒充，以致买卖不通，粮价昂贵，民食维艰，益损其累，是其为害，闾阎所关匪浅，嗣经沽绅商等赴县告发，蒙宋县天传集人证讯明。李义成李亦绍等实系捏写职员，海船户公保，冒充斗行，触怒天威。即将伊等分别责惩，饬取伊等永不许来沽搅扰。甘结附卷存查，并蒙赏示晓谕，以杜永远弊窦等。因此固一方之义举，实仰宋县天之明镜高悬也。阖村感服除献匾颂德外，理合作记勒石以敬垂永久云。

光绪三年菊月中浣 咸水沽阖村公立

此碑[①]是清光绪三年（1877）所立，距今已有132年。内容是商人们所共同遵守的买卖公约。石碑长160厘米，宽64厘米，厚22厘米。材料是大青石。碑的正面是用欧体楷书篆刻的碑文，碑上字迹清晰可见。写的是有关商贸的公约，碑上的“所有四乡□□及远近商贾在此贸易者，开合大小，一准于城市规格，由来贸易无不平允”，反映出古镇咸水沽商贾云集，文明经商的繁荣景象，对于研究晚清时的咸水沽镇乃至天津的人文历史、商业贸易等有着重要的参考价值。

该碑文没有碑名，“商贾贸易碑记”为专家考察研究后而定。

引滦入咸碑记

咸水沽镇居民饮用高氟井水于今二十余载，深以为苦。对此民生大计，区党政领导、区人民代表、政协委员，关心民瘼，夙夜匪懈，百计解除高氟之害。经市人民政府批准引滦入咸，补助九十万元，区政府拨款一百三十万元，机关、企业、职工、居民踊跃集资达六十四万余元。一九八六年六月二十日破土动工。设计人员缜密勘察，精心擘画；干部、民兵、职工、居民栉风沐雨，开壑布管，时五月，共铺设主管道十二点三公里，建成泵站两座，千吨清水池三个，完成三公里配套干管工程。同年十二月三十日正式通水。滔滔滦水，汩汩甘泉，童稚雀跃，群众腾欢。引滦入咸，立业维艰，为民造福，功业绵延。饮水思源，刻石为记，以昭永年。

陈翟生撰

1987年1月立，现存咸水沽镇月牙河公园

诗词

咸水沽

蒋诗[②]

霸道当年聚卒徒，格谦负海据偏隅。

几回吊古无人识，豆子航今咸水沽。

---

① 2009年5月3日，咸水沽镇实施城镇化建设，在原关帝庙遗址施工中发现此碑。此处所录碑文采取横写简化字，句读按当代标点符号标定，缺字以□表示。

② 蒋诗，浙江仁和人，清代嘉庆进士，翰林院编修，著有《沽河杂咏》。

豆子䴏

汪沆[①]

豆子䴏边夜射鱼，潮痕初上柳风疏。
千年刘格芟夷后，金镞犹耕出废墟。

咸水沽闻蝉

孟淦[②]

浅深沽上雨初收，特向津门放小舟。
借得半帆风止好，绿荫浓处一声秋。

西沽晚归

查礼[③]

石桥西畔断霞浮，豆子䴏边晚市收。
独坐船头看雁过，数声啼破海门秋。

津门杂咏（六首选一）

吴锡麒[④]

角飞城畔草全荒，豆子䴏边半夕阳。
一阵风腥肩贩出，鱼虾争赶晒盐场。

咸水沽

华鼎元[⑤]

一夕潮来集万帆，海滨广斥少层岩。
清时安乐萑苻息，哪怕临河水味咸。

---

① 汪沆，清代，浙江人。乾隆年间，参与修纂《天津府志》和《天津县志》。著有《槐堂诗文集》。
② 孟淦，清代，山西太谷人，贡生。乾隆四十四年（1779）官长芦分司。
③ 查礼，清代人。
④ 吴锡麒，清代文学家，著有《有正味斋集》。
⑤ 华鼎元，清同治年间天津人，有诗选《津门征迹诗》。

豆子䲘

崔旭[1]

史传霸道格谦名，擒获曾烦屡用兵。
海畔清时无啸聚，人从豆子䲘边行。

咸水沽

查昌业[2]

寻芳步步踏青来，柳外何人筑钓台？
七十二沽春水活，午景声里野桃开。

周汝昌曾赋诗赞当年海船漕运之盛况，摘其诗两首收录。

诗一

帆影钟声七二沽，桃堤柳埭画难图。
津门风物真无价，赏遍寰区总不如。

诗二

旗飏桅樯集万艘，碧溟漕运溯元朝。
天妃庙貌依稀在，金鼎香烟绕绣袍。

一锅出[3]

周汝昌

旧时月色小扬州，朴厚民情喜尚留。
最爱鳌鱼贴饽饽，家乡风味胜珍馐。

2010年，津南区沽帆诗社（中国楹联书画院沽帆分院）成立，坐落于咸水沽镇文化服务中心。著名红学家周汝昌先生对诗社给予大力支持和热情的鼓励，并以“沽帆”命名诗社，随即寄来《题沽帆诗社》贺诗一首：

云水微波草色苏，潮痕柳韵入新图。
诗人又傍虹桥立，细数春帆七二沽。

---

① 崔旭，庆云人，清嘉庆举人，作有《津门百咏》。

② 查昌业，清代诗人，天津人。

③ 50年代周汝昌回乡探亲所作。

诗社每月活动一次，展示诗友们创作的作品，讴歌改革开放以来的家乡新貌，讴歌美好的新生活，受到群众的热爱。几年来，诗友们的作品水平显著提高。杨学敏、李国柱、周贵麟、李清林、郑金伟、张恩鸿、赵厚礼等多人的作品，在《中华诗词》《诗刊》《天津日报》《今晚报》《中国楹联报》《天津楹联报》等报刊上发表。有些作品获得天津市、国家级诗联书画大赛金奖、银奖50余项。诗社会员已从当初的10余人发展到40余人，其中，有中华诗词学会会员12人、中国楹联学会会员10人、中国诗赋学会会员1人、公安部文联会员1人、天津市作协会员3人、天津民协会员7人，成为津南区乃至天津市一支不可忽视的古典诗词队伍。

水调歌头·沽上名胜米立方

杨学敏[①]

散步锦茵岸，晨练沐红阳。天山水榭左右，多半是同乡。才见烟波助兴，银座庞然倒映，风过桂枝香。舞罢太极剑，游走米立方。米立方，难名状，破天荒。浑如米粒，平川绿野卧高岗，耀眼明珠闪亮，且共飞流激荡，戏水少年狂！胜境无寒暑，放眼满庭芳！

此作品在2016年5月由中国萧军研究会、北京市写作学会和北京世纪百家国际文化发展中心主办的“东方美”全国诗联书画大赛中获金奖。

满庭芳·秋游天山湖

杨学敏

风散阴霾，天高云淡，柳岸又赏新晴。碧波花榭，遥看小舟横。黄叶悠然自落，湾环里、天籁扬声。米立方、银妆倒影，沽上久闻名。柔情，秋似水，轻寒问菊，紫艳香凝。是处多芳草，四季青青。入画游人慢步，夕阳下、谁倚兰亭？长堤外、几行归雁，飞过练兵城。

此作品在2017年3月由中国诗书画家网、中国散文网、北京华夏博学国际文化交流中心举办的第四届“相约北京”全国文学艺术大赛中获一等奖。

---

① 杨学敏为沽帆诗社会员。

此作品在 2017 年由中国萧军研究会、北京市写作学会和北京世纪百家国际文化发展中心主办的“东方美”全国诗联书画大赛中获金奖。

鹧鸪天·清洁工

冯桂顺[1]

月隐风寒星宿迁，凝光几处渺人烟。青衣黑帽红灯烁，赤面朱唇白气绵。勤呵手，缓舒肩，痴心游步鬼神寒。呼声入耳飞驰去，为保清宵不愿眠。

阮郎归·游蓟县梨木台

冯桂顺

春风凝绿雨丝新，闲来游步勤。清香迎面雪枝嗔，娇妍唤客纷。惊古树，恋花茵。飞琼染鬓亲。青丝皓首醉心魂，思归已日昏。

此作品在 2015 年 8 月获第五届炎黄杯国际诗书画大赛金奖。

赞我长城

郑金伟[2]

绵延万里展图腾，孕育千年御脉承。
簇柏拥松驱鬼魅，穿山剪水展鲲鹏。
古来文墨吟屏障，今得神思赖顶层。
丝路重开仍戍卫，神州圆梦势恢宏。

2016 年 5 月，由中国萧军研究会、北京市写作学会和北京世纪百家国际文化发展中心主办的“东方美”全国诗联书画大赛中，此作品获银奖。

沽帆诗社会员李国柱，在 2012 年天津市“国防用语”征集大赛中，获得第一名。获奖作品是:“只有三军强大，方能万众安宁。”

---

① 冯桂顺为沽帆诗社会员。

② 郑金伟为沽帆诗社会员。

咏书法三首

赵厚礼[①]

一

老年有空习书法，与未练时确不同。
暂且宽心休自傲，须知前路尽迷宫。

二

国泰民安翰墨兴，千军进发势蒸蒸。
草根书画群雄起，你吵他争抢顶层。

三

如今字画真值钱，一尺见方好几千。
童稚读书嫌太慢，业余争上速成班。

2014年4月，在中国硬笔书法协会、《羲之书画报》和北京华夏博学国际文化交流中心组织的“第五届‘羲之杯’全国诗书画家邀请赛”上，此作品获得三等奖并入选《羲之杯——全国诗书画家精品集》。

咏伟人邓小平诗三首

赵厚礼

一

是非颠倒不堪哀，几次臭批又起来。
终是神州存万幸，伟人出手宇新开。

二

泰山压顶不弯腰，古稀之年挽恶涛。
再借东风春满眼，改革开放赞功高。

三

献身革命不居功，敢挽狂澜战恶风。
力主改革摧旧貌，富民强国史留名。

2014年6月，在中国硬笔书法协会对外交流委员会、中国散文网和《羲之书画报》三家诗书画单位组织的第二届“伟人颂·中国梦”全国诗文书画大赛上，此作品被评为二等奖。

① 赵厚礼为沽帆诗社会员。

谱牒

家谱是中国五千年文明史中具有平民特色的文献，是中国特有的文化遗产，它还是姓氏文化的重要组成部分。咸水沽镇历史悠久，居民保留的家谱也非常丰富。已知境内居民家谱保存完好的有几十家，如周汝昌家谱、周盛传家谱、程氏（程咬金）家谱、吴氏（咸水沽望族）家谱等。

周汝昌家谱

《周氏族谱》是周汝昌先生去世后，其子女 2014 年在北京整理其遗物时发现的。《周氏族谱》对研究周汝昌先生和海下文化具有相当高的史料价值。

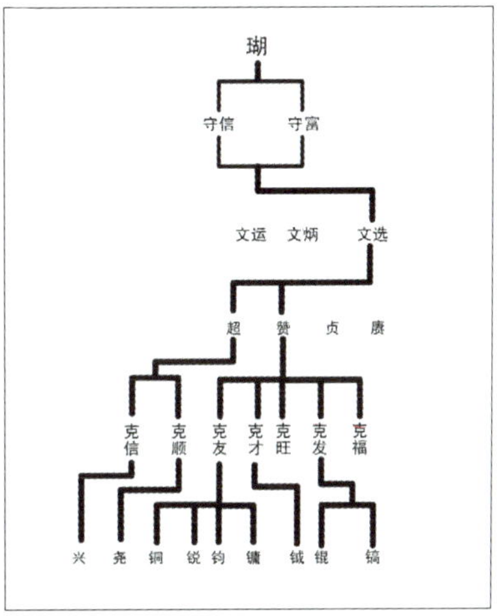

周氏族谱分派图

附：

《周氏族谱》重现简叙

周贵麟

族谱序

粤自有虞 建官后稷 与焉余家 始祖之所 由考也厥 后邠岐发祥 太王应运 西伯则三分有二 武王则一统华夷 成康之世 周公肇封 于是乎 鲁卫晋郑等国封于北 随吴诸国封于南 此诸姬所以遍天下也 我家以国为氏 固知为邠岐之正宗焉 曩自东迁以后 七雄互起 五霸迭兴 周室之式微已可概见 然卜世三十 卜年七百而文武周公之德犹足以挽天时而昌 帝运遂违卜筮之祥而至於八百年焉 厥后鼎入嬴秦 周家失祀 降至汉室 周勃亚夫相继而兴 况公瑾有赤壁之功茂叔肇濂溪之学 三畏挂印忤奸相于法堂 遇吉守关御悍贼于宁武 是我周家之历历可考者也 我

始祖瑚一介青衿 功名未遂 于前明崇祯年自安徽桐城县避祸北方 至天津镇海门外咸水沽 遂落籍焉 我曾祖文选公名著邑庠 声华藉甚 然而秋围久困 未获破壁高飞 阿父克友曾办团练 功在乡闾 经僧格林沁王保举 恩赐昭武都尉 四兄镛亦蒙恩典 诰授武德骑尉 此我周家之大略焉 其后家事 以待后人

铜 谨序

添坟之期不宜出清明三日内 若出此三日内 不可动土

刨掘坟坑不过二尺 恐元气泻漏 有损先灵 故不宜太深

谱以明支派为主 至行谊事迹可传者 详见于邑乘及家传 兹不复载

生卒年月日时及女适某处某人 另有生卒谱姻族谱 详载便阅也 至宗祠条规等篇 以皆属吾族要务 故并载之

此谱于二派分门 五派分房 十派分支 除外迁与无嗣者 共分为九支宗派 图自一派绘至五派 以下详叙于后 支谱中此图不备载也 按 此谱第六派 铜 谨识

此地图系水局生向 壬子龙入首 收局内右后肩 乾亥临官水 辛戌冠带水 庚酉天禄贵人水

并本位生水 同归乙辰 合襟到巽 而去至中元 功名可保 两步应在 己酉丑人 财在申子

辰年可见 今立艮山 坤向辛丑 辛未分金 坐箕二度 向参四度 穴井深打二尺三寸 使土在乙辰 此地名为礼经昭穆葬 俟后不乱 永远大吉

光绪二十九年十二月初六日未刻新立咸水沽周氏佳城

上面所恭录之《周氏族谱》序及“族规”与“茔地全图”前言，乃京中伦苓与建临姐弟近期整理周汝昌先生书物时发现，惊喜意外，珍贵之至！原文没有断句标点，为保持原文面貌，谨以空格表示断句标点，敬希鉴察。

细看《周氏族谱》前面的“族谱序”，落款为：铜 谨序，方知是周汝昌先生的祖父老八爷周铜（字印章，号“了俗道人”）亲手所制，弥足珍贵。老八爷周铜名列《周氏族谱》第六派，“派”也就是“支派”，周汝昌先生的父亲周梦薪（又名景颐，字幼章，号“鹿莊”），名列第七派。另有二纸“续谱”名单，除列出“始祖”“曾祖”“伯祖”“叔祖”“先祖”“先考”，还列出“先伯”“堂伯”“堂兄”“从堂兄”“侄”“堂侄”“侄孙”等，最后还有“家男震昌”四字，始知为周汝昌先生的父亲周景颐所续写。“震昌”（字伯安）即周汝昌先生的长兄，这时已出生，时为1901年，亦即光绪二十六年。

从《周氏族谱》序中得知：周氏一族是于明代崇祯年间自安徽避患北方至天津镇海门外咸水沽落籍于此的。周汝昌先生祖父老八爷的曾祖文选公“名著邑庠 声华藉甚 然而秋围久困 未获破壁高飞”。“阿父”（即父亲）克友曾办“团练”，功在乡间，经僧格林沁王保举，恩赐昭武都尉。四兄镛亦蒙恩典，诰授武德骑尉。这也就是周氏先祖的一些概况大略了。而周汝昌先生在“自叙”家世时却说道：我推测我的老祖宗就是浙地贫民，因津沽去招人北迁（懂水田开垦稻田），遂加入了这一支“散勇”。我还推测或许竟与绍兴周氏的上辈有所关联。有何为证？说来有趣：我大哥（震昌）英才早逝，留有照片。后见鲁迅少年相片，不仅称奇，他们何其相似乃尔！都留着“平头”（当时发式），方脸盘儿，简直像“堂兄弟”。再说说我的四哥（祜昌），他的面貌如何？我不会“描写”。但他在家乡任业余中学教师时期，学员们私下里给他一个绰号：周建人！此为何故？只因人们“一致认为”他和周建人的长相儿十分地相似！大哥、四哥，都无意中让人窥见了与绍兴周的某些相关联的微痕，恐怕未必全出一个“偶然”吧？由此看来，周汝昌先生对明代始祖以前的祖籍仍然倾向于浙江绍兴，不是没有根据的，应存此一说。最有力的佐证就是总理周恩来，出生地在江苏淮安，原籍仍是浙江绍兴。

周家原来有没有家谱，这个问题以前想都没想过，因为这些都属“四旧”范围。也从来没听长辈们提起过此事，看来是讳莫如深，别没事找事。直至2007年春季的一天，记得是在津南大剧院观看演出时，相遇咸水沽卫生院的张伯瑞大夫，他突然问我：你们家有家谱吗？我茫然地回答：没有。心里说：还家谱呢，从来没听说过。张大夫接着告知：我知道有一份周家家谱，在我表哥家，有时间的时候，我带你去看看。我听了此话儿，不由得有些惊奇。原来张大夫的母亲姓周，他的外祖父名周寓昌，与周汝昌先生是兄弟辈儿了。当年的5月2日，张大夫带我来到位于市区鞍山西道的其表哥周耀永先生家里。初次相见，相谈甚欢，中午并招待在家中就餐，其情其景，周先生与夫人的眷眷亲情，让我永远铭记心中，难以忘怀。此行，周先生赠我复印的“周氏家谱”一张，这是我平生第一次见到周家的“家谱”类记载，上面排列从始祖开始，一共排列九世名讳，周汝昌先生的祖父周铜位列第六世，周汝昌先生的父亲周景颐未见排列其内，可能至此就分门立派，各叙其祖了。这份“家谱”很简单，未见有“序言”“族规”“茔地全图前言”等内容。送我“家谱”后，周耀永先生嘱：请转告周汝昌先生，希望能够拜会一谈。周先生已退休，是一所大学的教师，其三子在澳洲获得硕士博士双学位，也是周氏一门的骄傲了。

随即，我将获赠“家谱”一事向叔父周汝昌先生作了汇报。5 月 12 日叔父来函：“来信及家谱抄件收到，印象中此简谱所列比我记忆中似略丰富，可惜支派不清，用处不大。望转嘱津市本家暂勿来访，因我手边存谱尚未寻到，空谈无用。需待以后再约时间，也须等你参加整理。”叔父说“此简谱比记忆中似略丰富”，想是周耀永先生这一支派后面又续写了内容所致。叔父又说“手边存谱尚未寻到”，始知《周氏族谱》尚存于世间，真万幸也！叔父接着又提到“需待以后再约时间，也须等你参加整理”，看来，叔父一生忙于关系中华文化的研究和探索 ，一直也没工夫顾及《周氏族谱》的整理工作，甚为遗憾！而“也须等你参加整理”一语，使我既惭又愧，自知无此能力，只能暂且写出这一篇简叙，以不辜负叔父对我的谆谆厚望！

大事纪略

宋朝盐场建立

宋咸淳元年（1265）咸水沽（时称豆子航）域内建有富国盐场、兴国盐场。

富国、兴国盐场，所辖面积都比较大。据清嘉庆年间所纂《长芦盐法志》记载：“兴国场，在天津县高家庄，为天津分司所属……东滨大海，滩近东沽；西南接四党口，南接富国场，又南入沧州境；北近军粮城、潘儿庄。北塘有滩荡地，相连一片。初，场在静海县咸水沽，有公署，后被水，徙高家庄。”“富国场，初在静海县咸水沽，今移在天津，为天津分司所属……场东至上古林，接兴国场界；西过大头港，至子牙镇；

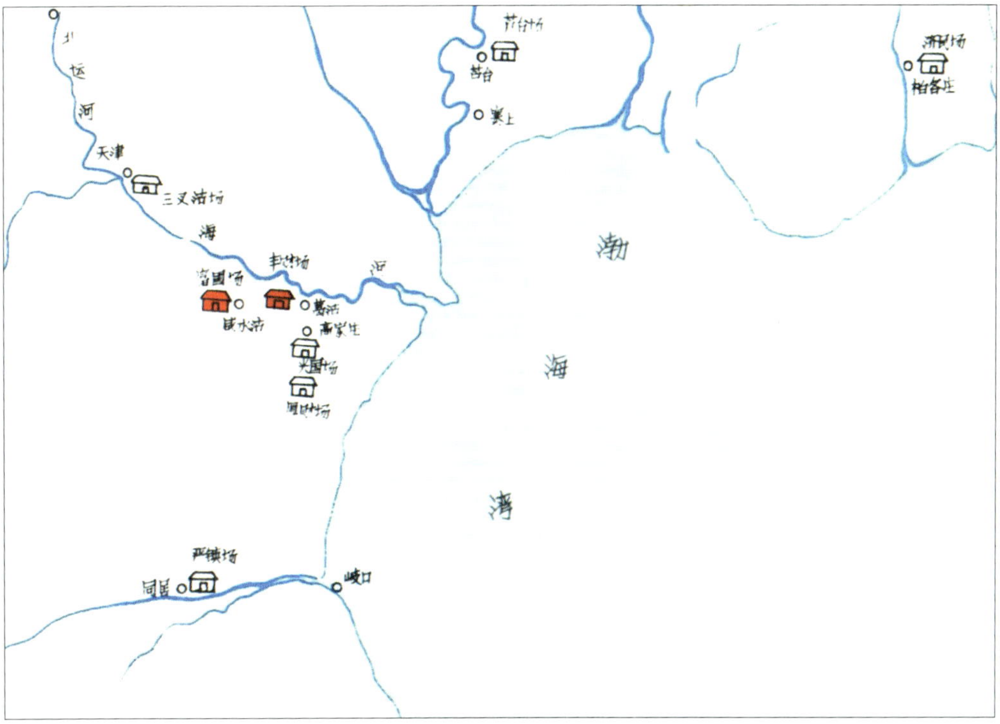

明初长芦二十四盐场位置图局部（咸水沽境内富国场、丰财场位置在图中已标红）

南近王家庄、芦北口等处；北滨北运河。”兴国场……原额灶户六百二十九丁，八十三户，厚财场原丁三百一十六丁，三十户。两场共男妇大小一万五百九十五口……富国场……原额灶丁八百九十九丁，一百六十八户，共男妇大小八千六百六十口。

清道光十一年（1831），朝廷建灶并场，遂废富国场，合并兴国场。翌年，兴国场又被并入丰财场（在葛沽镇）。至此，境内无盐场。

制盐生产，早期为煎锅、草荡等生产资料，“煮海为盐”，后采取“滩晒制盐”法，又提倡“天日成盐”。制盐业使古镇大量居民加入进来，也吸引周边很多贫民到此地加入制盐中去，成为古代北方主要的盐业基地之一。制盐业带动商贸的发展，为古镇经济兴旺打下基础。

明朝咸水沽始得名

《资治通鉴》卷一百八十一记载：隋大业七年（611）“平原东有豆子航，负海带河，地形深阻，自高齐以来，群盗多匿其中。有刘霸道者，家于其旁，累世仕宦，资产富厚。霸道喜游侠，食客常数百人，及群盗起，远近多往依之，有众十余万，号‘阿舅贼’”。清代史学家顾祖禹的《读史方舆纪要》，对成书于元世祖至元十七年（1280）的《通鉴地理通释》中的豆子航做了如下论断：“河间之豆子航，今咸水沽是也。沽东去海四十里，地斥卤，广数十里。宋时亦置戍于此。”以上说明，咸水沽距今已经有1400多年的历史。《明史》卷四十《地理志》“河间府静海”条记载：“元曰靖海，属清州。洪武初，更名……县北有小直沽，卫河自西来，与白河合，入于海。又有丁字沽、咸水沽。又北有天津卫，永乐二年十一月置。”从这个记载中可以看出，咸水沽之名最迟出现在明洪武十年（1377）左右。1949年前，咸水沽关帝庙内供桌上有一铁磬，上书“河间府静海县咸水沽”“大明嘉靖年造”铸字。可以说，出现咸水沽地名是在明朝。

明朝咸水沽成功种植水稻

宋淳化四年（993），咸水沽所在的津南地区就开始试种水稻，由于战争等原因没有延续下来。明万历二十六年（1598），汪应蛟受命任天津海防巡抚。为改变津南地区种水稻不稳定的局面，万历二十八年（1600），汪应蛟率部队在津南屯田种稻，采用江南围田耕作办法，以“求、仁、诚、足、愚、食、力、古、所、贵”10个字命名，编次其围田，人称“十字围”。其中有咸水沽围。由于本地属盐碱荒地，围田的格局是“一面滨河，三面开渠，与河水通。深广各一丈五尺，四面筑堤以防水涝，（堤）高厚各七尺，又中间沟渠之制，条分缕析”。地周围主干渠挖到5米深，利于排涝和降低地下水位，减轻土壤盐分，并利用海河一日两潮，引水灌溉和排出尾水，使土壤盐碱成分降低。此种方法适于低洼及地表水丰沛地区植稻。但由于兵力经常要调动，汪应蛟在津南的种稻事业只兴旺了五六年。

明代杰出的科学家徐光启，从万历四十一年至天启元年（1613—1621），先后4次来津南地区屯田。徐光启初至津南时，大面积稻田荒废。他引来南方优良稻种，仍采用围田之法防涝，并戽海河水备旱，同时，利用海河潮汐进行灌溉。经过不断研究实验，终获成功。

汪应蛟、徐光启运用引水、调水、蓄水、提水等措施，调节洪、涝、旱、碱矛盾，围田种稻，历代人的梦想，终成为现实，为咸水沽地区成为鱼米之乡奠定了基础。

清末咸水沽大集形成

明代漕运的兴起，使咸水沽逐步成为海河中下游的经济商贸中心。明末清初，咸水沽集市已经出现。至清晚期，咸水沽集市称为“大集”，已闻名遐迩，在天津及华北地区都有一定影响。史书记载，历代对集市的规模大小早有界定，有大集、中集、小集之说。其中，“食粮柴蔬果品牲畜鸡鸭海鲜杂品莫不聚集者”为大集。也就是说“大集”除了人们吃住用及生产用品外，还必须有“牲口集”和海鲜市场，这在当时华北地区并不多见。而咸水沽大集经营的商品之多、之全、之杂已远远超出了大集的标准，可称得上“大集中的大集”。当年本地儿歌中唱道：“一、四、七，咸水沽赶大集。”也就是农历每月尾数为一、四、七的日子是咸水沽的大集日，一直延续至今。当时咸水沽大集的牲口市场在天津一带很有名气。

1922 年 7 月天津《益世报》载：“本埠咸水沽骡马行经纪，于民国四年间，由该村人沈庆云承充，现在期限届满，该经纪因年迈恐误要公，呈请缴贴告退。”12 月又载：“本埠咸水沽骡马行牙纪沈庆云，现因年迈在县呈请告退，经县长齐耀珹，另募商民王盛山情愿认充，昨已发给示谕。”说明，当时咸水沽的牲口集市已很有声望，骡马经纪人会受到社会关注（当时商品流转过程中，撮合买卖，收取佣金的第三方，因其伶牙俐齿，游说买卖双方，被称为“牙人”，牙人的同业性组织为“牙行”，要向政府缴纳的税即“牙税”。咸水沽的骡马经纪人就属于“牙人”）。骡马经纪人要替政府收骡马税。1910 年，天津县议事会在《大公报》公布了天津各行杂税，其中：“牛行每年钱一千六百吊文，斗行每年银六百六十两，斗头每年钱四百八十二吊文，骡马经纪每年钱八百吊。”

1946 年 9 月 5 日在上海出版的通俗性月刊《茶话》第 4 期，刊有题为《咸水沽牲口集速写》的新闻特写。作者赵易坎运用纪实手法，对热闹的咸水沽骡马集市进行了形象化的再现。全文如下：

一日、四日、七日每逢这几个日子，沽里附近村上，农人们都知道这是咸水沽牲口集市期。他们先几天就在预计着：自家的马骡，或者是因为年龄老、不能工作，好牵去卖了；或者是地里不够分用的，再购一匹，静待这天早晨，到市集上去。牲口集，在这些古朴淳厚农民的脑筋里，早蕴藏有着四五十年不可湮没的集市历史。

牲口集，是在沽镇西街的北面一个方圆二亩许的广场上，四周见着立木柱，上钉着横木，为拴牲畜之用。天刚破晓，那平时一片寂凉的土地，却又活泼起来。骑着、牵引着牲畜的人们，都不约而同莅临这广场，开始交易，做着他们自己的打算。同时，靠售零食生活的小贩，借着这个机会，在这里做一笔“好生活”。骡马的蹄声、嘶声，人们的嘈杂声，(是）给这附近居民，早晨的一“警醒钟”。不一时，面容颜色古铜、经风霜雕塑的农人们，同他们忠实的伙伴牲畜，投满了这广场的怀抱。场的一角放着一张桌子，上面有一枝半秃的毛笔和为尘土侵污、发灰的账簿。这是经纪人办公的地方。当双方议妥交易的时候，经纪人再记上账，也不过给些经手佣费。买方可以不给价款，当时牵走骡马，等下一市集付还。在这几天里，如（骡马）工作，被看出有毛病时，还可不要、退回。在大时代激流的现时，这里还隐有些原始生活的气息。个个庞大的马骡伫立在木柱旁，默待着它主人的变迁。胫旁为缨套磨光的皮毛，描述出它们所经苦痛的岁月。近午时，人们渐渐消散。(被）骑着、牵着的马骡，各兴高采烈地跑回它们的家乡，而它们的主人，却有了相当的变异。

从以上文字看出，作者通过细微的观察，不但把咸水沽牲口集市的盛况、交易等描写得淋漓尽致，还展示了咸水沽牲口集市“四五十年”的历史，咸水沽大集应在清末时期就形成了。咸水沽牲口集于 20 世纪 50 年代中期被取消。

清朝整修海大道

海大道今称津沽公路（天津—大沽），清代称海河叠道（俗称海大道），历史上是一条重要的军事、经济交通线，全长 70 千米。境内西起南洋村，东至双桥河镇交界，全长 5 千米，为该路的核心地段。

宋代，随着海岸线的东移，伴海河右岸形成一条叠道，俗称海大道。成为当时泥沽寨、双港寨、三女镇寨等军事据点的情报传递路线和军需运输路线。至明万历年间汪应蛟津南屯田时，叠道已成为“坦坦周行，车驰马骤之场”。因年久失修，清雍正年间坍废。清乾隆四年（1739），天津道陈宏谋议修海河叠道，经乾隆帝批准，预算帑银 3.24 万两。首先修筑自天津城出东关，由马家口起，经靳家园、梁家园、贺家口、土城、陈塘庄、灰堆、何家圈 、五里堆、双港、白塘口、辛庄、洋马头、咸水沽到茶棚一段，长 9650 丈，高 7 尺，顶宽 2 丈，底宽 6 丈。挑浚贺家口、何家圈、双港、白塘口引河 4 道。开挖从陂水洼起，绕药王庙至北里口，通白塘口石闸；从人淀起，绕大韩家庄至咸水沽引河 2 道。修整白塘口石闸、咸水沽木桥，于贺家口、何家圈、双港引河各建木桥 1 座。翌年春季完工。其后，又劝捐修筑茶棚经葛沽、杨惠庄、新城、营房、黄家圈、盐房桥、西大沽、海神庙、东大沽直达清军水师营的西营门桥一段。至此，全长 70 千米的海河叠道整修完毕。此后，清乾隆二十七年（1762）、二十九年（1764）、三十六年（1771）均培筑。光绪年间，多次耗巨资修筑。1921 年，天津县政府派工维修此路。1925 年，天津县路工队又对全路进行整修，始通汽车。1931 年，被列为省道。1935 年，天津市公务局再次全线整修，局部铺筑炉灰渣路面。1937 年，部分地段栽植行道树。解放后称津沽公路。

清朝修建西大桥

清朝光绪元年（1875），提督周盛传在小站练兵屯田，为种植水稻，开挖月牙河，与马厂减河相连。1877 年，在当时的海大道——今天的津沽公路处修筑桥梁，名叫“通济桥”。后称西大桥，是咸水沽的象征。（参见本志“基本镇情 · 道路交通 · 桥梁”）

咸水沽建邮政所、开通长途电话

由于重要的地理位置，唐宋时咸水沽就成为军事要地。北宋期间，为防辽不断南侵，咸水沽设墩台戍守。战事紧张时，咸水沽一带“驿骑如星流”。1878 年 3 月 23 日，中国近代邮政以天津为中心创办。“置邮传命”的邮驿逐步为“传邮万里”的新式邮政所取代。咸水沽的邮政机构先称信柜，继则称邮政代办所，1925 年 10 月 25 日，升格为咸水沽三等邮局。1928 年 6 月，天津县（咸水沽）邮局成立。1948 年 12 月 20 日，天津县解放，当地邮局较天津市区提前进入人民邮政时期。1904 年咸水沽开通长途电话。

民众建围墙，抗击土匪骚扰

清末民初，世道混乱，官匪勾结，土匪横行，民不聊生。距咸水沽以南 10 余千米的小站东南一带，有大片的芦苇坑塘，是土匪的藏身之地。由于土匪与土豪劣绅相勾结，津南地区方圆百里的地方都被土匪控制，百姓经常受到土匪的骚扰。咸水沽人民敢于抗匪是出了名的，自己还组织了“保卫团”。气急败坏的土匪经常夜间攻打咸水沽，保卫团与土匪硬碰硬，但时间长了有些不支。万不得已，民众多次写信，请当时在华北驻扎的国民党二十九军给予援助。后来，二十九军因有别的军务撤走了。民众公议决定建土围墙（土城墙）。1931 年前后，由著名士绅、咸水沽商会会长周景颐（周汝昌之父）

发起，由老建筑工孙振仪设计，咸水沽人民万众一心，有钱的出钱，有力的出力，有的农民还毁了自己的菜地，建起了土围子（城墙）。土围子高一丈有余，顶宽七八尺，外陡内坡，全貌呈弯月形，围子外有 5 米宽的护城河。从此咸水沽有“围子里”和“围子外”之分，镇内居民多次以土围子为屏障，打退土匪的进攻，保护民众财产和生命安全。

清末咸水沽成立“咸水沽乡谳局”

乡谳局即清末设在繁华之乡的审判机关。1906 年 12 月，天津府设高等审判分厅，在天津县设地方审判厅并正式开厅，咸水沽乡谳局同时开局，是当时天津市四个分局（咸水沽、杨柳青、赵家场、永丰屯）之一。负责受理的刑事案件包括“违警者有不服者、妇女折赎在四十两以下者、徒罪无关人命者和罚金十五两以下者、枷号者等”，也包括田土疆界、占据、雇佣等民事案件和标的额在二百两以下及二百两以下价额物产的诉讼，旅人客店与饮食店主人间、旅人与运送人间所起诉讼。1911 年，天津各乡谳局改称初级审判厅。咸水沽设天津县第三初级审判厅、天津县第三初级检察厅（有检察官和录事各一），全年经费各四千两。

1923年天津振华造纸厂创建

天津振华造纸厂创立于 1923 年。公司设在天津市河北区粮店前街，工厂建在咸水沽西北部、建国大街西段北侧，占地 539000 平方米，建筑面积约 48000 平方米。1911

年春至 1913 年 7 月 5 日，海河第四次裁弯取直，“自赵北庄起至东泥沽止”工程竣工通航。这次裁弯使临近咸水沽的海河河道由原来的弓形变成了一条直线，位于弓背处的咸水沽与海河脱离，镇西北处只留下昔日的旧河道。因此，咸水沽漕运衰退，盐业东移。但由于咸水沽得天独厚的地理位置、自然环境及深厚的人文积淀，近代工业在此地悄然兴起。时当地盛产小站稻，稻草堆积如山，价格便宜，周围农村和本镇有大量廉价劳动力，且海河故道横穿镇北，海大道行经镇中，原料和产品的内运外销均极为方便。据此，宁钰亭、倪锡纯和李蔼臣三人商定在咸水沽建一家造纸厂。该企业由倪锡纯（留美博士，宋美龄的舅舅）营建，后李霭臣（北洋码头村人）、宁钰亭（安徽青阳人）入股参与共建，以“振华”取名（意为振兴中华实业），为“天津振华造纸厂”。为了荣耀故里，注册产品商标为“马头牌”黄板纸（马头与码头谐音）。该厂时为全国第二大造纸厂，主要生产黄板纸、灰板纸等，由于质量上乘，货源充足，一经上市就受到客户好评，订货者接踵而至，并在香港市场获得免检荣誉。

振华开办以前，板纸市场为日本三井物产所垄断。因此，振华创业后，遇到三井的挤压，开业一年多，经营遇到困难。后经天津复兴茂粮站资东周吉三介绍，经数次商谈，于 1926 年振华造纸厂更名为“竟成造纸二厂”，并派吴茂卿、吴祥伯兄弟俩来此接管企业。由于竟成在南方有良好的基础，加上吴茂卿是个日本通，又懂生意，故经营颇顺。产品畅销，获利极丰。

天津振华造纸厂的建立，促进了咸水沽及周边地区经济、文化发展。人们可以就业，稻草有了销路，该厂也带动了一些相关产业发展，商业得到逐步恢复，咸水沽在天津和全国名气越来越大。

1943年的“马头牌”商标　　天津市档案馆馆藏资料

1931年，西方经济危机波及国内，导致竟成货物积压，不得不解除与振华的租用合同。此后，宁钰亭的朋友、国华银行经理崔露华出面，与宁钰亭、金伯平出资10万元，租赁振华，继续经营，并更名为“余记造纸厂”，于1932年开业。因有国华银行做后盾，该厂很快起死回生。在余记经营的6年中，年年有利。1938年，租赁合同期满，又复名为“振华造纸厂”。1940年，因受日军侵华及火灾的影响企业瘫痪。

天津解放后，1949年1月实行军管，同年8月恢复生产。年终获利采取“四马分肥”的办法，即：国家收所得税，厂方提取公积金，股东分红及股金利息，工人享用福利、奖金。1954年7月1日公私合营，政府投资1000万元调整改造。从此，“马头牌”草板纸行销全国29个省市和东南亚（明、清时期称南洋）及日本、英国。1958年，扩建第二生产车间。厂内不但有草站，正营村、八里台村等地也都设有储备草站。1967年，以生产板纸之故，更名为“天津板纸厂”。1969年，扩建三车间，生产品种发展到7个，年产量为6万吨，年产值3000多万元，是中国最大的板纸厂之一。

据统计，1979年企业有干部职工约3500余人。厂里每日下班时会响起长达3分钟的高分贝汽笛声，悦耳的声音响彻周围五六公里，既是提醒工人上夜班、也是四里八村居民作息的标准报时。

2002年，经营了80年的“天津板纸厂”退出历史舞台。现在原“天津板纸厂”厂址是米兰阳光花园小区。

咸水沽米兰阳光花园小区（2019年）

1934年天津县政府设在咸水沽

1928 年，改直隶省为河北省，国民政府指令天津分置特别市和天津县两个行政区域，市、县分治（咸水沽镇是天津县政府所在地，隶属河北省）。由于市县并存，势必牵涉双方划界等棘手的问题。经过长时间反复争论议谈，1933 年 2 月 11 日，河北省民政厅动议，“至现在县署，仍在市区内办事，划界确定后，约拟迁往咸水沽”。由于迁署牵涉各方面的利益，这个决议引发了争论。1934 年 8 月 13 日，省政府排除众议，郑重声明：“津县划分，县府所在地，业经省府委员会决议，设在咸水沽，该处距市中心四十余里，汽车五十分钟可达，居民四千余户，人口两万余，现有大小商店百余户，地方尚称繁荣，交通方便，亦比较便利……”由于时局动乱变化，天津市、县政府迁治自 1936 年被搁浅后，历经抗日战争、解放战争，后再也未列入议事日程。

1939年咸水沽人民反抗日本侵略军“米谷统治会”的斗争

1937 年日本发动全面侵华战争，侵华日军在天津设立“米谷统治会”，是年在咸水沽建立机米厂。咸水沽地区属于“米谷统治”的第五区，日军的“米谷统治会”就设在机米厂内。日军以武力强行压价收购稻农的稻谷，然后把碾成的米供给其他侵华日军和日本国内。那些日军禁止农民食用稻米，一旦发现吃米或者贩米者，格杀勿论。农民只能食用发霉的混合面。咸水沽一人因贩卖稻米，被日本人放狗活活咬死。王家场的一名妇女因病喝了一碗稀饭，被日军查出后，用刺刀刺死。人们也想出了很多办法偷着吃。如夜深人静偷着吃、把米磨成米面吃等。侵略咸水沽的日军还以招“华工”为名，把不少青壮年劳动力掠夺到日本国内和其他地方。他们的暴行激起人民的极大愤慨。1939 年 7 月，津南县八路军回民支队，以一个连的兵力袭击咸水沽日军机米厂（现东粮库）。袭击是晚 9 点开始，回民支队摸进咸水沽后，从洞门围子墙马道处逼近机米厂，把住街口，切断电话线，掳走岗哨，于东门对面胡同里蹬房架梯翻越机米厂围墙。由于蹬墙有误攻击未成，和日军互射十几分钟后撤退，在群众的帮助下，回民支队安全撤出咸水沽，虽然此战不太成功，但也极大震慑了侵略者，使咸水沽百姓看到了黎明前的曙光。1945 年日本投降之后，全镇沸腾了，在地下党领导下，老百姓潮水一样涌进机米厂，有用手搬稻米的，还有用马车拉的，将稻米物归原主。人们还砸机器、拆门窗，把日本机米厂彻底拆光。

1948年成立咸水沽市

1948 年 12 月 19 日，解放区冀中八地委成立天津县。在县委、县政府领导下，成立咸水沽市，始建中共咸水沽市委员会这一党的基层组织（1947 年党在咸水沽建立了地下组织），是津南区最早的镇级中共组织。到 1949 年年底，镇村级党支部达 9 个。从 1949 年至 2018 年近 70 年的历程中，镇内基层党组织的单位由点到面，党员队伍日益发展壮大，在社会主义建设中，发挥了战斗堡垒和先锋模范作用。

1948年咸水沽解放

1948年9月，东北解放战争取得了全面胜利，第四野战军向关内挺进，对天津形成包围之势。10月，驻咸水沽伪“十四团”退至灰堆。1948年12月20日，东北野战军四十六军（九纵）一三六师从军粮城渡海河，占领咸水沽，咸水沽解放。冀中八地委指示：津南县委、县政府“立即进驻咸水沽，天津县公安局随即成立。组织群众做好支前工作，将津南县改名为天津县，县委县政府由黄骅县的同居迁至咸水沽。”县委、县政府接到命令后日夜兼程进驻咸水沽市（时咸水沽改称市），立即组织发动群众，做好支前工作，同时收缴地主、敌伪散存的枪支弹药，并对国民党伪军政人员进行登记，建立人民政权。

1948年12月20日，整个津南地区已控制在中国人民解放军手中，进攻天津的战斗即将打响。时津南县改为天津县。根据上级的指示，天津县立即成立支援天津战役前线

津南民兵支前担架队，帮解放军运送伤员（1949年）

指挥部，总部设在咸水沽。县委、县政府连夜赶往咸水沽，进驻当时的元祥号（今红星里）。四野九纵的总部也驻此地。咸水沽镇也就成为天津县党政机关最早的驻地。

同心壮举支援平津战役

1948年12月，咸水沽市（咸水沽时称市）虽然解放了，也建立了人民政权，但解放天津的战斗还在激烈地进行，隆隆的炮声还在人们耳旁响起。为支援解放军尽快消灭国民党军队、解放天津，天津县委、县政府成立津郊市镇军事管制委员会，在咸水沽成立支援天津前线总指挥部，咸水沽遂成为天津县支前指挥中心。在天津县委、天津战役前线指挥部的领导下，咸水沽人民同天津县人民一道，团结一心，有钱的出钱，有力的出力，掀起支前的高潮。当时，从杨柳青到大沽一带，有解放军5万余人，均由天津县供应给养，仅粮食一天就需要5万千克左右，而且需直接供应到团所在地。截至1949年1月2日，运到咸水沽的粮食达112.5万千克，白面45万千克，油2.5万千克（天津县人民共筹集小麦、玉米156.945万千克）。另外，还筹集粮草和烧柴389.5万千克，并筹集现款1637亿元（北海币）。在咸水沽还成立战地医院。县委发动群众准备担架2000副，担架用的是民宅的门板，2000副担架需4000余人。在攻打天津外围灰堆的据点时，战斗异常激烈，伤员多，群众不怕牺牲，不怕寒冷，昼夜奋战，抬着担架冒着枪林弹雨抢救伤员。当伤员转移到咸水沽时，咸水沽人民早已腾出最好的房间和干净的被褥，把炕烧暖，使伤员得到及时安置，有的伤员被送到咸水沽战地医院救治（担架队一直坚持到15日12时，九纵队与友军会师，耀华中学胜利完成运送伤员的任务，返回天津县）。很多百姓还主动去医院看护伤员（天津县共救护伤员2000余名），并负责埋葬了200余位作战牺牲的烈士。在将近一个月的时间里，咸水沽市的干部群众与全县人民一道克服困难，团结战斗，圆满完成上级交给的支前任务。田嘴村村民杨老黑在支前中，冲锋在前，运送物资，抢救伤员，不幸英勇牺牲，被授予烈士称号。

1949年天津县立师范学校迁至咸水沽

天津县立师范学校于 1946 年 7 月在杨柳青建立，人们习惯称其为“杨柳青师范”。1949 年 10 月 17 日，天津县立师范学校由杨柳青迁至咸水沽镇，改称“咸水沽师范”。“咸水沽师范”设在咸水沽镇的道德会旧址。时有两个班，1950 年 2 月又招一个班，50 人。1950 年秋假期间，咸水沽师范面向天津地区招收一个班，100 人。1952 年 10 月，咸水沽师范并入天津市第十三中学，为师范部。1953 年 9 月，十三中师范部并入天津市立师范学校。

咸水沽镇人民的抗美援朝捐献运动

1950 年 6 月 25 日，朝鲜战争爆发，美国实行武装干涉。9 月，战火烧到中国东北边境。10 月 8 日，中央做出“抗美援朝，保家卫国”的战略决策，毛泽东发布入朝作战令。镇境内人民群众积极响应党的号召，掀起抗美援朝的高潮。各村召开群众大会，上街游行，声讨美帝国主义的侵略罪行。同时开展捐献活动，为国家分忧。有的捐钱，有的捐自产稻谷，镇工商业者捐款近亿元（北海币）。南洋村被天津县委评为抗美援朝先进村。1951 年 4 月 19 日南洋码头村被县委评为深入开展抗美援朝运动宣传模范村。1953 年 7 月，抗美援朝取得伟大胜利。在抗美援朝的正义战争中，咸水沽镇有 11 位志愿军战士牺牲在朝鲜战场，成为咸水沽镇人民国际主义精神不朽的丰碑。

居民在电影院外围观电影海报的情景（1954年）

1954年建立中国第一座农村集镇电影院

1954 年 10 月，咸水沽镇建立津南影院，海外报纸称其为“中国第一座农村集镇影院”。

咸水沽人民公社成立

1958 年 5 月，咸水沽地区掀起“大跃进”高潮。1958 年 8 月，赵北庄村、苑庄子村、南洋村、北洋村、田嘴村由东郊区划归南郊区管辖。9 月 13 日，天津市委决定，撤销南郊区建制，合并为天津市河西区，撤销乡的建制实行人民公社化，咸水沽镇为美满公社咸水沽管理区。管理区按军事建制，咸水沽为美满公社第一团。各村为营。1959 年 3 月 31 日，河西区人民政府决定将小站、美满、先锋三个公社合并为一个小站公社，下设管理区，咸水沽一带为第一个管理区。1961 年 4 月，河西区人民政府决定大社变小社，撤销小站人民公社，划分为 9 个公社，咸水沽成立人民公社。公社辖 17 个生产大队，8 个街居委员会。

9 月 6 日，区委批准建立咸水沽人民公社委员会，召开中共咸水沽人民公社第一次代表大会。大会选举本届公社党委会，由 11 名委员组成。公社有党总支部 1 个，党支部 17 个。1966 年，咸水沽公社所属各大队，全部建立党支部。1976 年以后，镇所有的生产队、居委会一级机关、乡镇企业、所属事业单位，均逐步建立起党支部。党员较多的单位建立起党总支部。至 1986 年全镇有党支部 61 个、党总支部 5 个。1990 年镇有党总支部 8 个，党支部 77 个。各支部设书记 1 人、副书记 1 人、委员 3 ~ 5 人。

1961 年 4 月 24 日，成立南洋码头人民公社。公社辖南洋村、北洋村、苑庄子村、韩城桥村（含二道桥）、林场（含五登房）、田嘴村。

镇内首个生产大队撤队（村）转非（非农业）

20 世纪 50 年代初，居住在咸水沽镇内的三街、四街、五街农民组织起来，成立幸福农业合作社。1958 年，更名为美满人民公社幸福生产大队，后又更名为咸水沽人民公社幸福生产大队。1960 年，幸福生产大队解体，被分为三街生产大队、四街生产大队、五街生产大队。70 年代末，区征用五街耕地 7.13 公顷建南郊体育场。1978 年，市委决定五街生产大队实行撤队转工，把大队剩余的 8.07 公顷地交给天津纺织局安置，由天津棉纺三厂接收，建立天津棉纺三厂咸水沽分厂。1980 年 1 月 3 日，签订《关于五街大队撤队转工交接协议》，咸水沽五街大队撤销，农民全部转为非农业户口。咸水沽五街大队撤队转工，成为咸水沽镇变化的一部分。

1980年推行家庭联产承包责任制

1980年9月，镇党委把建立和完善各种形式的生产责任制，列入全镇工作的重要议事日程，开始推行小组承包、专业承包等形式，这些形式逐渐发展为以农户经营为主的家庭联产承包作业组。1983年，咸水沽镇在19个村中建立各种形式的作业组46个，有39个运输户。是年，战胜连续干旱，全镇夏粮总产量453489千克，秋粮总产量3595037千克，粮食总产量达到4048526千克。平均亩产量316千克，总收入319.68万元，人均339元。1984年，咸水沽镇延长土地使用期，农民开始增加农业投资，培养地力，不但农业增产，还促进集体工副业发展。1985年，全镇共有各种专业组、户113个，建立工业企业2个、运输业企业16个、建筑业企业51个，商业饮食服务业企业29个。

1982年南洋公社成为天津市取消人民公社体制改革的试点单位

1982年8月4日，南洋公社被天津市农委确定为改变人民公社“政社合一”体制试点单位。其试点方案主要是将人民公社“政社合一”的体制改为乡党委、乡政府、乡人民公社，实行党、政、企分开。1983年3月，在南洋乡试点的基础上，南郊区改革工作分期分批全面铺开。是年3—5月，各人民公社相继按南洋人民公社的模式进行改革，原来 11 个人民公社改为乡一级组织，咸水沽公社改为咸水沽乡，区 174 个大队改为村一级组织。1984 年 3 月，南洋乡对内部体制结构进行调整，把原乡中的人民公社改为农工商联合总公司。至此，人民公社管理体制不复存在。

20世纪80年代咸水沽供销合作社成为全国最大的基层供销社

中华人民共和国成立后，为迅速恢复和发展生产，安定人民生活，按照中央和市政府要求，从 1951 年开始由国家投资、群众集资入股，办起一批规模较大的合作社商业网点。1955 年 1 月，建立咸水沽供销合作社。1956 年，开始对私营商业进行社会主义改造。是年年底，咸水沽镇完成改造私营商贩 71 户，旧职人员归属供销合作社商店，作为工作人员。1983 年，成为当时全国最大的基层供销合作社。

20世纪90年代威力千斤顶厂屡获殊荣

天津市威力工程千斤顶厂是五登房村办企业，始建于 1983 年，占地面积 8900 平方米，建筑面积 3100 平方米，技术力量雄厚，是华北地区唯一生产大型吨位液压千斤顶的专业厂家。1991 年，厂内主要设备有 CQ6110 型车床 2 台，CQ630 车床 4 台，C618 车床 1 台，C6140 车床 1 台，B665 刨床 1 台，Z10 钻床 2 台等，并具有大型起重设备。

固定资产总值达到267万元。主要产品有3吨、5吨、15吨、50吨、100吨、200吨、320吨、500吨和600吨等系列液压千斤顶，以上产品于1990年通过国家科委鉴定，产品质量达到国内先进水平，其中600吨液压千斤顶填补了国家空白。液压系列千斤顶主要用于铁路顶进、地下立交桥、自来水安装工程等大型市政工程和国防工程。生产的产品工艺先进，质量稳定，深受用户的好评。1989年生产的600吨千斤顶，被国防科工委西昌卫星发射中心选用，用于卫星发射，成功地把卫星送上天，受到国防科工委的奖励，并荣获了国家科委颁发的科技成果证书。1991年该厂生产的320吨千斤顶被辽宁省锦西重点工程选用，使得顶进大型铁路地下立交桥工程顺利完成，为国家节约大量外汇。1991年，受天津远洋公司委托研制成功远洋货船专用千斤顶，该产品是一项代替进口产品的新产品，又填补一项国家空白。1993年，威力千斤顶厂生产的GYS型600吨双作用液压千斤顶，取得国家级新产品试制计划科研成果证书，当时被誉为“中国第一千斤顶”。

1986年滦河水引进咸水沽镇

1986年12月，引滦入咸水沽工程竣工，工程全长12459米，经双港、辛庄、南洋、咸水沽四个乡镇，跨越大小河流15条。于柳林建加压泵站1座、千吨蓄水池2座；在大件路建泵房1座、百吨蓄水池1座；咸水沽水厂增建600吨、400吨蓄水池各1座，改善咸水沽镇级周边居民的饮水状况。1987年，投资38.3万元，调整咸水沽镇等各处管网长度3809米。1994年11月，引滦复线工程全线贯通，结束了咸水沽镇居民饮用高氟水的历史。

1990年咸水沽镇跃入全国经济百强乡镇行列

1990 年，镇坚持城郊型、外向型的发展方向，以经济效益为中心，镇村级民营企业达 193 家，生产毛纺织、造纸、服装、电子机械、加工、食品、玩具等产品系列。国家级市优产品 10 个，5 个市级先进企业。

1990 年咸水沽镇社会总产值 4.57 亿元，跃入全国经济百强乡镇行列。

天津海河科技园区成立

2000 年 10 月，咸水沽镇工业园区成立，位于镇的东南部。2009 年 8 月，咸水沽镇工业园区改称天津海河科技园区，为市级示范工业园区。园区定位为发展智能化产业、光电信息产业、高端装备制造业等，包括物联网产业、云产业、电子元器件的研发设计、精密数控装备研发制造等。

2004年咸水沽镇发现国家二级野生保护植物——野大豆

咸水沽地区自然资源很丰富，野生植物资源共计 100 余种。2004 年，天津市津南区农业环境保护监测站在天津市农业环境保护站的统一布置和指导下，按照农业部“农业野生植物考察方法”具体实施方案，历时 3 个月，对全区野生植物物种资源的实际分布情况进行考察。在考察中发现野大豆、金鱼藻、柽柳、枸杞、水烛、荆三棱等 6 种国家级农业野生保护植物，其中国家二级野生保护植物野大豆主要分布在咸水沽镇的南洋村、北洋村、五登房村的田埂、沟边等处。

野大豆为豆科一年生草本野生植物，属国家保护的 15 种豆类资源之一，与农业生态环境保护有着密切的关系，是《国家重点野生植物保护名录（第一批）》中所列的需要重点保护的野生植物资源之一，保护等级为二级。野大豆对农业豆科作物的育种、农业物种多样性基因储备有着重要的作用，对大豆的开发利用也有着广阔的前景，十分珍贵。其种子富含蛋白质、油脂，除供食用外，还可榨油及药用，有利尿、平肝、敛汗之效，茎叶油粕是优良饲料。

津南区野大豆生境伴生植物种类分布情况：

以下根据区各点野大豆的多少排序，对 4 个考察区的野大豆生境伴生植物种类情况分别加以叙述。

第一考察区，是 9 号点位，在区双桥河镇东周庄村东面。土壤类型为重壤质轻度硫酸盐氯化物中度潜育化湿潮土。中心点位于北纬 39° 00′ 07.8″，东经 117° 25′ 16.1″。野生大豆集中生长于棉田的老宅基地周围，代表面积在 50 平方米左右。棉田沟渠两侧也有分布，代表面积 100 亩左右。

第二考察区，是 2 号点位，在区咸水沽镇南羊村后边洼地养鱼池周围。土壤类型为

科考人员在实地考察（2021年）

野大豆图片（2021年）

水稻性重壤质中度硫酸盐氯化物重度潜育化湿潮土。中心点位于北纬 39° 01′ 32.2″，东经 117° 22′ 07.5″。野生大豆多生长于养鱼池南和棉田沟渠向阳面，代表面积在 200 亩左右。

第三考察区，是 3 号点位，在区咸水沽镇南羊村东砖坟地。土壤类型为重壤质轻度盐化菜园潮土。中心点位于北纬 39° 01′ 13.6″，东经 117° 22′ 07.5″。野生大豆多生长于道路沟渠两侧和棉田沟渠向阳面，代表面积在 200 亩左右。

第四考察区，是 4 号点位，在区咸水沽镇五登房马师傅坟地。土壤类型为水稻性重壤质轻度硫酸盐氯化物中度潜育化湿潮土。中心点位于北纬 39° 00′ 12.1″，东经 117° 20′ 28.2″。这个考察区野生大豆仅有零星分布，多生长于道路两侧和棉田沟渠向阳面，代表面积在 1000 亩左右。

四个考察区的野生植物群落包括碱蒿、刺菜、谷莠子、灰菜、苦菜、喇叭花、芦苇、络石藤、菟丝子、野稗草、野麻、银锭菜、苦荬菜、马唐、大蓟、小蓟、野大豆等。

津南区确定的考察野大豆9个点位

表8

点位号	北纬	东经	地点	生长状况	代表面积（亩）
1	39° 02′ 55.7″	117° 19′ 25.1″	双港镇桃园沽小树林北头	无	2000
2	39° 01′ 32.2″	117° 22′ 07.5″	咸水沽镇南羊村后边洼地	茂盛	200

续表8

点位号	北纬	东经	地点	生长状况	代表面积（亩）
3	39° 01′ 13.6″	117° 22′ 07.5″	咸水沽镇南羊村东砖坟地	茂盛	200
4	39° 00′ 12.1″	117° 20′ 28.2″	咸水沽镇五登房马师傅坟地	零星	1000
5	38° 59′ 49.5″	117° 18′ 04.6″	八里台镇清和村西	无	2000
6	38° 54′ 27.6″	117° 27′ 27.7″	小站镇头道沟村	无	2000
7	39° 00′ 0.52″	117° 28′ 57.2″	葛沽镇北园村	无	2000
8	38° 59′ 32.9″	117° 25′ 56.3″	双桥河镇东周庄村口	无	1000
9	39° 00′ 07.8″	117° 25′ 16.1″	双桥河镇东周庄村	极茂盛	100

天津市海河教育园区建在镇域内

天津市海河教育园区是天津首个国家职业教育改革试验区。海河教育园区成为改革试验的一个标志性成果，为永久落户天津、每年举办一次并将逐步“走向世界”的全国职业院校技能大赛，提供高标准的竞赛场地。海河教育园区位于海河中游南岸地区。

咸水沽镇从2009年5月底开始，用3个多月的时间，拆迁南洋、田嘴、五登房、韩城桥、秦庄子、二道桥6个村和金石里社区、南洋工业区的各类建筑176万平方米，涉及住宅7200余户、工商企业452家及709户的农业设施，创造了全区乃至全市的拆迁纪录，创造了“特别能吃苦，特别能奉献，特别能战斗，特别能攻坚”的海河教育园区的拆迁精神。

园区自2009年6月底开工，至2016年，天津大学、南开大学等10余所大专院校进驻。

国家会展中心（天津）项目建在镇域内

经过几年的准备，2019 年 4 月 3 日，国家会展中心（天津）项目正式开工。国家会展中心（天津）项目是落实京津冀协同发展国家战略的重大项目，承载着非首都功能疏解和加快京津冀地区服务业发展的重要使命。

国家会展中心（天津）项目是继广州、上海之后，全国布局的第三个国家级现代化展馆。该馆坐落在天津市海河中游南岸，津南区咸水沽镇域内，距离北京 130 千米，距离雄安新区 120 千米，距离滨海国际机场 13 千米，距离天津港 27 千米。天津地铁 1 号线可以直达展馆。总建筑面积 134.65 万平方米，分两期建设。总展览面积共计 55.8 万平方米。展馆区总计 32 座展厅，每座展厅的展览面积均为 1.25 万平方米。一、二期各有一个 2.7 万平方米的中央大厅，可举办超大型演出、会议。综合配套区位于展馆区东侧，有 23 项配套设施，建筑面积 32.05 万平方米，拥有高端酒店、会议区、办公区、商业区。国家会展中心（天津）项目将为京津冀城市群提供大型的展览场所，也将成为世界会展业的新引擎，带动京津冀城市群的产业结构调整，更好地优化分工，促进经济发展方式转变，进一步推动京津冀协同发展，服务全中国，面向全世界。

地铁1号线咸水沽镇国展路站和国家会展中心（2020年）

2018年打造海棠众创大街

2018年，为落实中央、市委、市政府的要求，津南区围绕“创新驱动、创业引领、创造强区”的主题，为服务京津冀一体化建设，促进科创事业发展，借助海河教育园区丰富的科研人才资源，在紧邻海河教育园区的雅润路街区打造了以智能智慧产业为核心的科创中心和国家级服务产业为主要发展方向的海棠众创大街，地址在咸水沽镇金才园小区。

作为“天津智谷”的重要组成部分，海棠众创大街的主要内涵在于深入推进京津冀协同发展战略，承接疏解北京非首都功能；深入推进津南区绿色高质量发展，实现科技创新、人才资源、现代金融的紧密融合；深入推进创新文化和创业环境建设，营造全社会尊重创新、支持创新、全民创新的良好氛围；深入推进创新发展与人民对美好生活需求的深度融合。项目总建筑面积4万平方米，现已入驻50余家企业，涵盖人工智能、大数据、物联网、人力资源服务等多个领域。

海棠众创大街（2019年6月）

附录

咸水沽即古豆子𩆳新考

周汝昌

天津市与大沽口之间，有咸水沽镇。明末清初顾祖禹的名著《读史方舆纪要》(以下简称《纪要》) 中，引据古书，正式肯定咸水沽即古称豆子𩆳之地。从此以后，有清一代地方志书及诸诗家题咏津门古迹者，一致承认。但也有异说，以为豆子𩆳不在津东南，而在山东境内，相去颇远。

以上两说孰是孰非？尚无定论。我是咸水沽人，从青年读书时即留心乡邦掌故，久欲一考其究竟。今壬申之春月，得读《津南文史资料选辑》，见其中《咸水沽小考》一文（朱振周同志撰）不觉引发旧日的兴趣，因而乘兴捉笔，草为此篇，以备桑梓文献，兼用求正于故里亲友。略分数节如下：

（一）旧说的起源

我读书未广，似乎此说即系顾氏《纪要》所引诸书为最早。如所引《地理通释》云："河间之豆子𩆳，今咸水沽也。东去海四十里，地斥卤，广袤数十里。宋时置戍于此。"文词十分明确，并无疑似揣测之语气。有一点值得注意：在我这一代所能听到的父老口中都一致说咸水沽距大沽为五十里。《地理通释》却说是四十里。此非估量不精之义，盖其时海口尚在大沽口以西十里之地——宋代海口在泥沽，可见此说"四十里"已是宋元以前的历史痕迹了。

（二）问题的发生

据史籍所载，如《资治通鉴·隋纪》，说是"平原东有豆子𩆳"，平原为隋时郡名，地区在今山东德州一带。那么，豆子𩆳该是山东德州以东滨海地方了。再加上《纪要》引《括地志》说："自渤海至平原间，滨海煮盐之地，土人谓之豆子𩆳。"渤海、平原，皆郡名。按《隋书》卷三十《地里志·中》渤海郡包括无棣、南皮、盐山、清池等地，在今沧州以南，即与河间郡接壤之境。那么好像是指今河北省沧县以南直到乐陵一路最东海边之地，都叫“豆子䴚”了？若依此说，则岂止“数十里”之广，起码有数百里。而且，也很难理解：数百里之间，凡盐场都称呼“豆子䴚”？这很明显，绝无此理。问题必然是原书叙述之词，或后人摘引之际，发生了不够妥恰的病句。

然而，这给“平原东”一说，却增加了“力量”或影响。因此，古豆子䴚毕竟应在何地？这是必应研索清楚的课题。

（三）豆子䴚在河间

问题摆在面前了，就必应努力解决，而不宜任其永远“悬”之以为难断之案。今试一陈愚见。

按《资治通鉴》卷181《隋纪》五，大业七年（611）条下，一则云：“平原东有豆子䴚，负海带河，地形深阻，自高齐以来，群盗多匿其中。有刘霸道者，家于其旁，累世仕宦，赀产富厚。霸道喜游侠，食客常数百人。及群盗起，远近多往依之，有众十余万，号‘阿舅贼’。”这就是“平原东”一说的依据了。然而同卷大业十二年（616）一则又云：“河间贼帅格谦，拥众十余万，据豆子䴚，自称燕王。帝命王世充将兵讨斩之。谦将渤海高开道，收其余众，寇掠燕地，军势复振。”

这一则记载，重要之至，大可帮助我们解决古豆子䴚究在何地的疑案。今为剖析如下：第一，要注意“燕王”这个称号。按古时有南燕、北燕二燕，南燕在河南境，一般叙燕事者大抵指北燕。北燕之南，与赵、与齐接壤，其分界在今河北文安、大城县境。证据可看两条史迹——

（甲）《城冢记》说，文安县西二十七里有南北户浦城，“齐侯放卢蒲嫳于此。”

（乙）《大清一统志》载：“长城在文安县东南，接大城县界，延袤百里。相传燕、赵交界处。”

按清一统志：文安在顺天府（今北京）南二百四十里；大城在府南略偏东二百九十里，文安在大城西四十里，大城本汉朝渤海郡东平舒之地（以别于代郡原有平舒，故加“东”字）后汉属河间国，北齐为平舒县——晋于此置章武国，后魏为章武郡，北齐始废都为平舒县，五代时方为大城县。属瀛州，后属霸州。

再看大城在文安东南五十里，它的北界与静海县交壤，相去只有四十里之遥。假若从这里往东引伸划一条线，那就恰好是天津的南边大港一带。从这条线再往南，就渐入齐境平原郡地。

（丙）然而，自号“燕王”的格谦，所据之水寨豆子䴚，必在燕地，而不会到齐境去称“燕”王——那岂非笑话？而继承他的高开道，所“掠”的也正是“燕”地。这事情就太明白了，豆子䴚决不会远在齐东的平原。

高开道是渤海人。渤海虽起自汉郡名，但到隋代，应即《资治通鉴》胡注特别指出的“炀帝改沧州为勃海郡”这就一切吻合了。

（丁）不妨再从“燕王”之号求一旁证：原属京东，今属天津的宁河县古有梁城，据《名胜志》载：“梁城在县东南境。五代（时）刘仁恭筑。其子守光为‘燕王’时据之。”可证据地以称‘燕’王的，只能在燕——晋代还有“渤海燕郡”之地理名称，那与山东境不能拉在一处，也很清楚。

（戊）据《隋书》记载，大业七年正值山东、河南发生了大水灾，漂没了三十余郡。而这时刘霸道却偏要“平原东”去找一片大䴚为“盗”，那他能“掠”到什么呢？因为那里的情况是“民卖儿女为奴婢”呀。

根据以上所考，已能充分证明：古豆子䴚就不在山东，而在今天津近海靠河之地。这样，再回顾上文提到的《地理通释》，其文开宗明义，即大书曰：“河间之豆子䴚，今咸水沽也。……”河间二字，确然无可疑议，因为它与《资治通鉴》大业十二年之文完全吻合，这才是历史的真相。

（四）咸水沽原属河间

咸水沽在早期本是一片斥卤不毛的“退海地”，也即是无人居住的无主之荒洼，它的地理区划隶属也就曾是“三不管”之区，很难确考。但从记载看，如沽南的巨葛庄，天津旧志称之为“章武县之巨家庄”；上文已叙及章武一名，在《隋书·地理志》中还可考见，即：河间郡下，所隶有“平舒”，（已见七节）其下注云：“旧置章武郡”。由此可证，隋之章武县即河间府所属。考咸水沽，明代原属河间府静海县，至清雍正八年才划归天津。我少年时亲见沽东关帝庙（在东大桥稍西，海河南岸边）有铁磬一口，上铸“大明嘉靖 × 年”“河间府静海县咸水沽”“关帝庙”等文字（确年失记，但肯定是初年，不出四至七年这几年间）这又可证明，咸水沽自古即属河间之地。咸水沽与杨柳青，同是由静海划归天津的，而此二地乡音语调几乎全同——又与静海调极相似。此种地理语言现象，饶有趣味了。

因此，我们可以作出断语：咸水沽即古河间滨海地；豆子䴚即系河间“负海带河的盐泽地”，则古书谓即咸水沽，又有何疑。

（五）从古地理考察

在过去，谁也无法知道咸水沽这个地方已有多少岁月的历史。近些年，由于贝壳堤的考古确断，事情也有了向所难知的新认识，即（1）第一道贝壳堤，形成年代是三千五百年前，时当商朝。此堤线北由芦台、张贵庄、白塘口，南到巨葛庄、中塘、沙井子……至黄骅的武帝台；（2）第二道贝壳堤，形成年代在一千六百年前，约在秦汉。其堤线是：军粮城、泥沽、邓岑子、上古林、马棚口、歧口。

那么，这就可以推考而知，咸水沽这条线（我幼年还能看到沽西段同和码头一片地上有很多小螺贝壳，即这里曾是海岸线的残痕遗迹），约在那两线之间，因为正处在白塘口与泥沽的当中。由此可推，咸水沽曾为海口时，其堤线形成至少当在二千五百年前（西元500年左右），即约当东汉到南北朝之初。

证以《资治通鉴》的明文，说豆子航“自高齐以来，群盗多匿其中。”可见北齐时豆子航早已形成，北齐始于西元550年，真是若合符契了。

（六）说说“窦家岗”

“豆子航”一名，十分奇怪。航，古语解为盐泽，即海边荒野中大片浅水，类似湖泊，但其水深不能舟，浅不能涉，四围皆盐碱，不能禾稼，草且不生，何以有“豆子”可言？我自早蓄疑。以后疑心“豆”或与“窦”姓有关。一次读《日下旧闻考》见就畿某县有“豆家庄”，而所引另一书则作“窦家庄”，更引起了我早年的那一猜想的复萌。但苦无证据，不敢妄说。

如今读到《津南文史资料选辑》第三《咸水沽镇的旧时工商业》一文（孙树芳、孙赜撰），其中一段说：“旧咸水沽镇由三部分组成：一部分是王家场……，一部分是小槐庄……，一部分是窦家岗……。”这些话一下子触动了我——因为窦、豆同音，航、岗同音，大可注意！

于是我专函询问孙君。他1992年4月17日复函中说道：“关于‘窦家岗’一地的方位，原来是由您的姨兄孙振义老爷子提供的。现又找到了咸水沽的老居民赵学孟、吴焕发、戴树棠进行请教，他们一致认为窦家岗原在东大桥以下，三节跳旁。”按东大桥，为木结构大拱桥，高跨于从海河引出的一条汊河口上，形势极美。此汊河向南流，不多远即折而向东，环抱着一所整齐的住宅，即王鸿典（字慎五）家，其门外跨此汊河是一座木板平桥，河宽桥长，木板由三组接连而成，故俗呼“三接（截、节）跳”——跳即方言“跳板”，乃搭接以渡水之具。三接跳一带，境界很美。跳口树木森密，桥又长又

“高”，高者是指下窥水面很深，走过时从板缝间可见流水深碧，倒影沁人。一过桥，阡陌成行，大片良田秀圃，景色堪娱。王慎五家子弟排树字，他们弟兄与我弟兄很熟（如王树芳与三亡兄周泽昌，王树铮则与我是小学同班），少年时每逢年节，要到刘家码头祖茔去上坟，必经此地。孩童的心灵感受真如小小“桃源”之境，真不尘俗。

那么，父老相传，由此往南一带；地名就叫“窦家岗”。——我也想起，小时候自己也是听说过的。

为了把事情弄清，我又请家兄祜昌以及孙君树芳再作些访询。祜昌 1992 年 4 月 23 日来信说：“今晨秉老至，（孙振义，字秉正，92 岁）询之。王家场儿（小王家场）在西头，（周家）西院（本族之一支）即在王家场儿之内。窦家岗则在桥东，今尚有窦姓。”他于 4 月 27 日又来信，其文云：“问了秉老，他说老（辈）人都说大桥东［按乡语“大桥东”即指东大桥以东，窦家港，即三节跳迤南之地。旁有雷家台、马家道。由此通刘家码头、周辛（新）庄、吴家稻地等处。］（汉河）北岸即王鸿典（慎五）家，早已变样了。说不上窦家港的准地方来。说得准的赵学孟、吴焕友、又不尽同。……”同日，孙君也有信来，补答了我的提问。他说又走访了戴树棠、李德兰、王宪文、王福生等，归结出三点：（1）“窦家岗”的实际语音是“抖家杠”（dǒu jiā gàng），大家一致。（2）窦家岗在三节跳“方圆一里左右”，又称“韩家坟”。（3）其地“有著名的东祥发花园”。又说了“小王家场”以北是小槐庄，两者相接（与桥东相距约有二三里）。

这样，一个重要现象与问题就置于我们面前了——（甲）“窦家岗（港）”与“豆子䲨”之音何其相似！（乙）这是“巧合”？还是另有意义可寻？（丙）也许有人会认为这即是因知古有豆子䲨之说而生出来的一种附会——这种可能是有是无？下面一节，就对此试作讨论。

（七）豆、窦，家、子，岗、港、䲨

我国大地名容易考察，史籍也比较详细，书写大致“规范化”，一到村庄等处，则读音记字便出现混乱了，而同音、音转、音变、简写、讹字等情况，到处可见，其例不可胜数。比如无数的“× 辛庄”，辛皆“新”之简省俗写。又无数的“× 各庄”，各字即“家”之音转，如《日下旧闻考》卷百二十二，一条批语即云：“（文安）左家庄亦称左各庄。”是其良证。天津的“巨葛庄”，甚至读成“锯锅庄”，实则地方旧志称为“巨家庄”，盖先音转为“巨各庄”后又误写巨葛庄、巨戈庄。［j、g 二音互转、北语常见，如街又说成“该”，刚才又说成“将才”……南方读家字为“戛”（阴平 ga），戛之轻音即转为“各”。] 同音字代替，如岐沟，又作祁沟，奇沟之例。所以“窦”字常被“简化”为“豆”，曾见地志记载一地，一书作“窦家庄”，另一书作“豆各庄”。此毫不足怪。

“家”还音变为“庆”，如“王家陀”为古名，后转为“王庆陀”。“子”与“家”也有音变关系，如“蒿子沽”与“郝家沽”的例子。乡语，“我就来”说成“我奏来”，“试试不咱（音咂 za）”也说“试试不家”，都是 j 与 z 二音的互转之例。

至于䟘、港、岗、因为音同，混乱更甚了。䟘就是古字，港是俗写（不识䟘字，以同音字代之），岗是讹字。河北内境之“港”很多，皆与“港湾（海岸泊船处）”一义无关，而是“亢、沆、䟘”的俗写，如清沽港、安古港、白龙港……多不胜举。天津的双港、大港，亦其例，乡语又时时转为“井”音，如“双港”口语实为“双井”。所以“沙井子”“甜水井子”的“井”，实皆䟘字之变相也。

盖河北境自古为“沧海桑田”之地，九河所趋，黄河三度改道入海，因此积水渐渐形成大泽与联淀，不计其数。到宋时为防辽金，还以“泺（泊）”为天然界堑——由信安东至直沽，绵亘八百里，皆此种流淀，深不能舟，浅不可涉，很难渡过。这种“浅水湖泊”，称淀、称泊，称港、称洼，也称海（如七里海），称沽。淀字又时常讹为“店”（如古夏谦泽，今有遗迹，却叫“夏店”。通州有“永乐店”，即古之“雍奴淀”）；又讹为“甸”（如北京海淀，时常写作海甸）。淀渐变成陆后，川原平旷，景物堪怡，却还叫淀，京北即有其例。洼也一样，俗语“大开洼”已成旷野之义，实古䟘淀之干涸地。河北的洼，犹有未涸而名洼的。天津有“灰堆洼”，即古䟘之遗迹。

䟘也是后起字，本字是“亢”，战国时燕丹用以饵秦王的“督亢陂”，即涿郡的“大港”之类。亢，加土旁为“坑”，加水旁为“沆”，近海而可熬盐的，则加卤旁以别之，即是䟘——俗讹为“港”者是矣（我在《天津日报》上发文讲过，今不详述）。

至于“岗”，那当然又是不明䟘、港之义而同音代写之例。由以上的析论，可知“窦家岗（港）”与“豆子䟘”原是一音之转，字有正写俗写之异。

咸水沽大桥东的三接跳以南的窦家港，应即汉末南北朝以来的“豆子䟘”的北沿，直沽河之边的一小部分。它“广袤数十里”，所以应是从“三接跳”直往南伸延开去的一片巨䟘，后来也逐渐干涸，分为若干小䟘淀，“港”“井”之属，皆其遗痕或同类。

如今的“大港”之南还有一处窦庄子，这也有可能即是古豆子䟘的南沿了。民间盛传，窦尔墩即该庄之人。按纪昀的记载，“河间剧盗窦二东”，其兄名大东。方知“尔墩”

乃“二东”之讹变也。纪氏乃乾隆时名家，尚不知俗有“尔墩”之字，这十分有趣！此刻想来，“剧盗”是“河间”，是“窦”姓其出生地又是皝边沿——那么他的“山寨”实际上恐怕也还就是“河间贼帅格谦据豆子皝称燕王”的“水寨”，非山地也。

这一切都值得深入研考。拙说之提端引绪，或于地方史志工作者不无参考用处。

皝，本地人即读二音：一读“岗”，上声，即如“站岗”的岗。今之“大港”，即“大皝”的俗写。一读“讲”，如“双港”即实音“双讲”，口语速读，则音转，成为“双井”，今“沙井子”“甜水井子”等“井”，实皆皝字之讹音讹写。

（八）王世充与杨义臣

从史书看，在豆子皝——窦家皝内称雄的，有刘霸道、格谦、高开道等，而攻打豆子皝的官方军将，则有王世充、段达、杨义臣。王世充是个“野生子”（母寡，与王粲“野合”所生），此人极坏，谄媚隋炀帝，种种坏事做尽，但野心是做皇帝，最后自己“即位”，年号“开明”。《隋书》末尾有他的传（唐人避太宗讳，改书其名为“王充”了），内云：“大业十二……时厌次（地名，隋属渤海郡）人格谦，为盗数年，兵十余万，在豆子皝中。充帅师都斩之，威震群贼。”在此以前，则杨义臣也曾攻破豆子皝，拿住了燕王格谦。义臣之父尉迟崇，是隋文帝在恒山（今河北正定）时的旧部，有大功，故义臣的“杨”是宠赐“皇姓”才改的。《北史》《隋书》皆有义臣传。其中有云：“时渤海高士达，清河张金称，并相为盗，攻陷郡县。帝遣将军段达讨之，不能克（段无能，被“群盗”嘲呼“段姥”）。诏义臣率辽东还兵，击，大破士达，斩金称。又入豆子皝，讨贼格谦。禽（擒）之。以状闻奏。帝恶其威名，遽追入朝。贼由是复盛。”这段记载表明：渤海、清河一带“群盗”正多，而格谦所为据豆子皝，称燕王、可证此皝另在其北——如清河，方可说是接近“平原东”了。这一点更加清楚。

按大业七年，山东、河南大水灾，淹没三十余郡，民卖儿女为奴婢。从此，“群盗”方兴，而豆子皝的刘霸道实其“先导”，盖史家明言，隋炀帝荒淫暴虐，天下叛者蜂起，自大业八年为始。可见七年即为“阿舅贼”的刘霸道，乃是反隋的先锋。

刘霸道，应是绰号，仕宦家世，大财主，食客数百人，招聚游侠——这就是古代“群盗”常常是以大地主为首领的实例。在《水浒传》中，还可以窥见宋代的历史情况，大致相同。梁山泊的泊（古原写作濼）与皝，其实都是“地形深阻的水寨”，这种水寨，很难攻打，皝内方位难明，步马兵又无法进人，水军也难行舟，故自古以来如此，本地人都戏称为“贼窝子”，直到解放前，还有遗风。当然，所谓“贼盗”，多是古代官方对起义者的恶称；但实际上那也是龙蛇混杂，危害百姓的真正匪徒也混迹其间，令人良莠不辨。北朝至隋的豆子䀉，“负海带河”，正是咸水沽的地理形势，一点不差。只是古代的豆子䀉，“广袤数十里”，范围很大，应是从直沽河东南岸一直往南延伸的一片茫茫无际的大盐䀉。而不是后世咸水沽镇的“弹丸之地”，那在古代是可以容得下“十余万”众“匿”在其中的！

（九）诗人的名句

清代汪沆有题咏咸水沽的一首七绝：

豆子䀉边夜射鱼，
潮痕初上柳风疏。
千年刘格芟夷后，
金镞犹耕出废墟。

听说南郊区真正出土过带有青铜箭头的骨头——那正是“镞”字的本义了。看来，诗人并非想象之词，当时他是早见过这类土中遗迹的。青铜属战国年代。如是铁的那就是燕王格谦的部下的残骨吧？应该有人作诗咏咏燕王才是。

壬申暮春三月二十三写讫

于燕都棠絮轩四月初三立夏日雨窗修补粗定

（附记）

完稿后祜昌又几次来信续报很多父老对“窦家岗”的地位、名称（发音）是一致的，而且并非含糊之词，已无疑问。但有一点应加说明，即传述者有的发生错觉，误以为“岗”指桥旁高处。这是因为受了附近有一“雷家台”的影响。若如此，何不叫“窦家台”？况且本地区并无一个高处叫“岗”的地名例。由此恰可反证：“岗”音即䀉字的讹写，本来也不是高地势的意义。

地名的误写，有时到了惊人的地步，如“泥沽海口”，宋人名著《梦溪笔谈》就提到了，但今排字本《日下旧闻考》引录时竟成了“泛枯海”（口字全丢了）！试想，如是外地人，这怎么聪明也猜不透是何奇语了。

壬申五月初一日追记

咸水沽镇获国家级奖励情况表

表9

年份	获奖单位	获奖名称	授予单位
1986	镇计生办	全国计划生育先进集体	国家计划生育委员会

续表9

年份	获奖单位	获奖名称	授予单位
1990	咸水沽镇	全国百强乡镇	国家统计局
1994	咸水沽镇	中国亿元乡镇	国家统计局
1995	咸水沽镇	城郊经济典型新乡镇	农业部
1995	镇恒星集团	中国最大规模经营乡镇企业千家第40名	农业部乡镇企业局
1995	镇恒星集团	最高利税总额乡镇企业千家第44名	农业部乡镇企业局
1996	咸水沽镇	1995年中国最高利税总额乡镇	农业部乡镇企业局
1996	咸水沽镇	国家级亿万农民健身活动先进乡镇	国家体育运动委员会
1997	咸水沽镇	亿万农民健身活动先进乡镇五项通讯赛一等奖	中国农民体育协会
1997	咸水沽镇	全民健身宣传周先进单位	国家体育运动委员会
1997	咸水沽镇	国家民政工作全优乡镇	民政部
1998	咸水沽镇	第十二届“龙潭杯”优秀民间花会邀请赛表演奖	文化部、北京文化局
2001	咸水沽镇	全国群众体育先进单位	国家体育运动委员会
2005	镇计生办	全国计生工作先进单位	中国计生协会
2006	咸水沽镇	全国人口文化工作先进集体	中国人口文化促进会
2008	咸水沽镇	全国文化信息资源共享工程先进镇	中国人口文化促进会
2009	咸水沽镇	全国文明村镇	中央精神文明指导委员会
2011	咸水沽镇	全国文明村镇	中央精神文明指导委员会
2013	金石里居委会	全国科普示范社区	中国科协 财政部
2013	金石里居委会	国家地震安全示范社区	中国地震局
2013	南洋建筑公司	百家优秀科技创新型企业	中国建筑装饰协会
2013	南洋建筑公司	“鲁班奖”（天津西青医院门诊急诊住院综合楼）	中国建筑业协会
2013	解放里居委会	社会管理综合治理工作先进集体	国家综合治理委员会

续表9

年份	获奖单位	获奖名称	授予单位
2014	金石里居委会	全国综合减灾示范社区	国家减灾委员会 民政部
2014	南洋装饰公司	2012—2013年度“守合同重信用”企业	国家工商行政管理总局
2014	南洋装饰公司	2013年度全国优秀施工企业	中国施工企业管理协会
2014	南洋装饰公司	中国建筑幕墙行业三十年突出贡献企业	中国建筑装饰协会
2014	南洋装饰公司	全国建筑工程装饰奖	中国建筑装饰协会
2014	南洋装饰公司	全国建筑工程装饰奖明星企业称号	中国建筑装饰协会
2014	益华里居委会	人民防空示范社区	人民防空办公室
2015	益华里居委会	全国和谐社区建设示范区	民政部
2015	金石里社区	全国和谐社区建设示范区	民政部

咸水沽镇内机构获市级奖励情况表

表10

年份	获奖单位	获奖名称	授予单位
1986	新亚毛纺厂	天津市先进企业	天津市政府
1986	曙光畜牧机械厂	天津市重合同守信誉单位	天津市政府
1986	耀华冷冻厂	天津市重合同守信誉单位	天津市政府
1986	新兴造纸厂	天津市重合同守信誉单位	天津市政府
1986	耀华防爆灯具厂	天津市重合同守信誉单位	天津市政府
1986	新兴造纸厂消防队	天津市防火先进集体	天津市政府
1986	咸水沽镇政府	天津市容貌卫生先进单位	天津市爱委会
1986	耀华农工商公司	天津市容貌卫生先进单位	天津市爱委会
1986	光明楼居委会	天津市容貌卫生先进单位	天津市爱委会
1986	刘家码头村	天津市容貌卫生先进单位	天津市爱委会
1986	咸水沽实验小学	天津市容貌卫生先进单位	天津市爱委会

续表10

年份	获奖单位	获奖名称	授予单位
1986	中共咸水沽镇委会	天津市外环线工程先进集体	天津市政府
1986	咸水沽镇政府	蔬菜产销先进集体	天津市政府
1986	吴家稻地村	天津市社会治安综合治理最佳先进单位	天津市政法委
1986	桂文斋扒鸡店	市级容貌卫生先进单位	天津市爱委会
1986	头道沟寒暑表厂	市级重合同守信誉先进单位	天津市政府
1988	咸水沽镇政府	水稻树立创优丰收杯高产奖	天津市农林局
1988—1990	咸水沽镇政府	市普及九年义务教育先进单位	天津市政府
1988	咸水沽镇政府	市级卫生先进单位	天津市爱委会
1988	镇文化站	天津市标准文化活动站	天津市文化局
1988	镇文化站	录像文化先进放映单位	天津市文化局
1988	镇文化站	天津市农村电影先进放映单位	天津市文化局
1988	光明楼	市级先进居委会	天津市民政局
1976—1990	咸水沽镇政府	获市计划生育先进单位	天津市政府
1989	电管站	“三电工作”先进集体	天津市农电公司
1989—1990	咸水沽镇敬老院	市级文明单位	天津市民政局
1990	镇工业公司	市级环境治理先进单位	天津市政府
1990	咸水沽镇政府	绿化先进单位	天津市政府
1990	劳务运输公司	交通安全先进集体	天津市交通管理委员会
1990	财政所	市财税系统文明所	天津市财政税局
1990	电管站	电管工作先进集体	天津市农电公司
1990	电管站	标准化电管站	天津市农电公司
1990	镇农经站	市级先进统计站	天津市统计局
1994	咸水沽镇	菜篮子工程建设先进单位	天津市政府
2002	镇文化站	群众体育先进单位	天津市文化局
2002	光明楼居委会	再就业和低保工作先进社区居委会	天津市政府

续表10

年份	获奖单位	获奖名称	授予单位
2003	永安里居委会	2001—2002年度市文明楼院	天津市文明委
2003	育才里居委会	光明北里楼院市级文明楼院	天津市文明委
2004	镇拆迁中心	房屋拆迁先进单位	天津市拆迁办
2004	镇团委	“五四”红旗团委	天津团市委
2004	育才里居委会	学习型示范楼院	天津市妇联
2005	光明楼居委会	先进社区党组织	天津市委组织部
2005	惠苑里居委会	优秀党组织	天津市委组织部
2005	惠苑里居委会	安静社区	天津市环保局
2005	祥福里居委会	文明小区	天津市文明委
2009	镇计生办	2007—2008年度人口和计划生育市级先进单位	天津市政府
2009	咸水沽镇成年人文化技术学校	示范校	天津市教委
2009	红旗楼居委会	2007—2009年度市级优秀家长学校称号	天津市妇联
2009	解放里居委会	优秀家长学校	天津市妇联、市教委
2010	解放里居委会	优秀半边天家园市级先进单位	天津市妇联
2010	红旗楼居委会	“家庭教育指导与服务先进社区”项目优秀组织奖	天津市妇联
2010	众合里居委会	先进党组织	天津市委组织部
2010	镇计生办	人口和计划生育2008—2009年药具工作先进集体	天津市计生委
2010	解放里居委会	优秀半边天家园市级先进单位	天津市妇联
2011	镇党委	党员服务站示范点	天津市委组织部
2014	镇劳动保障服务中心	三八红旗集体荣誉称号	天津市妇联
2014	镇街道科	天津市无邪教创建工作样板社区	天津市文明办

主要参考文献

天津市津南区地方志编修委员会编:《津南区志》，天津社会科学院出版社，1999 年 12 月。

天津市地方志编修委员会办公室编，韩嘉谷著:《天津地方志资料丛书·天津古史寻绎》，天津古籍出版社，2006 年 8 月。

中国人民政治协商会议天津市津南区委员会编:《津南文史资料选辑（十）》，2000 年。

鲍国之主编:《津南古镇咸水沽》，天津社会科学院出版社，2015 年 2 月。

天津市津南区地方志编修委员会编:《天津市津南区志（1979—2010）》，方志出版社，2018 年 5 月。

津南区地方志编修委员会编:《津南区志资料溯源》，1997 年。

津南区地名志编纂委员会编，商庆祥、宋兴良主编:《天津市地名志·津南区（12）》，天津人民出版社，1996 年 5 月。

天津市津南区咸水沽镇志编修委员会编:《咸水沽镇志》，1995 年 4 月。

中共天津市津南区委党史研究室编:《中国共产党天津市津南区历史大事记（1948—2012 年）》，2013 年 4 月。

天津市水务局、天津市津南区水利局编:《天津水务志丛书·津南区水务志（1991—2010 年）》，中国水利水电出版社，2017 年 7 月。

中国盐业总公司编，郭正忠主编:《中国盐业史（古代编）》，人民出版社，1997 年 9 月。

天津市水利局水利志编纂委员会编:《天津水利志卷十津南区水利志》，天津科学技术出版社，1996 年 3 月。

张树明主编:《天津土地开发历史图说》，天津人民出版社，1998 年 9 月。

天津市津南区教育局编:《天津市津南区教育志》。

天津市津南区体育局编:《津南区体育志》。

天津市津南区人民政府主办:《天津市津南年鉴 2011(首部卷)》。

天津市津南区人民政府主办:《天津市津南年鉴(2012)》。

天津市津南区人民政府主办:《天津市津南年鉴(2013)》。

天津市津南区人民政府主办:《天津市津南年鉴(2014)》。

天津市津南区人民政府主办:《天津市津南年鉴(2015)》。

天津市津南区人民政府主办:《天津市津南年鉴(2016)》。

天津市津南区人民政府主办:《天津市津南年鉴(2017)》。

天津市津南区地方志编修委员会编:《天津市津南年鉴(2018)》,吉林人民出版社,2018 年 11 月。

天津市津南区地方志编修委员会编:《天津市津南年鉴(2019)》,天津古籍出版社,2019 年 11 月。

编后记

根据中国地方志指导小组办公室《中国名镇志文化工程实施方案》的部署、统一安排和要求，为全面、翔实记录城镇化发展历程，适应新型城镇化建设和当前地方志事业发展的需要，展示改革开放成果，传承名镇文脉、重塑特色，充分发挥地方志存史、资治、教化功能，培育爱乡、爱国情怀，2017 年 4 月中国名镇志文化工程《咸水沽镇志》的编纂工作启动，咸水沽镇志编纂委员会成立，组织了编纂团队。

编纂团队在工作中注重以下五个方面的工作：一是树立创新精神。按照《中国名镇志文化工程实施方案》提出的标准设置篇章结构，全力展现本镇的“名”。二是把握好传统志书与名镇志的关系。名镇志采用纲目体，横排门类，纵述史实，在此基础上，在体裁运用、篇目设置、资料选择等方面做了适当创新，以记载镇域范围内的微观资料为主，详区市志之所略。故名镇志成为传统志书的补充和升华。三是开阔区域视野，尽可能记述与该镇相关的内容，体现本镇在更大区域内的意义。四是既全面、翔实记录名镇发展历程，又突出展示改革开放取得的巨大成果，探索发展脉络，摸索发展经验，提炼发展思路。五是发挥群体优势。根据本镇实际情况，组成由相关单位领导及人员参加的编纂班子，进行动员和培训，经常召开由相关科目人员参加的座谈会，发挥他们的积极性,《咸水沽镇志》是集体智慧的结晶，团结奋斗的成果。六是在各类人物的载录上，坚持“生不立传”、严格把关的原则，不面面俱到。但由于时间久远及人物资料掌握不够广泛等，也可能存在挂一漏万的情况，在此，对书中遗漏的、曾为咸水沽镇经济、社会发展做出诸多贡献的各方各界人士，表示诚挚的歉意。

咸水沽镇党委、政府十分重视名镇志的编纂工作，镇党委委员、党办主任王革、副镇长赵国庆全面负责此项工作。镇直属单位、各部门、各村（居）委员会、相关企业积极协助。镇党办、政府办及有关部门的步宝福、张书香、李慧琳、刘树邦、宋金凤、徐丹、王珍玉、魏莉、刘燕春、刘丰、田学彪、蔡宝泉、张立群、黄基明、张俊新等都为《咸水沽镇志》的编纂做了大量工作。

本镇志在编纂过程中，得到了区档案馆、区党史委、区文广局、区教育局、区工商分局、区建委、区农委、区农技推广服务中心、区卫计委、区金融局、区供热办、富凯集团等多个部门及相关人员孟庆龙、丁立中、张同新、刘炳山、周长庚、彭绍阳、蒋玉秋、李仁会、靳云璋、张合德、张天娟、何然、王欢等大力支持，景文军、赵子强、李仁会等为镇志中的照片拍摄调整给予认真指导，在此一并表示衷心的感谢！也对刘国华、刘虎臣、孙宝龄、李春木、张宗源、赵厚礼、王振森、李国柱、周贵麟、王风刚、李相恒、王风翊等各位乡贤及各位摄影者，在镇志的编纂过程中表现出的热情和鼎力支持表示感谢！

编纂团队团结一致，努力工作，克服由于时间久远，挖掘资料困难及编者学识浅薄等困难，深入档案馆及相关部门查阅大量资料；深入基层调研掌握第一手资料；深入民间采访收集口碑素材汇总分类，去伪存真，去粗取精，择善而从，达到执简驭繁、文约事丰、易于阅读、利于传播的目的。镇志的封面照片由景文军提供。镇志中的图片除署名外，其他均由赵子强提供。

在镇志的编撰过程中，自始至终得到市方志办，区档案馆、方志办全体同仁的支持，他们认真组织审查、校对、修改，提出进一步完善的建议，在图片摄制编排上给予了有力支持。编纂团队还得到市、区、镇有关领导和专家多次指导帮助，提升了该志的质量水平。2019 年 10 月，完成中国名镇志文化工程《咸水沽镇志》的编纂工作，并先后通过镇级初审和区级复审、市级终审。

名镇志的编纂是一项崭新的工程，承载着丰富生动的传统文化和历史记忆，传承着中华文明血脉，其意义显而易见。虽然编纂人员深感重任在肩，发扬不怕苦不怕累的精神，百分之百投入编纂工作中去，但由于一些史料陈年已久，资料散失范围广泛，一些部门单位变动频繁等因素，给史料的收集带来极大困难，加之编纂人员缺乏经验，时间较仓促，讹错悖谬之处在所难免，敬请各位专家、领导、读者赐教更正。

编 者

2019 年 12 月

中国名镇志丛书

《周庄镇志》
《第一关镇志》
《钱清镇志》
《冶源镇志》
《甪直镇志》
《同里镇志》
《三阳镇志》
《枫泾镇志》
《李庄镇志》
《天穆镇志》
《虎门镇志》
《小榄镇志》
《北庭镇志》
《青木川镇志》
《永宁镇志》
《沙家浜镇志》
《虞山镇志》
《泽国镇志》
《南翔镇志》
《千灯镇志》
《东山镇志》
《巴城镇志》
《阳澄湖镇志》
《松口镇志》
《震泽镇志》
《黎里镇志》
《浏河镇志》
《锦丰镇志》
《寨市苗族侗族乡志》
《汤池镇志》(安徽)
《湾头镇志》
《中心店镇志》
《乌镇志》
《保安镇志》
《德凤镇志》
《瑷珲镇志》
《王家坪镇志》
《穆云畲族乡志》
《北京街道志》
《王村镇志》
《八一镇志》
《双林镇志》
《棘洪滩街道志》
《凤凰镇志》
《烟店镇志》
《光福镇志》
《梅李镇志》
《高家堡镇志》
《杨岭镇志》
《金港镇志》

《云梯畲族乡志》
《马口镇志》
《杨舍镇志》
《杨店镇志》
《河图镇志》
《浔中镇志》
《孤山镇志》
《汤池镇志》（湖北）
《伍洛镇志》
《汤家汇镇志》
《陇城镇志》
《塘桥镇志》
《兴隆华侨旅游经济区志》
《胜坨镇志》
《来凤街道志》
《木渎镇志》
《锦溪镇志》
《黄龙溪镇志》
《店塔镇志》
《镇湖街道志》
《北七家镇志》
《瓜洲镇志》
《安仁镇志》
《浦口镇志》
《唐崖镇志》
《和顺镇志》
《老城镇志》
《里耶镇志》
《芙蓉镇志》
《博鳌镇志》
《唯亭街道志》
《重安镇志》
《垌炀镇志》
《张谷英镇志》
《鸦滩镇志》
《玉皇庙镇志》
《木洞镇志》
《采育镇志》
《下司镇志》
《德平镇志》
《龙池镇志》
《浦市镇志》
《黄楼街道志》
《冉庄镇志》
《金庭镇志》
《石牌镇志》
《元和街道志》
《古现街道志》
《光塔街道志》
《邵伯镇志》
《石杨镇志》
《杨柳青镇志》
《天桥街道志》
《柘皋镇志》
《西沱镇志》
《咸水沽镇志》
《茶阳镇志》
《崖城镇志》